Das kleine Handbuch des Alpinismus

Das kleine Handbuch des Alpinismus

Alles rund ums Bergsteigen und Bergwandern

Herausgegeben von Horst Höfler

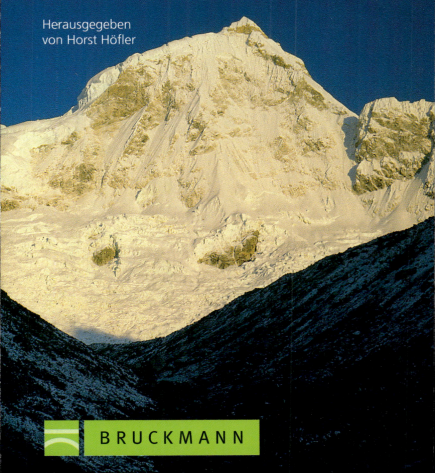

BRUCKMANN

Inhaltsverzeichnis

Vorwort 8

Bergwandern 9
Einleitung von Horst Höfler 10

Formen des Bergwanderns 12
Wie will ich wandern? 13
Der Weg ist das Ziel 17
Zeit ist Luxus 20
Wandern mit Bergbahnen 22
Im Trend: Bike'n'Hike 23
Nur für Geübte 24
Trekking in den Alpen 25

Vorbereitung 26
Was ziehe ich an, was nehme ich mit? 27
Tourenplanung 39
Orientierung 41
Die Launen des Wetters 44
Fit für die Berge 47

Auf Tour 50
Gehtechnik im Gelände 51
Grundregeln auf Tour 60
Umwelt- und Naturschutz 64
Essen und Trinken 67
Wandern mit Kindern 70
Augen auf: Pflanzen und Tiere in den Bergen 73
Unterwegs fotografieren 77

Schwierigkeiten unterwegs 80
Subjektive Gefahren 81
Objektive Gefahren 83
Der Notfall 90

Vorhergehende Seite:
Huandoy vom Nevado-Pisco-Basislager

Inhaltsverzeichnis

Erste Hilfe 92
Sofortmaßnahmen 93
Notruf 104
Rettungstransport 106

Wunden und ihre Versorgung 112
Lebensbedrohliche Blutungen 113
Wundversorgung 115
Wundinfektion 115
Wundarten 116
Verbände 121

Verletzungen des Bewegungsapparates 124
Distorsion (Zerrung) 126
Bandruptur (Bänderriss) 127
Luxationen (Verrenkungen) 127
Frakturen (Knochenbrüche) 130

Reiseapotheke 134

Klettersteiggehen 137
Einleitung von Horst Höfler 138

Was ist ein Klettersteig? 140
Klettersteige heute 141
Klettersteigtypen 143
Bauelemente der Steiganlagen 150

Die richtige Ausrüstung 158
Das Klettersteigset 159
Weitere wichtige Ausrüstungsteile für Klettersteigler ... 162
Checkliste Klettersteigausrüstung 164

Gehen am Klettersteig 166
Was man vorab beachten muss 167
Vor dem Preis 172
Unterwegs am Klettersteig 182

Inhaltsverzeichnis

10 Regeln für Klettersteigler 193
Auf Klettersteige mit Kindern 194

Schwierigkeitsbewertung 196
Die Schwierigkeit mit den Schwierigkeiten 197
Die Schwierigkeitsskalen 200

Gefahren 204
Worauf man besonders achten muss 205
Zeittafel Klettersteigbau 210

Bergsteigen 211
Einleitung von Horst Höfler 212

Gehtechniken im Gebirge 214
Klettern im Fels 215
Gehen und Klettern in Schnee und Eis 232
Bergsteigen in kombiniertem Gelände 240

Sicherungstechnik 244
Sicherungstechnik im Fels 245
Technische Ausrüstung 258
Sicherungstechnik in Eis und Firn 258

Skitouren 263
Einleitung von Horst Höfler 264

Die Ausrüstung 266
Ski 267
Tourenbindung 270
Tourenskischuhe und tourentaugliche Pistenskischuhe . . 271
Tourenskistöcke 272
Steigfelle 272
Harscheisen 273
LVS-Gerät 274
Lawinenschaufel 275

Inhaltsverzeichnis

Lawinensonde 275
Rucksack-Apotheke 276
Orientierungsmittel 276
Biwaksack 278
Optionale Notfallausrüstung 278
Skitourenrucksack 280
Zubehör 281
Erweiterte Ausrüstung für Skihochtouren 281

Aufstiegstechnik und -taktik 282
Aufstiegstechnik 283
Aufstiegstaktik 290

Abfahrtstechnik und -taktik 294
Abfahrtstechnik 295
Abfahrtstaktik 309

Skitouren im Hochgebirge 314
Verhalten im vergletscherten Gelände 315
Abfahrtstaktik im vergletscherten Gelände 316
Abfahrtstechnik im Absturzgelände 317

Lawinenkunde 318
Praktische Lawinenkunde 319
Beurteilung der Lawinensituation 336
Kameradenhilfe 342

Anhang 354
Infos, Notruf, Verhalten 354
Weiterführende Literatur 355
Register 356
Die Autoren 359
Impressum 360

Vorwort

Das »Kleine Handbuch des Alpinismus« versucht, das wichtigste fürs Bergwandern (samt Erster Hilfe), Klettersteiggehen, Bergsteigen (Felsklettern, Eis-/Hochtourengehen) und Skibergsteigen (samt kleiner Lawinenkunde) in einem Büchlein zu vereinen. Und zwar in einem Taschenbuch, das ggf. auch noch im Rucksack Platz finden kann, um etwa in einer ruhigen Ecke auf der Hütte zu schmökern oder sich bei Schlechtwetter die Langeweile zu vertreiben. Auch als Biwaklektüre könnte es taugen – ließe sich im äußersten Notfall doch sogar ein Wärmefeuerchen damit entzünden. Doch dazu wär's echt zu schade, denn in diesen 360 Seiten steckt die enorme Erfahrung der verschiedenen, großteils namhaften Autoren Eugen E. Hüsler, Asisa Madian, Kai Matthießen, Wolfgang Pohl, Michael Reimer, Christof Schellhammer, Georg Sojer, Pepi Stückl und Wolfgang Taschner.

Wie man's im Hochgebirge nicht machen soll, erzählt der Herausgeber jeweils immer einleitend zu den vier großen Kapiteln. Zwar darf bei dieser Lektüre geschmunzelt werden, sie hat aber doch einen ernsten Hintergrund. Aus Fehlern wird man zwar angeblich klug, doch in der extremen Landschaft Gebirge ist bisweilen der erste Fehler auch der letzte. Damit dies nie passieren möge, haben wir dieses Bändchen für Sie, liebe Leser, zusammengestellt. Wir wünschen damit viele unbeschwerte, unvergessliche und vor allem unfallfreie Tage in der faszinierenden Welt der Berge.

Herzlich
Ihr
Horst Höfler

Aufstieg zum Nevado Pisco (Cordillera Blanca)

Berg-
wandern

von Wolfgang Taschner
und Michael Reimer

sowie Beiträgen von
Georg Sojer und
Pepi Stückl (Seiten 39–43,
52–59, 81, 83–86, 88–91)
und einem Beitrag
von Asisa Madian
und Kai Matthießen
(Seiten 92–136)

Bergwandern

Vorhergehende Seite: Breithorn vom Weg Gagenhaupt–Riffelsee

Der Tag war wettermäßig weder gut noch schlecht. Wir planten, ins Wagendrischlkar (Reiter Alm, Berchtesgadener Alpen) hinaufzusteigen und dort je nach Lust und Laune entweder zu klettern oder auf das Wagendrischlhorn zu gehen. Der Weg führt aus dem Klausbachtal zunächst in Richtung Halsalm, ehe nach einiger Zeit der »Böslsteig«, der auf das Reiter-Alm-Plateau leitet, abzweigt. Am »Böslsteig« trifft man dort, wo er unterhalb des Knittelhorns nach Norden abbiegt, auf einen unmarkierten Pfad – in älteren Führern als »Jakobsteig« bezeichnet. Er weist ein paar mäßig schwierige Kraxelstellen auf und bringt ins Untere und problemlos weiter ins Obere Wagendrischlkar. War die Sicht unterhalb der Kare noch einigermaßen, so sahen wir uns im ersten der Karböden bald im Nebel, der, je höher wir kamen immer dichter wurde. Endlich sahen wir so gut wie nichts mehr ... Mit dem Klettern war's also Essig, also dachten wir uns, dass wir querfeldein nach Nordosten querend wieder den »Böslsteig« in seinem oberen Teil gewinnen könnten. Karte oder gar einen Kompass hatte ich nicht eingepackt, da ich mir meiner Gebietskenntnis sicher war. Zu sicher, wie sich bald herausstellen sollte. Gesagt, getan: Wir marschierten in die

Unteres und Oberes Wagendrischlkar

Richtung, da wir jenen »Böslsteig« vermuteten. Das Gelände war nicht schwierig zu begehen und wir sahen uns guter Hoffnung, in absehbarer Zeit auf den markierten Pfad zu treffen. Doch auf einmal kam uns die unmittelbare Umgebung – weit sah man ja nicht – auf eigenartige Weise recht bekannt vor. Hier waren wir doch schon. In der Tat, wir waren im Kreis gegangen! Also noch mal, wäre doch

Bergwandern

gelacht, wenn man da nicht herausfände. Aber nach einiger Zeit – befanden wir uns wieder am alten Standpunkt. Mittlerweile hatte es zu regnen begonnen, es war Nachmittag geworden und der Gedanke an ein Notbiwak begann mir im Kopf herumzugeistern. Das würde unangenehm werden, denn Biwakzeug hatten wir natürlich auch nicht dabei. Ich schaute meine Gefährtin an, die einen recht verzagten Eindruck machte und überlegte fieberhaft, wie wir dieser Falle entwischen könnten. Wenn wir doch wenigstens einen Kompass dabei gehabt hätten. Aber alles Wenn und Aber nützte nichts angesichts der Frage: wie nur hier herauskommen?

Nebel wird erst im weglosen Gelände zur Gefahr.

Plötzlich hatte ich's. Ich wusste, dass das Untere Wagendrischlkar nur an *einer* Seite von Felswänden begrenzt ist und dass unterhalb dieser Wände der Steig verläuft. Wenn ich nun in die Richtung riefe, in der ich diese Felswände vermutete, müsste von diesen ein Echo zurückschallen. Ich rief, das Echo ließ sich hören, wir gingen in die Richtung, von der wir annahmen, dass es von dort kam – und trafen auf den Pfad.

Der »Jakobsteig« war durch den Regen zwar schmierig und fürchterlich rutschig geworden, doch mit Konzentration – einmal seilten wir uns sogar ab – gelangten wir sicher zum »Bölsteig« zurück. Am Auto angekommen, hatten wir zwar keinen trockenen Faden mehr am Leib, doch wir freuten uns darüber, dass uns ein Notbiwak erspart geblieben war.

Fazit: Wenigstens ein Minimum an Orientierungshilfen, Ersatzwäsche und ein Biwaksack sollten bei längeren Touren allemal im Rucksack sein. Was sonst noch wichtig ist fürs Bergwandern, lesen Sie auf den nächsten Seiten.   hh

Bergwandern

Formen des Bergwanderns

Formen des Bergwanderns

Wie will ich wandern?

Zunächst stellt sich vor jeder Tour die Frage, wie man unterwegs sein will: geführt oder selbstständig, in der Gruppe oder lieber allein. Denn nur wer mit sich und seinen potenziellen Begleitern im Reinen ist, kann die Wanderung auch wirklich genießen.

Selbstständig unterwegs Immer wieder stößt man auf Zeitgenossen, die zwar gerne wandern, die Planung jedoch lieber anderen überlassen. Viele fühlen sich vom Alltag allzu gestresst und haben schlichtweg keine Lust, in ihrer Freizeit auch noch eine Wanderung zu organisieren. Andere würden diese Trägheit gerne abschütteln, sehen sich jedoch aus Mangel an Ideen und Kenntnissen hierfür außer Stande. In diesem Fall ist es praktisch, wenn Familie oder Freunde einem diese Arbeit abnehmen und man sich für das Unternehmen Wanderung einfach nur noch in das Auto oder in den Zug setzen muss.
Fällt dieser Service jedoch flach, bleibt nur die Möglichkeit, sich einer geführten Wanderung anzuschließen oder … die folgenden Seiten zu lesen. Am Ende der Lektüre wird jeder Hobbywanderer seine Touren selbstständig planen und durchführen können. Gründe für eine geführte Tour entfallen dann, es sei denn, man möchte auf diese Weise seine sozialen Kontakte fördern. Übrigens garantiert auch ein Bergführer nicht unbedingt das Gelingen einer Tour.
Wer in Eigenregie plant, kann die Tour viel besser auf die eigenen Bedürfnisse abstimmen. Entscheidend aber ist, dass man somit sein Schicksal nie in fremde Hände gibt. Eigenständig handeln und vor allem rechtzeitig umkehren zu können, kann gerade in Extremsituationen Leben retten. Viele Bergtragödien sind durch Gruppenzwang zustande gekommen oder besser: weil die Gruppenmitglieder glaubten, dem vermeintlichen Kopf der Gruppe hinterhertrotten zu müssen wie frisch geschlüpfte Küken einer Henne.
Natürlich setzt die Eigenständigkeit in den Bergen eine gewisse Erfahrung oder Schulung voraus. Doch Wandern ist

Wandern im »grünen Breich«, d.h. auf markiertem Pfad.

Bergwandern

Wer allein unterwegs ist, kann die Stille der Natur so richtig auf sich wirken lassen.

einfach erlernbar, immer vorausgesetzt, es sind eine gewisse Grundkondition für ein paar Stunden Aufstieg sowie allgemeine Sportlichkeit vorhanden.

Der Deutsche Alpenverein etwa bietet Kurse zum Thema Bergwandern an. Am Ende des Kurses sollten Kenntnisse und Fähigkeiten vorhanden sein, die eine selbstständige und sichere Durchführung von Bergwanderungen ermöglichen. Dazu zählt Ausrüstungs- und Materialkunde, Touren- und Zeitplanung, Interpretation von Wanderkarte und Führer, Wetterkunde, das Erlernen der Gehtechnik, erste Hilfe sowie Umwelt- und Naturschutz.

Wichtig! *Jeder muss sich mit Theorie und Praxis gleichermaßen auseinander setzen. Die Orientierung im Gelände etwa kann man leichter erlernen, wenn man sich zuvor Gedanken gemacht hat, worauf es bei der Orientierung im Wesentlichen ankommt.*

In der Gruppe oder lieber allein?

Man muss kein Eigenbrötler sein, um wenigstens ab und zu eine Wanderung als Solotrip durchführen zu wollen. Allein kommt man ohne Kompromisse aus, was Ziel, Routenwahl und Tempo angeht. Einfach nach Lust und Laune drauflozuwandern, sich treiben zu lassen, kann faszinierend sein. Wer allein unterwegs

Formen des Bergwanderns

ist, erlebt sämtliche Höhen und Tiefen wesentlich intensiver als in der Gruppe. Die Alpingeschichte ist reich an Beispielen für Alleingänge auf Berggipfel. Und immer waren Freiheit und Unabhängigkeit die Triebfeder für derlei Unternehmungen.

Alleingeher müssen jedoch ihre Leistungsfähigkeit und Eigenständigkeit richtig einzuschätzen wissen. Dazu zählt auch, dass man zuvor etwa bei einem längeren Waldspaziergang im Flachland erprobt hat, wie man mit der Einsamkeit in der Natur zurechtkommt. Wenn es im Hochgebirge überraschend zu einer Extremsituation kommt und der beratende Ansprechpartner fehlt, ist es für eine Umbesinnung zu spät.

Wichtigste Voraussetzung für den Solotrip ist die einschlägige Bergerfahrung. Ohne einen gewissen Instinkt für die objektiven Gefahren am Berg und ohne Geländeüberblick sollte man sich alleine allenfalls auf viel begangene Wanderrouten begeben. Allein das Risiko, sich bei einem Sturz den Fuß zu verstauchen und aus eigener Kraft nicht mehr weiterzukommen, ist immer gegenwärtig. Sich in solch einem Fall ausschließlich auf sein Handy zu verlassen, kann fatale Folgen haben. Zum einen gibt es Funklöcher, zum anderen ist es gerade bei schlechtem Wetter für die Helfer nicht einfach,

Die Gruppe garantiert oft heiteres Beisammensein.

Bergwandern

den Verletzten auf Anhieb zu finden, insbesondere wenn er nicht detaillierte Angaben zu seinem Standort machen kann. Solch missliche Krisensituationen können in einer Gruppe einfacher bewältigt werden. Die Gruppe gibt Sicherheit, weil die Erstversorgung und guter Zuspruch im Verletzungsfall ebenso beruhigend wirken wie die Möglichkeit, dass ein Gruppenmitglied Hilfe holt. Im Schutz der Gruppe traut man sich zudem weitere Strecken und schwierigeres Gelände anzugehen, von den erfahrenen Teilnehmern kann man sich jederzeit Ratschläge einholen.

Natürlich stellt eine Gruppe auch Anforderungen an das Sozialverhalten. Die Rücksichtnahme auf das schwächste Glied der Kette muss ebenso selbstverständlich sein wie die Fähigkeit, auf andere Vorstellungen und Meinungen einzugehen. In jedem Fall sollte man sich vor der Tour im Klaren darüber sein, was für Ziele die einzelnen Mitgeher in den Bergen verfolgen und dass das Konditionsgefälle innerhalb der Gruppe nicht zu weit auseinander klafft. Die Enttäuschung ist für alle groß, wenn durch den Vorwurf »Hättest du mir das vorher gesagt« der soziale Frieden empfindlich gestört wird. In den Bergen sind durch derlei Missverständnisse schon Freundschaften in die Brüche gegangen.

Grundsätzlich gilt, je vertrauter eine Gruppe ist, desto unkomplizierter und freundschaftlicher ist auch der Umgang miteinander. Dann zählt das Wandern in der Gruppe zu den wahrhaft schönen Erlebnissen in den Bergen, zumal wenn man mehrere Tage unterwegs ist und die geselligen Hüttenabende die Stimmung heben. Einen hohen Stellenwert nimmt dabei der Austausch von individuell wahrgenommenen und verarbeiteten Erlebnissen ein. Auch die Fotos schaut man sich hinterher gerne an.

Wenn die Gruppe sich noch nicht richtig kennt, ist es von Vorteil, zumindest zu viert auf Tour zu gehen. Auf diese Weise ist auch mal eine Trennung ohne größeres Aufsehen möglich, sofern nicht eine Person alleine zurückgelassen wird. Am Ende der Tour kann man sich an einem vereinbarten Ort wieder treffen und den schönen Tag bei einem gemeinsamen Essen Revue passieren lassen.

Formen des Bergwanderns

Der Weg ist das Ziel

Wer beim Wandern Erholung und Entspannung sucht, handelt am besten nach der Devise: »Der Weg ist das Ziel.« Dies schließt keinesfalls aus, sich zuvor nach intensiver Vorbereitung seine persönliche Wunschtour zu erstellen und diese nach Möglichkeit auch abzuwandern. Doch sollten die Verhältnisse vor Ort nicht den Erwartungen entsprechen, bringt Flexibilität in der Tourenplanung ein Mehr an Genuss. Auf keinen Fall sollte man sein Ziel auf Biegen und Brechen zu verwirklichen versuchen, wenn durch Wetter, schwierige Wegbeschaffenheit oder Zeitmangel Stress entstehen kann.

»Gipfelsieg«   Für die meisten Wanderer steht der Gipfel auf der Wunschliste ganz oben. Auf dem Gipfel steht man erhaben auf dem höchsten Punkt, an keiner anderen Stelle ist man dem Himmel so nah; er bietet Befriedigung ob der erklommenen Höhenmeter und ganz nebenbei den schönsten Rundblick. Sollten beim Aufstieg Selbstzweifel vorhanden gewesen sein, weicht nun die ganze Anspannung einer wohltuenden Genugtuung. Es gibt keinen besseren Ort, um sich nach vollbrachter körperlicher Anstrengung die mitgebrachte Brotzeit schmecken zu lassen. Ortskundige bestimmen sämtliche Gebirgszüge und Täler der näheren Umgebung und nehmen schon einmal den nächsten Gipfel ins Visier. Oft ist in einer Metallkassette am Gipfelkreuz ein Gipfelbuch angebracht, in das der Wanderer einen Kurzeintrag verfasst. Derlei mit Datum, Uhrzeit und beabsichtigtem Ziel versehene Einträge haben bei Rettungs- und Suchaktionen schon wichtige Hilfestellung geleistet.

Die Gipfelauswahl ist in den gesamten Alpen einzigartig. Selbst nach Abzug der 58 für Wanderer unerreichbaren Viertausender und der Kletterziele bleiben tausende von Möglichkeiten übrig.

Wandern von Hütte zu Hütte   Gleichfalls von großer Popularität ist das Wandern von Hütte zu Hütte. Statt Gipfel zu erklimmen, legt man verhältnismäßig viel Strecke

Bergwandern

Berghütten liegen meist in wunderschöner Umgebung (im Bild: Kasseler Hütte, Zillertaler Alpen).

zurück und kann auf diese Weise zum Beispiel ein ganzes Gebirge für sich erschließen. Der Reiz solcher Touren liegt in der außerordentlichen landschaftlichen Vielfalt. Da die Hüttenübergänge meist auf Höhenwegen zurückgelegt werden, sind unterwegs zumindest in eine Himmelsrichtung immer wieder grandiose Panoramablicke garantiert. Nebenbei fordert das ein oder andere Joch auf der Strecke den Sportsgeist heraus. Liegen Berggipfel auf der Strecke, werden diese bei Gelegenheit auch gerne »mitgenommen«. Zu bedenken ist bei solchen Unternehmungen jedoch, dass man sein Gepäck zum einen detailliert planen und zum anderen permanent mitschleppen muss.

Abends nächtigt man meist in verschiedenen Alpenvereinshütten. In größeren Gruppen und während der Hauptsaison sollte man sich seine Betten oder Lager im eigenen Interesse im Voraus reservieren. Wenn die Hütte voll ist, kann der Hüttenwart die Wanderer ins Tal schicken, sofern sie es bei Tageslicht noch erreichen können. Andernfalls tummelt man sich in überfüllten Notlagern und macht unter Umständen kein Auge zu. Vorrang haben grundsätzlich die Alpenvereinsmitglieder.

Formen des Bergwanderns

Ideale Hüttenwandergebiete sind zum Beispiel das Karwendelgebirge, die Berchtesgadener, die Lechtaler, die Zillertaler, Stubaier und Ötztaler Alpen.

Unterwegs auf dem Fernwanderweg Eine Steigerung der Hüttenwanderung ist zum Beispiel der beliebte Fernwanderweg E 5, für den man mindestens zwei Wochen einplanen muss. Die Alpendurchquerung beginnt am Bodensee und führt über Oberstdorf, Kemptener Hütte, Memminger Hütte, Zams, Zammer Skihütte, Wenns, Braunschweiger Hütte, Zwieselstein, Moos, Pfanderalm, Hirzerhütte, Meraner Hütte und Jenesien nach Bozen. Pro Tag ist man durchschnittlich sechs bis acht Stunden unterwegs, wobei man einzelne Wegabschnitte mit dem Bus oder der Bergbahn zurücklegen kann. Neben dem E 5 gibt es kürzere Fernwanderwege und Gebietswanderwege.

Wandern in Talnähe Auch abseits der Gipfelrouten, Höhen- und Fernwanderwege macht Wandern viel Freude. Gerade ältere Menschen oder Familien mit kleineren Kindern genießen die Natur mit Vorliebe in Talnähe. Denn je nach Region hat die Bergwelt auch in den unteren Gefilden einiges zu bieten: tosende Wildbäche, die sich mit Gewalt ihren Weg durch enge Schluchten bahnen; friedvolle Almwie-

Beim Talwandern schaut man sich die Berggipfel von unten an.

sen, auf denen üppig Blumen sprießen, Kühe grasen und vielleicht ein Senner frischen Käse offeriert; würziger Duft in den Wäldern, in denen man die stille Bergwelt so richtig genießen kann.

In der Nähe von Touristenorten kommen Themenwanderwege und Lehrpfade immer mehr in Mode. Hier erfährt der Wanderer allerhand Wissenswertes über Flora und Fauna, Geologie oder Landschaftsform der jeweiligen Region. An einigen Orten kann er sogar in die mystische Sagenwelt eintauchen.

Zeit ist Luxus

Je mehr Zeit für die Wanderung zur Verfügung steht, desto höher ist der Genuss. Dieser Grundsatz gilt sowohl für Tages- als auch für Mehrtagestouren zu sämtlichen Jahreszeiten, wobei im Winter die Tage und somit die Zeit naturbedingt kürzer sind. Erst wenn der Zeitrahmen für eine Wanderung feststeht, sollte man die genaue Route planen. Sich einen Zeitpuffer für Pausen und unvorhergesehene Zwischenfälle freizuhalten, ist in jedem Fall von Vorteil; andernfalls droht Stress.

Tages- oder Mehrtagestour? Wer einmal längere Zeit beim Wandern war, weiß die Vorteile von Mehrtagestouren im Vergleich zur Tagestour zu schätzen. Es ist wesentlich genussreicher, den Tag in den Bergen ausklingen zu lassen, als die Aussicht, sich mit der zähen Autokolonne oftmals im Stau nach Hause zu wälzen. Mehrere Tage Zeit bedeuten auch, dass man in entlegenere Wandergebiete vorstoßen kann, die als Tagestour auf Grund des langen Anfahrtsweges nicht in Frage kommen. Der Reiz des Neuen spornt besonders bei Streckenwanderungen an, auf denen man ganze Gebirgszüge durchwandert und somit eine enorme Landschaftsvielfalt erfährt.

Zeit ist Luxus. Wer nicht zu viel davon hat, beschränkt sich auf Tagestouren. Doch auch bei Tagestouren verstärkt sich der Erholungswert ungemein, wenn man während der Tour nicht ständig auf die Uhr schauen muss und in das fotogene

Formen des Bergwanderns

Abendlicht hineinwandern kann. Eine andere Möglichkeit besteht darin, die Tour im Morgengrauen zu beginnen, um frühzeitig wieder beim Ausgangspunkt zu sein.
Tagestouren sind relativ einfach zu planen, weil man sich weder um eine Unterkunft, einen größeren Rucksack mit mehr Gepäck noch um mittelfristige Wetterentwicklungen kümmern muss.

Im Wandel der Jahreszeiten Die Zeiten, als im Winter an Wandern in den Bergen schneebedingt nicht zu denken war, gehören lange der Vergangenheit an. Im Zuge der globalen Klimaerwärmung halten sich die Jahreszeiten nicht mehr an ihre ursprüngliche Bestimmung. In jüngerer Vergangenheit konnte man etwa mehrmals im Hochwinter sogar die 2000-Meter-Grenze überschreiten, ohne auch nur knietief im Schnee zu versinken.
Winterwandern vermittelt eine ganz eigene Atmosphäre. Die Tage sind kurz und die Luft ist kalt, zuweilen bitterkalt. Die schräg scheinende Sonne taucht die Landschaft in ein diffuses Licht, oft liegt eine märchenhafte Stille über Gipfeln und Tälern. Frostgrade und steife Winde nehmen die Lust an einer Brotzeit, sodass man sich im Zweifelsfall lieber ohne Unterlass in Bewegung hält. Unter Umständen muss man sich auf Spurarbeit im Gelände einstellen, Markierungen sind oft nicht mehr sichtbar.
Ohne Bergerfahrung sollte man im Winter keinesfalls auf Tour gehen, sofern der Weg nicht gespurt ist.

Im Frühling liegt zumindest im Hochgebirge manchmal mehr Schnee als im Hochwinter. Mit der Schneeschmelze kämpfen sich die ersten Schneeglöckchen und Krokusse durch den auftauenden Boden ans Tageslicht. Überall sprudelt frisches Wasser, Flora und Fauna erwachen zu neuem Leben. Viele schätzen das Frühjahr gerade wegen der farbenfrohen Blütenpracht auf den Bergwiesen. Die Tageslänge ermöglicht zwar schon ausgedehntere Touren, allerdings ist die Fernsicht zu dieser Jahreszeit in der Regel eher diesig.
Auch im Sommer ist es um die Fernsicht oft nicht besser bestellt. An typischen Schönwettertagen bilden sich nach einem

Bergwandern

Die Herbstwanderung wird häufig von einer fulminanten Aussicht gekrönt.

klaren Morgen gegen Mittag mehr oder weniger kräftige Kumuluswolken. Zu dieser Jahreszeit hat Wandern Hochkonjuktur, weil die Gipfel schneefrei sind und somit viele Tourenmöglichkeiten offen stehen. Zudem haben sämtliche Almen und Berghütten geöffnet und bieten Verpflegung und Unterkunft. Allerdings mindern starke Sonneneinstrahlung und hohe Luftfeuchtigkeit zuweilen den Wanderspaß, an Hitzetagen ist sehr frühes Aufbrechen zu empfehlen. Zu beachten sind auch die sich zu dieser Jahreszeit rasch entwickelnden Gewitter. Während der Ferien sind manche Urlaubsregionen überfüllt.
Der Herbst ist im Prinzip die ideale Wandersaison, vor allem, wenn der Altweibersommer für lang anhaltende Schönwetterperioden sorgt. Die Luft ist jetzt klar und rein, sodass Gipfelstürmer häufig mit einer fulminanten Fernsicht belohnt werden. Außerdem kann man in mittleren Höhen bei häufiger Inversionswetterlage noch ausreichend Sonne und Wärme tanken, während Täler und Ebenen im Schatten oder bedingt durch die Abkühlung unter einer Nebeldecke liegen. Die Tage werden allerdings wieder kürzer und das Leben zieht sich mit dem Almabtrieb in die Täler zurück.

Wandern mit Bergbahnen

Die Verlockung ist groß: Seilbahnen und Sessellifte als bequeme Aufstiegshilfen in große Höhen zu benutzen und sich somit den mitunter etwas mühsamen und eintönigen Auf-

Formen des Bergwanderns

stieg auf Forstwegen durch die Waldzone zu ersparen; den Gipfeln, reizvollen Höhenwegen und alpinen Berghütten ohne jede Kraftanstrengung auf einmal ganz nahe zu sein. Viele Urlaubsorte bieten den Urlaubern eine spezielle Gästekarte an, mit der die Benutzung der Bergbahnen stark ermäßigt oder sogar gratis ist. Dieser Verlockung können viele nicht widerstehen und nehmen dafür in Kauf, sich die Bergwelt mit einer Schar von Mitgehern zu teilen.

Der auf Ruhe und Einsamkeit bedachte Wanderer wird derlei überlaufene Tourengebiete tunlichst meiden. Bergbahnen und Betriebsamkeit passen zu dessen Weltbild ebenso wenig wie Stöckelschuhe zum Hochgebirge. Hinzu kommt, dass die Wege im Bergbahnengebiet häufig durch Skigebiete führen; die im Sommer still gelegten Lifte und Lawinenschutzwälle verschandeln die Landschaft.

Im Trend: Bike'n'Hike

Die sportliche Alternative zu langen »Hatschern« auf Forstwegen ist Bike'n'Hike, die Kombination aus Wandern und Biken. Viele Freizeitsportler steuern mit dem Mountainbike zum eigentlichen Einstieg der Wanderung und legen auf diese Weise weitere Strecken zurück. Außerdem schafft man

Wanderer und Biker gehen heute überwiegend friedvoll miteinander um.

Bergwandern

Literaturtipp: Siegfried Garnweidner: Bayerische Berge - Bike & Hike. Die 50 schönsten Kombitouren für Biker und Wanderer. Bruckmann 3-7654-3797-2

mehr Höhenmeter und rollt nach der Wanderung genussvoll zum Ausgangsort zurück, anstatt sich nach langer Tour mit brennenden Fußsohlen herumzuplagen. Auf einigen Alpenvereinshütten kommen heute mehr Radler als Wanderer an. Die Annäherung zwischen Wanderern und Bikern schreitet fort. Die Zeiten sind vorbei, als verwegene und rücksichtslos zu Tal brausende Pedalritter von empörten Fußgängern permanent zurechtgewiesen wurden. Über zehn Jahre nach dem Mountainbikeboom haben sich die ehemaligen Kontrahenten aneinander gewöhnt.

Der Wanderer gerät nur dann in Gefahr, wenn die Biker die Trails mit Rennpisten verwechseln. Doch die Gruppe der meist jugendlichen Kamikazefahrer ist im Vergleich zu früher verschwindend gering.

Nur für Geübte!

Eine spezielle Form des Wanderns bieten Touren, die mit dem Hinweis »Nur für Geübte« versehen sind. Solche Routen bestehen meist aus markierten Pfadspuren, die über Felsplatten, loses Geröll und abschüssiges Gelände führen. Häufig sind die kniffligen Stellen mit Eisenstiften, -leitern und Drahtseilen gesichert.

Ein Stolpern oder Ausrutschen in abschüssigem Gelände kann fatale Absturzfolgen haben.

Solche Touren setzen unbedingte Schwindelfreiheit und Trittsicherheit voraus. Sicheres Gehen auf Geröll und Altschnee ist ebenso vonnöten wie eine gewisse Coolheit tiefen Abgründen gegenüber. Technisch sind diese Steige bei trockenen Verhältnissen unter gelegentlicher Zuhilfenahme der Hände absolut unproblematisch, sofern man die eigene Psyche im Griff hat.

Nur, wer ist geübt, wer ungeübt? Diese Frage lässt sich nicht auf Anhieb beantworten. Es gibt genügend Leute, die zum ersten Mal in den Bergen unterwegs sind und solche Steige problemlos bewältigen. Andererseits haben wir Bergwanderer getroffen, die sich auch beim zehnten Versuch noch unsicher fühlen. Am besten tastet man sich Stufe für Stufe an

Formen des Bergwanderns

etwas schwieriges Terrain heran. Wer sich langsam und bewusst an die Steilheit gewöhnt, geht kein Risiko ein. Unsicheren Menschen sei ein Bergwanderkurs ans Herz gelegt.

Trekking in den Alpen

Mit Trekking verbinden die meisten eine mehrtägige oder gar mehrwöchige Wandertour durch weitläufige außereuropäische Berglandschaften. Ein Hauch von Abenteuer gehört genauso dazu wie eine fremde Kultur. Dazu zählt auch, dass zumindest zeitweise im Zelt übernachtet und die eigene Verpflegung mitgenommen wird. Häufig unterstützen einheimische Träger den Gepäcktransport und die Versorgung des Trekkingteams. Beliebte Trekkingtouren etwa sind der legendäre Trail zum Basislager des Mount Everest in Nepal oder die aufregende Andentour zur Kultstätte Machu Picchu in Peru. In den dicht besiedelten und erschlossenen Alpen können diese Träume und Vorstellungen hingegen kaum verwirklicht werden.

Rudolf Banzhaf: Trekking Ein Praxisbuch Juni 2003 3-7654-3989-4

In den Alpen kommen Trekkingfreaks auf ihre Kosten, wenn sie in den so genannten Zwischenjahreszeiten auf Tour gehen. Dann haben die Hütten geschlossen und man teilt sich das Hochgebirge mit nur wenigen Gleichgesinnten.

Der eigene Kocher ist auf der Trekkingtour fast unverzichtbar.

Bergwandern

Vorbereitung

Vorbereitung

Was ziehe ich an, was nehme ich mit?

Wenn man sich auf einen Schlag Wanderbekleidung und Top-Ausrüstung in der neuesten Mode zulegt, könnte man sich preislich gesehen stattdessen auch einen gebrauchten Kleinwagen kaufen. Es gilt also zuvor gut abzuwägen, welche Ausstattung von Beginn an sinnvoll und wichtig ist und welche Teile noch etwas warten können. Viele – mitunter auch leidvolle – Erfahrungen sind notwendig, bis endlich bequeme Schuhe, die angenehm zu tragende Regenjacke und der richtige Rucksack gefunden sind. Manchmal hilft der Ratschlag eines erfahrenen Bergwanderers weiter, vieles kann man aber auch auf einfachen Touren bei schönem Wetter selbst ausprobieren.

In manchen Fällen lässt sich die Bergausrüstung auch bei anderen Freizeitaktivitäten geschickt einsetzen: Regenschutz beispielsweise beim Radfahren oder der Rucksack im Alltag bzw. beim Strandurlaub. Umgekehrt kann man auch problemlos ein atmungsaktives Radtrikot bei einer Bergwanderung anziehen.

Die passende Bekleidung Die richtige Kleidung für das Gebirge ist auf das dort anzutreffende Wetter abzustimmen. Doch gerade bezüglich des Wetters muss man sich oft bei einer einzigen Tour auf unterschiedlichste Extreme gefasst machen: große Hitze beim Aufstieg an einem windgeschützten Südhang, eisiger Wind im Bereich des Gipfels und starker Regen während des Abstiegs.

In den Bergen sollte man sich immer auf die unterschiedlichsten Bedingungen vorbereiten. Besonders bei labiler Wetterlage ist mit allen Eventualitäten zu rechnen. Besser ist es, eine Regenjacke umsonst mitzunehmen, als bei Regen keine anziehen zu können.

Durch die Weiterentwicklung der verschiedensten Materialien bekommen wir Jahr für Jahr noch besser geeignete Bekleidungsstücke angeboten. Wer viel in den Bergen unterwegs ist, für den lohnt sich auch die eine oder andere teure Anschaffung; höherer Nutzwert und lange Haltbarkeit rechtfer-

Gut ausgerüstet macht Bergwandern Spaß.

Bergwandern

Flexibler Schutz durch mehrere Kleidungsschichten

tigen meist den hohen Preis. Für die gelegentliche Nachmittagswanderung im Voralpengebiet wird sich hingegen in fast jedem Kleiderschrank auch so etwas Passendes finden.
Der Spruch: »Es gibt kein schlechtes Wetter, nur unpassende Bekleidung« klingt nicht nur banal, sondern gaukelt falsche Sicherheit vor. Besonders in höheren Regionen bedeutet schlechtes Wetter immer eine Gefahr, auch wenn man noch so gute Schutzkleidung mit sich trägt. Selbst wenn es schwer fällt, ist es da besser, eine Tour im Voraus abzusagen.

> Eine alte Bergsteigerregel sagt: »Lieber viele dünne Schichten übereinander tragen als wenige dicke.« Je nach Wetterbedingung lässt sich die Zahl der einzelnen Schichten nach dem Zwiebelschalenprinzip erweitern oder verringern.

Unterwäsche Das baumwollene Unterhemd hat bei der Bergwanderung endgültig ausgedient. Es fühlt sich beim Losgehen zwar angenehm an, doch sobald man zu schwitzen beginnt, saugt es sich mit Schweiß voll, klebt wie ein nasser Lappen auf der Haut und wird erst nach Stunden wieder trocken. Die Feuchtigkeit kühlt den Körper schneller aus, insbesondere wenn es windig ist.
Funktionsunterwäsche aus chemischer Faser umgeht hingegen diesen Effekt, indem sie den Schweiß gut aufsaugt und die Flüssigkeit gleichzeitig an der Oberfläche wieder abgibt. Völlig durchgeschwitzte Unterwäsche ist meist schon nach zehn Minuten komplett trocken und wieder angenehm warm, wenn auch die darüber befindlichen Kleidungsstücke entsprechend atmungsaktiv sind. Eine Alternative ist Wolle, die auch im feuchten Zustand noch zu wärmen vermag.

Vorbereitung

Berghose Die ideale Wanderhose muss in erster Linie strapazierfähig und bequem zu tragen sein. Ein weiter Schnitt bietet große Bewegungsfreiheit, zudem bleibt bei Kälte noch Platz für eine warme lange Unterhose. Der Bund sollte elastisch sein, damit auf einen einschnürenden Gürtel verzichtet werden kann, notfalls kann man Hosenträger verwenden. Die Hose sollte reißfest sein, weil man doch hin und wieder an einem Felsstück hängen bleibt; ideal sind Verstärkungen an Knie und Gesäß. Bei atmungsaktiven Materialien kann der Schweiß schneller trocknen. Bei zusätzlichen Taschen an den Hosenbeinen ist wichtig, dass sie seitlich angebracht sind, da sonst der Inhalt beim Gehen stört.
Die guten alten Jeans sind für die Berge weniger geeignet, da sie meist eng sind und damit die Bewegungsfähigkeit einschränken. Zudem trocknen sie nur sehr langsam, wenn man sich beispielsweise zum Ausruhen auf eine feuchte Wiese gesetzt hat oder stark durchgeschwitzt ist.
Bundhosen à la Luis Trenker sehen originell aus und sind auf Wanderungen in einfachem Gelände kein Problem. Wenn man hingegen viel auf Geröll unterwegs ist, können kleine Steinchen von oben in die Schuhe gelangen, das Gleiche gilt auch für Schnee beim Queren eines Schneefelds. In beiden Fällen sind dann Gamaschen erforderlich.

Sehr zweckmäßig sind Berghosen, bei denen man bei angenehmen Temperaturen die langen Hosenbeine mittels Reißverschluss abtrennen kann. Bei Auswahl ist darauf zu achten, dass man dabei die Wanderschuhe nicht ausziehen muss.

Pullover und Jacken In erster Linie reicht der Blick in den Kleiderschrank: Bequemlichkeit ist angesagt, mit zwei dünnen Teilen ist man variabler als mit einem dicken. Ein guter Wollpullover wärmt zwar erstklassig, bringt aber Gewicht mit sich, wenn man ihn im Rucksack tragen muss. Im Gegensatz zum Pullover kann man bei einer Jacke durch Öffnen und Schließen des Reißverschlusses den Wärmungsgrad etwas variieren.
Wer sich speziell ausstatten will, wird zu Fleecebekleidung greifen, die sich im Freizeit- und Outdoorbereich weitgehend durchgesetzt hat. Das synthetische Material ist extrem leicht,

Bergwandern

transportiert den Schweiß gut nach außen und hält warm – vorausgesetzt, es geht kein Wind. Schon beim geringsten Luftzug muss man eine Wind abweisende Jacke darüber ziehen, um nicht zu frieren.

Sowohl Pullover als auch Jacken sollten einen hohen Kragen haben und hinten möglichst weit über den Rücken reichen. Sehr praktisch, aber selten zu bekommen sind Fleecejacken mit Kapuze.

Schutz vor Kälte Die Gefahr durch Kälte wird bei Bergtouren häufig unterschätzt. Selbst im Hochsommer kann es in höheren Regionen empfindlich kalt werden. Schon der Wind kann einem stark zusetzen – vor allem dann, wenn man ordentlich durchgeschwitzt ist. Der Körper kühlt sehr schnell aus, Ermüdung, Unsicherheit und unkonzentrierte Bewegungen sind die Folgen.

Ideal ist die eingangs erwähnte Zwiebelschalen-Technik, nach der mehrere Lagen von Bekleidungsstücken übereinander getragen werden: Funktionsunterwäsche, Hemd, Fleecejacke und abschließend eine dichte Windjacke. Man ist gegen Kälte geschützt und kann sich trotzdem noch gut bewegen. Eine Daunenjacke und darunter ein dicker Wollpullover halten natürlich ebenfalls sehr warm. Wenn man allerdings ein Teil davon auszieht, weil es beim Gehen wieder wärmer wird, kann es gleich wieder zu kalt werden. Eine Daunenjacke ist zudem relativ sperrig, wenn man sie nicht am Körper trägt.

Gegen Kälte helfen gewirkte Wollhandschuhe.

Wichtig! *Bei Wanderungen im Frühjahr oder Herbst gehören besonders bei Touren in höheren Regionen immer Handschuhe, Schal und eine Mütze oder ein Stirnband in den Rucksack. Gerade über die Hände und den Kopf verliert der Körper die meiste Wärme.*

Bei Hochtouren ist eine Überhose sehr hilfreich. Wichtig ist, dass man sich diese Hose überstreifen kann, ohne dabei die Schuhe ausziehen zu müssen.

Vorbereitung

Besonders auf dem Gipfel wird es einem erfahrungsgemäß sehr schnell kalt, da man sich kaum mehr bewegt und dem Wind voll ausgesetzt ist. Es empfiehlt sich, noch kurz unterhalb des Gipfels an einer geeigneten Stelle ein vollkommen durchgeschwitztes Hemd zu wechseln oder eine wärmende Jacke anzuziehen.

Wer mit einer Bergbahn nach oben fährt, sollte sich unbedingt bei der Talstation nach den Wetterbedingungen auf dem Berg erkundigen. Oft herrschen im Tal noch angenehme Temperaturen, sodass man gar nicht auf den Gedanken kommt, ausreichend warme Bekleidung mitzunehmen.

Schutz vor Regen Ein Regenschirm bietet immer noch den besten Schutz gegen Nässe von oben. Auch wenn der eine oder andere entgegenkommende Bergwanderer arrogant die Nase rümpft, es gibt Argumente, die für diese Art von Regenschutz sprechen. Der Oberköper bleibt weitgehend trocken, man muss sich nicht mit Regenjacke und Kapuze dick »vermummen«, Schweiß kann weiterhin gut ausdünsten und der Rucksack ist auch einigermaßen geschützt. Einige Hinderungsgründe für den Einsatz des Regenschirms sind starke Windböen oder schwer begehbares Gelände, bei dem man die Hände zum Abstützen braucht. Für die Berge eignet sich natürlich ein kleines und leicht verstaubares Modell. Ansonsten gibt es ein breites Spektrum an Regenjacken, mit Innenfutter und ohne. Die ungefütterten Jacken sind einfacher im Rucksack zu verstauen. Sehr praktisch sind verstellbare Gummizüge in der Kapuze, damit diese insbesondere bei Wind nicht ins Gesicht rutscht oder ständig vom Kopf gezogen wird. Bei leichtem Regen hingegen reicht in der Regel eine Schildmütze aus.

Bei längeren Anstiegen kommt man selbst bei Regen ordentlich ins Schwitzen. Moderne Regenjacken haben bei-

Optimal gegen Regen geschützt

Bergwandern

spielsweise unter den Achseln große Reißverschlüsse, durch die die Körperwärme entweichen kann. Ansonsten wird man mit der Zeit von innen genauso nass wie von außen.
Bei starkem Regen oder wenn der schmale Weg durch hohes Gras führt, ist eine regendichte Überhose zu empfehlen. Den Rucksack selbst schützt man am besten durch eine wasserdichte Überzugshülle.

> Generell gilt es, bei Regen das Hochgebirge zu meiden. Bei Trockenheit problemlos zu begehende Steige können bei Nässe zu gefährlichen Rutschbahnen werden. Aufziehende Regenwolken sind das Signal zur Umkehr. Lieber auf den Gipfel verzichten, als sich im Regen einer Gefahr aussetzen!

Wenn der Schuh drückt Die Wanderschuhe sind der wichtigste Bestandteil der Ausrüstung. Wenn sie nicht hundertprozentig passen oder für die geplante Wegstrecke ungeeignet sind, ist die schönste Tour kein Vergnügen mehr. Wer bei der Wahl der Schuhe sorgfältig vorgeht und sich Zeit lässt, bis er das richtige Modell gefunden hat, wird jede Minute der Wanderung genießen können.

Auswählen Im Prinzip ist es gar nicht so schwer, den richtigen Wanderschuh zu finden: Die Sohle muss fest und das Profil griffig sein, das Material wasserdicht und atmungsaktiv, der Schaft hoch genug, um Fuß und Knöchel ausreichend Halt zu geben. Trotzdem stehen die unterschiedlichsten Modelle in den Regalen.

Grundsätzlich gilt folgende Einteilung:
- Leichte Wanderschuhe für ausgebaute Wege
- Hochwertige Wanderschuhe für ausgedehnte Touren und ausgebaute Steige
- Trekking-Schuhe für schwieriges Gelände wie Geröllfelder oder Klettersteige
- Hochgebirgsschuhe für extreme Touren, tauglich für Steigeisen

Vorbereitung

Wer nur einfache Routen gehen will, sollte auch bei den leichten Wanderschuhen bleiben, denn diese sind vom Gewicht her deutlich leichter und bequemer zu tragen als die schweren Hochgebirgsschuhe. Wer viel in den Bergen auf unterschiedlich schwierigen Touren unterwegs ist, wird sich sogar im Lauf der Jahre für zwei Modelle entscheiden: Ein leichtes Paar für einfache Wanderungen und die schweren Hochgebirgsschuhe für anspruchsvolle Touren. Turnschuhe sollte man gar nicht erst in Betracht ziehen, da sie nicht stabil genug sind und dem Fuß zu wenig Halt geben; genauso Halbschuhe, in denen man zu leicht umknicken kann.

Als Materialien stehen Leder und Gore-Tex zur Wahl, viele moderne Schuhe haben beides verarbeitet. Leder ist strapazierfähig, formbeständig und sehr abriebfest sowie für einige Stunden Wasser abweisend. Gore-Tex hingegen ist deutlich leichter und vollständig wasserdicht.

Sehr wichtig ist die Sohle, die ein gutes Profil benötigt, um auf dem Boden Halt zu finden. Je schwieriger das Gelände begehbar ist, umso härter muss die Sohle sein. Eine sehr harte Sohle verringert zwar den Gehkomfort, ist aber im Geröll oder Fels sowie beim Anschnallen von Steigeisen unerlässlich.

Anprobieren Zunächst benötigt man die passenden Socken, idealerweise etwas dicker und aus weichem Material wie Schurwolle, im Fersen- und Zehenbereich verstärkt. Wer leicht an den Füßen friert, sollte durchaus dickere Socken nehmen. Wer orthopädische Einlagen benötigt, sollte auch diese zum Anprobieren mitbringen. Vor dem Schnüren muss die Ferse ganz nach hinten gedrückt werden, dann die Lasche zentrieren und anschließend den unteren Teil des Schuhs fest schnüren und ab dem ersten Klemmhaken etwas lockerer festziehen.

Nichts geht über den passenden Schuh.

Bergwandern

Den obersten Klemmhaken am besten von oben nach unten schnüren, das ist angenehmer und bietet mehr Bewegungsfreiheit.

Ein passender Wanderschuh sollte nach vorne noch knapp 1 cm Platz bieten, in der Breite hingegen kann er sich beim Einlaufen noch etwas dehnen. Beim Probieren immer beide Schuhe anziehen und eine Zeit lang im Laden damit gehen. In den meisten Fachgeschäften gibt es eine Teststrecke zum Bergauf- und Bergab-Gehen. Wer hier im Schuh rutscht, bekommt später Blasen.

Ein Schuh sollte nur dann gekauft werden, wenn er wirklich hundertprozentig passt, sich angenehm anfühlt und den geplanten Geländeanforderungen entspricht.

Einlaufen Zum Glück sind Bergschuhe heute bequemer zu tragen als früher. Trotzdem ist das Einlaufen wichtig, um später Schwierigkeiten bei der ersten großen Tour zu vermeiden. Das kann auf Spaziergängen in Parks oder kleinen Wanderungen geschehen, bei denen sich die Schuhe langsam etwas an die Fußform anpassen und man sich an das Gehen mit den harten Sohlen gewöhnt.

Die Lasche muss gleich beim ersten Anziehen mittig zentriert und an dem eigens dafür angebrachten Haken mit eingeschnürt werden. Wenn die Lasche anfangs zur Seite wegrutscht, bleibt sie für immer dort!

Pflegen Einen bequemen und gut passenden Wanderschuh möchte man nicht mehr hergeben. Damit die guten Eigenschaften möglichst lange erhalten bleiben, ist eine regelmäßige Pflege notwendig. Dazu zunächst das Fußbett heraus-

Der oberste Haken wird von oben nach unten geschnürt (links); Imprägnierungsspray hilft gegen Nässe (rechts).

Vorbereitung

nehmen, an der Luft trocknen und auslüften lassen und die Schnürsenkel entfernen. Dann die Schuhe samt Sohle mit einer Bürste oder einem nassen Lappen von Schmutz befreien, eventuell auch innen.

Nasse Schuhe niemals in der prallen Sonne, an einem Heizkörper oder Ofen trocknen, sonst wird das Leder brüchig.

Die fast trockenen Schuhe mit Imprägierungsspray einsprühen, das Leder kann man auch leicht mit einem Tuch einwachsen. Abschließend werden die Schuhe mit einer weichen Bürste poliert. Zum Aufbewahren in einen trockenen Raum stellen.

Welche Ausrüstung notwendig ist Ohne Rucksack wird niemand in die Berge gehen. Getränke, Proviant, Zusatzbekleidung, Sonnenschutz und Erste-Hilfe-Set sind darin bestens aufgehoben und bequem zu tragen. Darüber hinaus gibt es eine ganze Reihe weiterer nützlicher Ausrüstungsgegenstände, die für bestimmte Touren unerlässlich sind. Man sollte immer bedenken, dass man alles, was man mitnimmt, auch tragen muss. Je leichter das Gepäck, umso beweglicher ist man, und umso weniger gerät man ins Schwitzen.

Der Rucksack Wie bei den Wanderschuhen gilt auch für den Rucksack: Er muss sehr gut passen. Verspannte Hals- und Nackenmuskeln sowie Rückenschmerzen können die Folge eines schlecht sitzenden Rucksacks sein, vor allem, wenn dieser zusätzlich noch mit nicht benötigten Utensilien voll gepackt ist.

Erstes Kriterium bei der Wahl des Rucksacks ist sein Fassungsvermögen, das in Litern gemessen wird. Erfahrungsgemäß reichen 30 l selbst für mehrtägige Wandertouren mit Hüttenübernachtung vollkommen aus. Größere Rucksäcke verleiten gerne dazu, mehr einzupacken als notwendig ist. Die Trageurte sollten nicht zu breit, aber auch nicht zu schmal sein, denn in beiden Fällen schneiden sie ein. Das Gleiche gilt bei der Polsterung – ist sie zu weich, schneidet sie ein, ist sie zu hart, drückt sie wie ein Brett. Wichtig ist eine ausreichende Verstellbarkeit, damit der Rucksack entspre-

Bergwandern

Diese Größe des Rucksacks reicht selbst für eine mehrtägige Hüttenwanderung.

chend der Körperform und der Bekleidung gut sitzt. Der Hüftgurt dient dazu, das Gewicht auch mit der Hüfte aufzunehmen und die Schultern zu entlasten. In puncto Rückenbelüftung gehen die Meinungen auseinander: Die einen wollen eine möglichst geringe Kontaktfläche mit dem Rucksack, damit der Schweiß abtrocknen kann, andere hingegen empfinden es als angenehm, wenn der Rucksack vollständig anliegt und damit den Rücken wärmt.

Wie viele Seitentaschen man am Rucksack braucht, bleibt dem individuellen Geschmack überlassen. Erfahrungsgemäß reicht eine Tasche aus, um beispielsweise Karten und Kompass aufzunehmen, alles andere kann auch im Innern verstaut werden. Manche Rucksäcke bieten zwei getrennte Innenfächer, das ist beispielsweise hilfreich, um den Fotoapparat vor Brotkrumen zu schützen oder um feuchte und trockene Bekleidungsstücke voneinander zu trennen. Im Notfall hilft dabei auch eine Plastiktüte. Wichtig sind außen oben und unten angebrachte Schlaufen, um die Trekkingstöcke befestigen zu können, wenn man sie gerade nicht benötigt.

Das Material von Rucksäcken ist Polyester oder Cordura (Nylon). Kevlar ist eine Modeerscheinung, die nicht zu empfehlen ist, da Kevlar unter starker UV-Strahlung Schaden nimmt.

Wie wasserdicht ein Rucksack ist, hängt in erster Linie von den Nähten ab. Eine Doppelnaht hält den Regen relativ lange ab, vorausgesetzt, der Reißverschluss ist ebenfalls gut abgedeckt.

Absolut wasserdichte Rucksäcke mit geschweißten Nähten sind relativ teuer. Preiswert ist es, den Rucksack mit einer zusätzlichen, dichten Überzugshülle zu schützen oder den Inhalt in eine Plastiktüte zu stecken.

Trekkingstöcke Selbst größte Skeptiker bewegen sich heute mit Trekkingstöcken durch die Berge. Die Vorteile sind nicht

Vorbereitung

mehr von der Hand zu weisen, insbesondere beim Abstieg werden Beinmuskulatur und Gelenke um bis zu 20% weniger belastet. Das Spektrum des Angebots ist groß, ein Paar des bekannten Anbieters »Leki« ist ab ca. 40 Euro zu bekommen. Jeder Stock besteht aus drei Aluminiumrohren, die wie ein Teleskop ineinander gesteckt sind. Mit einer Arretierung lässt sich der Stock – je nach Ausführung – auf jede beliebige Länge zwischen 90 cm und 1,45 m einstellen. Das ist wichtig, denn beim Aufstieg muss der Stock deutlich kürzer sein als beim Abstieg. Die ideale Länge findet man am besten durch Ausprobieren heraus.

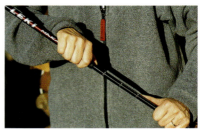

Die Länge der Trekkingstöcke lässt sich einfach einstellen.

Ab etwa 70 Euro gibt es Stöcke mit einstellbarer Federung, die die Belastung etwas angenehmer übertragen, dafür allerdings etwas schwerer sind. So genannte »Ultralite-Stöcke« sind aus dünnerem Material gefertigt und damit um ca. 20% leichter, jedoch bei einem Körpergewicht von über 80 kg nicht mehr zu empfehlen.

Wer stark an den Händen schwitzt, sollte beim Tragen der Stöcke fingerlose Radhandschuhe verwenden, um Blasenbildung zu vermeiden.

Sonnenschutz Mit zunehmender Höhe steigt auch die ultraviolette Strahlung der Sonne an, pro 1000 Höhenmeter nimmt die UVB-Intensität zwischen 15 und 20% zu. Entsprechend wächst auch die Gefahr, einen Sonnenbrand zu bekommen. Den besten Sonnenschutz erhält man immer durch angemessene Kleidungsstücke, beispielsweise langärmelige Hemden oder Schildmützen.

Für das Gesicht nimmt man Sonnenschutzcreme mit hohem Lichtschutzfaktor, die nicht zu sparsam aufgetragen wird. Wer sich unterwegs häufig den Schweiß mit einem Tuch abwischt, muss entsprechend oft nachcremen. Für sehr empfindliche Stellen wie Nase und Ohren empfiehlt sind sogar ein Sun Blocker mit Lichtschutzfaktor 35, für die Lippen gibt es spezielle Sonnenschutz-Stifte.

Bergwandern

Besonders im Frühjahr oder Herbst wird die Sonne als ausgesprochen angenehm empfunden. In höheren Lagen, im schneebedeckten Gelände oder wenn gleichzeitig ein kühlender Wind weht, kann ohne ausreichenden Schutz schnell und unbemerkt ein Sonnenbrand entstehen.

Auch die Augen müssen unbedingt vor der Sonnenstrahlung geschützt werden. Beim Kauf einer Sonnenbrille ist auf guten Sitz zu achten, wichtig ist auch ein bruchsicheres Etui. Von Adidas gibt es Brillen mit austauschbaren Gläsern, die einen unterschiedlichen Filtergrad haben. So kann man die gleiche Brille bei leichtem Sonnenschein und gleißendem Gletscherlicht tragen.

> Längeres Begehen von schnee- oder eisbedeckten Flächen in Hochlagen ist ohne intensiven Sonnenschutz und ohne Sonnenbrille mit hohem Filtergrad gesundheitsgefährdend!

Lampe Normalerweise sollte eine Wanderung weit vor Sonnenuntergang beendet sein, doch es gibt Ausnahmen. Hat man beispielsweise einen falschen Weg gewählt und musste anschließend einen großen Umweg gehen, kann man leicht von der Dunkelheit überrascht werden, bevor man das Ziel erreicht. Bei sehr großen Touren kommt es durchaus vor, dass man schon in der Morgendämmerung starten möchte. Eine Lampe ist dabei von großer Hilfe, insbesondere in unwegsamem Gelände. Auch bei Übernachtung auf einer Berghütte kann ein individuelles kleines Licht von Nutzen sein. Eine ideale Alternative zur Taschenlampe sind die modernen LED-Lampen, die sehr leicht sind, kaum Platz benötigen und trotzdem helles Licht liefern. Petzl, der französische Hersteller von Bergsteigerausrüstung, hat zwei Modelle im Angebot, beide leuchten zwölf Stunden mit maximaler Helligkeit, sind mit drei handelsüblichen Batterien nur 64 bzw. 70 g schwer und lassen sich auch an der Stirn tragen (ab 37 Euro im Fachhandel, Händlernachweis über info@petzl.de).

Vorbereitung

Tourenplanung

Die Ursache der meisten Bergsteiger-Katastrophen war fast immer eine ungenügende Tourenplanung.

Folgende Punkte sind abzuchecken:

In welcher geografischen Lage steht der Berg?
- ❏ Süd- oder Nordalpen: Wie ist hier das derzeitige Klima?
- ❏ Alpenhauptkamm: Sind Gletscher zu begehen? Haben die Hütten schon oder noch geöffnet?
- ❏ Westalpen: Sind lange Hüttenzustiege zu bewältigen und sind die Hütten bewirtschaftet? Welche Gipfelhöhe (Akklimatisation)? Gibt es dort Kalkfels oder Granit?

Welche Jahreszeit und Exposition?
- ❏ Wie viel Schnee liegt noch: Schuhwerk, evtl. schon Blankeis, Steigeisen?
- ❏ Wann wird es hell, wann wird es Nacht?
- ❏ Südseitige Sonnenbestrahlung oder nordseitig Schatten: evtl. Vereisung, Hartschneefelder?

Bin ich den Schwierigkeiten gewachsen?
- ❏ Stimmt der angegebene Schwierigkeitsgrad?
- ❏ Wie steil ist die Route?
- ❏ Wie sind die derzeitigen Verhältnisse?
- ❏ Wo und wie schwer ist der Abstieg?
- ❏ Gibt es Möglichkeiten, die Tour abzubrechen?

Wie ist meine persönliche Verfassung und die meiner Partner?
- ❏ Stimmt meine Zeitplanung?
- ❏ Zustieg, Kletterzeit, Rastzeiten, Abstiegzeit?
- ❏ Habe ich Zeitreserven für einen eventuellen Notfall?

Wie sind die Wetterbedingungen und Verhältnisse?
- ❏ Wie ist die Großwetterlage?
- ❏ Wie ist die zu erwartende allgemeine Tendenz?
- ❏ Wie lautet der Lawinenlagebericht?

Habe ich die passende Ausrüstung dabei?
- ❏ Ist sie dem Wetter und der Jahreszeit angepasst?
- ❏ Genügt die technische Ausrüstung für die zu erwartenden Schwierigkeiten?
- ❏ Welche Notfall-Ausrüstung benötige ich?

Island Peak (6189 m), Solo Khumbu, Himalaya

Bergwandern

Zeitberechnung Für eine gewissenhafte Tourenplanung ist ein möglichst exakter Zeitplan zu erstellen. Daraus ergibt sich die Dauer der Unternehmung, der Zeitpunkt, wann die Tour beendet sein soll (mit eingeplanter Sicherheitsreserve für einen evtl. Notfall) und zurückgerechnet die morgendliche Aufbruchszeit.

Dazu muss die Wegzeit berechnet werden:

Ein Bergsteiger mit »normaler« Kondition bewältigt pro Stunde 300 bis 400 Höhenmeter oder vier Kilometer Wegstrecke. Für den Abstieg nimmt man 500 Höhenmeter und fünf Kilometer Wegstrecke an. Nun bestimmt man aus der Karte die zu bewältigenden Höhenmeter und die zurückzulegenden Streckenmeter. Jetzt errechnet man aus den vorhandenen Daten die jeweiligen Zeiten und zählt zur größeren der beiden Zeiten die Hälfte der kleineren Zeit hinzu, womit man den Zeitaufwand für den gesamten Weg ohne Pausen erhält.

Ein Beispiel für Bergsteiger mit »normaler« Kondition:

Die in der Karte gemessene Wegstrecke Hütte–Gipfel beträgt sechs Kilometer (das entspricht 90 Minuten Gehzeit), die Höhendifferenz 1200 Höhenmeter (das entspricht 180 Minuten Gehzeit). 180 Minuten + 45 Minuten (= die Hälfte der kleineren Zeit) ergibt 225 Minuten. Die Gehzeit Hütte–Gipfel beträgt also knapp vier Stunden.

Zu beachten ist, dass mit zunehmender Höhenlage das Tempo entsprechend langsamer wird. Es ist also ein gravierender Unterschied, ob der Ausgangspunkt oder die Hütte auf 3000 Meter liegt und der Gipfel 4200 Meter hoch ist oder ob man von 1800 Meter auf 3000 Meter aufsteigt. Ganz wesentlich für eine exakte Zeitaufwandsbestimmung ist daher auch das Wissen um die eigenen konditionellen Fähigkeiten und die des Partners.

Die oben beschriebene Zeitbestimmung gilt nur für nicht zu schwierige Normalanstiege, Kletterzeiten müssen separat dazugerechnet werden. Die Einhaltung dieser Richtzeiten sollte stets kontrolliert werden, um bei einer größeren Überschreitung rechtzeitig umkehren zu können.

Man beachte, dass vorgegebene Zeitangaben reine Gehzeiten sind, Pausen also nicht berücksichtigen.

Vorbereitung

Orientierung

Zur Orientierung und zur Steuerung auf ein Ziel muss man zuerst wissen, wo man sich überhaupt befindet, d. h. die Grundvoraussetzung jeglicher Orientierung ist das Feststellen des eigenen Standortes.
Die wichtigsten und klassischen Orientierungshilfen sind in der Reihenfolge ihrer Nennung die Karte, der Höhenmesser und der Marschkompass, neu hinzugekommen ist das GPS-Gerät. Sehr hilfreich kann auch ein gutes Fernglas sein.

Karte Die »topografische Karte« ist das wichtigste Hilfsmittel zur Orientierung. Am besten geeignet sind Kartenblätter im Maßstab 1:25 000 des Alpenvereins und der amtlichen nationalen Landesvermessungsämter. Die Brauchbarkeit der Karte ist vor allem abhängig von der genauen Zeichnung der Höhenlinien. Die amtlichen Namen und Vermessungspunkte sind immer von West nach Ost geschrieben und eignen sich dadurch zum Arbeiten mit dem Kompass. Die beste Karte nützt jedoch nichts, wenn man sie nicht lesen kann. Es ist daher hilfreich, ständig den Vergleich zwischen dem Kartenbild und der umgebenden Landschaft zu suchen und sich auf diese Weise immer mehr Erfahrung anzueignen.

Höhenmesser Der Höhenmesser ist in seiner Bedeutung als Orientierungsmittel gleich nach der Karte einzuordnen. Der Höhenmesser misst den Luftdruck und zeigt dadurch die Höhe des momentanen Standorts an. Da sich der Luftdruck ja wetterbedingt verändert, muss der Höhenmesser so oft wie möglich an vermessenen Höhenpunkten

Mechanischer und digitaler Höhenmesser

Bergwandern

Bussole

(z. B. am Ausgangspunkt, Hütte, Gipfel, Scharte) eingestellt bzw. nachjustiert werden.

Gleichzeitig zeigt er durch eine veränderte Höhe auch kommende Wetterveränderungen an (= Barometer). Bei beginnendem Tiefdruck zeigt der Höhenmesser mehr Höhe an, bei Hochdruck »fällt« die Höhenanzeige.

Üblich sind heute Höhenmesser-Uhren, die allerdings temperatur-kompensiert sein müssen. Am wenigsten anfällig, auch im Hinblick auf die Energieversorgung, ist der gute alte mechanische Taschenhöhenmesser.

Kompass (Bussole) Anwendungsmöglichkeiten für den Bergsteiger:

- Einnorden der Karte, um das Kartenbild mit dem Gelände zu vergleichen
- Bestimmen eines auf der Karte bekannten Punktes im Gelände
- Erstellen einer Routenskizze oder Marschtabelle
- Einen in der Natur sichtbaren Punkt auf der Karte suchen
- Mittels zweier bekannter Punkte in der Natur den eigenen Standort bestimmen

Vorbereitung

Beim Arbeiten mit dem Kompass ist darauf zu achten, dass die Magnetnadel nicht von Metallgegenständen sowie von elektronischen Geräten (Handy, VS-Gerät) beeinflusst wird.

GPS Mit dem GPS (Global Positioning System) kann man an jedem Punkt der Erde eine exakte Standortbestimmung vornehmen sowie Zielpeilungen durchführen. Dies funktioniert durch ständiges Anpeilen mehrerer Satelliten. Die Genauigkeit übertrifft jene, die mit dem Kompass erreicht wird. Drei Satellitensignale sind erforderlich für die Ortsbestimmung, ein viertes ist erforderlich für die Höhenbestimmung, die ohne Luftdruckmessung erfolgt.
Um sich vom GPS zu einem unbekannten Ziel führen zu lassen, ist jedoch im Vorfeld bestes Kartenmaterial unerlässlich.

Dem GPS gehört scheinbar die Zukunft bei der Orientierung im Gebirge, doch es hat auch seine Schwächen.

Multifunktionsgeräte beinhalten sogar einen Kompass und einen barometrischen Höhenmesser, und das alles im Handy-Format! Nachteilig kann sich der hohe Energiebedarf auswirken, insbesondere wenn man lange Zeit unterwegs ist. Dichter Wald oder tief eingeschnittene Täler behindern den Signalempfang, dementsprechend kommen die Vorteile des GPS besonders auf großen weiten Flächen voll zum Tragen.

Die Launen des Wetters

Natürlich spielt die Erkundung der aktuellen Wetterlage die zentrale Rolle bei der Planung einer Tour. Gerade im Hochgebirge sind die durch anhaltendes Schlechtwetter oder plötzliche Wetterstürze hervorgerufenen Gefahren nicht zu unterschätzen. Abgesehen von den Gefahren bei Neuschnee im Sommer oder heftigen Gewittern haben nur wenige Freude daran, sich bei Dauerregen auf eine mehrstündige Wanderung zu begeben.

Erkundung der Wetterlage Am besten informiert man sich am Vorabend anhand der regionalen Wettervorhersage über drohende Wetterfronten, Gewitter und voraussichtliche Temperaturen. Dabei sollte man sich jedoch nicht auf eine Wetterstation verlassen. Nicht selten weichen zum Beispiel die Prognosen von bayerischen und Tiroler Wetterfröschen voneinander ab, abgesehen davon, dass der Wetterbericht trotz fortschreitender Technik immer wieder fehlerhaft ist. Die Auswirkungen bei Stauwetterlagen oder Föhneinfluss etwa scheinen selbst modernste Computermodelle nicht in den Griff zu bekommen. Hinzu kommt, dass sich das Wetter oft von Tal zu Tal vollkommen unterschiedlich präsentiert. Also nicht gleich verzagen, wenn die Wettervorhersage nicht ganz so günstig ausfällt wie erhofft.
Manchmal ist es hilfreich, sich in der Früh vor Aufbruch noch via Internet oder Fernsehen ein Bild über die aktuelle Wetterlage zu machen. In Bayern, Tirol und der Schweiz geben zahlreiche Live-Kameras ein aussagekräftiges Bild über den Ist-Zustand des Wetters und die aktuelle Schneelage in

Vorbereitung

Wetterauskünfte geben folgende Stellen:	
Alpenvereinswetterbericht	Tel. 089-295070
Alpenvereinswetterbericht (OeAV), persönliche Beratung	Tel. 0043-512-291600
Alpine Auskunft des DAV	Tel. 089-294940
Internetseite des DAV	www.alpenverein.de
Wetterbericht Alpen allgemein	Tel. 0190-116011
Wetterbericht auf der Zugspitze	Tel. 0190-116012
Wetterbericht Gardasee Berge	Tel. 0190-116016
Wetterbericht Schweizer Alpen	Tel. 0190-116017
Wetterbericht Ostalpen	Tel. 0190-116018
Wetterbericht Bayerische Alpen	Tel. 0190-116019
Wetterbericht Französische Alpen/Oberitalien	Tel. 0190-116021
Alpenwetterbericht in Österreich (nur in Österreich anwählbar)	Tel. 0900-91156680
Wetterbericht Schweiz	Tel. 0041-1-162

der entsprechenden Region. Zusammen mit dem Radiowetterbericht und den Beobachtungen zu Hause kann man sich sein eigenes Wetterpuzzle fertigen. Bei unsicheren Verhältnissen sollte man sein Tourenziel nochmals überdenken.

Typische Wetterlagen in den Alpen Am berüchtigsten sind die so genannten Nordstaulagen mit lang anhaltenden Niederschlägen, die selbst im Sommer in Hochlagen meist in Schnee übergehen. Erkennbar ist solch eine Wetterlage an einem Tiefdruckwirbel über Osteuropa bei gleichzeitigem Hochdruck über dem Atlantik; dann strömt wie aus einer Düse kalte Luft aus Norden gegen die Berge, die Wol-

Ein herrlicher Schönwettertag steht bevor.

Bergwandern

ken stauen sich und sorgen vor allem im Ostalpenbereich für intensiven Niederschlag. Unangenehm wirken sich im Hochgebirge zudem die eisigen Winde aus, während sich die Südalpen gleichzeitig am Föhneinfluss erfreuen.

Für wechselhaftes Wetter mit Wolken, Regenschauern und kurzzeitigen Aufhellungen sorgt die Westwindlage. Hierbei wird in einem Zeitraum von bis zu einer Woche immer wieder in Schüben feuchte Atlantikluft gegen die Alpen gedrückt. Diese Atlantikfronten sind oft von heftigen Winden begleitet. Wieder sind die Südalpen mit wärmeren und trockeneren Bedingungen wetterbegünstigt.

Ideal ist es natürlich, wenn sich direkt über den Alpen ein Hochdruckgebiet bildet und für anhaltend trockenes und sonniges Wetter sorgt. Mit etwas Glück hält sich die schöne Wetterlage mehrere Wochen lang. Im Sommer bilden sich zwischendurch allerdings bedingt durch die zunehmende Feuchtigkeit immer wieder lokale Gewitter.

Schönes Wetter gibt es in den Nordalpen auch bei Südföhn. Voraussetzung für dieses Phänomen ist eine süd- bis südwestliche Höhenströmung über die Alpen, die durch ein Tiefdruckgebiet im Umkreis des Ärmelkanals und ein Hoch

Inversion im Herbst: Schattige Täler, sonnige Höhen

über Oberitalien ausgelöst wird. Auf diese Weise staut sich feuchte Mittelmeerluft am Alpenhauptkamm und führt südlich davon zu teils ergiebigem Niederschlag, während im Norden der warme Fallwind die Wolken wie von Wunderhand auflöst und ungewöhnlich milde Temperaturen im Gepäck hat. Am Alpenhauptkamm bilden sich dann die faszinierenden Föhnwalzen. Typisch ist diese Wetterlage vor allem im Herbst. Der Bergwanderer muss allerdings vor den zum Teil stark auflebenden Winden gewappnet sein.

Fit für die Berge

Die beste Vorbereitung für die Wandertour ist ein längerer Spaziergang, bei dem man von Mal zu Mal kontinuierlich die Entfernung steigert oder aber auch kleine Touren (1–2 Stunden Gehzeit, 200–300 Höhenmeter). Wichtig ist, dass man sich wohl fühlt und nicht überfordert. Solche Vorbereitungstouren sind die ideale Gelegenheit, um neue Wanderschuhe einzulaufen oder sich an neue Bekleidung zu gewöhnen. Auch Trekkingstöcke und der gepackte Rucksack sollten immer mitgenommen werden, damit sich die Muskulatur entsprechend aufbauen kann.

Kondition Neben kurzen Wanderungen sind auch andere Sportarten gut geeignet, um die Muskeln zu trainieren und die Ausdauer zu erhöhen. Dazu zählen Schwimmen, Radfahren, Mountainbiken, Skaten, Skilanglaufen oder Joggen. Ausschlaggebend für den Erfolg sind eine gewisse Regelmäßigkeit (mindestens ein- bis zweimal wöchentlich) und die langsame Steigerung der Anforderungen.

Höhenangst Es gibt kaum Menschen, die das komische Gefühl im Magen nicht kennen, wenn sie an einem steilen Abgrund entlanggehen. Die Höhenangst ist ein ganz natürliches Phänomen, mit etwas Übung kann man jedoch lernen, in gewissem Rahmen damit umzugehen.

Um herauszufinden, wie schwindelfrei man ist, genügt das Besteigen des örtlichen Kirchturms. Beim Blick über die Brüstung stellt sich ungefähr das gleiche Gefühl ein, das man auch in den Bergen beim Begehen eines auf der Seite steil

Bergwandern

Konzentration im unwegsamen Gelände

Rechts unten: Vor dem Packen wird nochmals überprüft, ob man auch nichts vergessen hat.

abfallenden Wegstücks fühlt. Bei vielen Menschen schwindet das unangenehme Gefühl, je öfter sie sich in einer solchen Lage befinden. Die Angst wird kleiner, weil man erkennt, dass man die Situation meistern kann.

Tipp! *In guten Tourenführern ist immer angegeben, ob für einen Weg Schwindelfreiheit erforderlich ist. Sollte es sich nur um ein sehr kurzes Stück handeln, kann tief durchatmen, mit den Wegbegleitern reden, gut festhalten und vor allem nach oben schauen kurzzeitig helfen. Ansonsten bleibt immer noch die Umkehr.*

Innere Einstellung Selbstüberschätzung zählt zu den häufigsten Ursachen bei Bergunfällen. Trotz Erschöpfung, Unsicherheit oder heranziehendem Schlechtwetter um jeden Preis auf den Gipfel zu wollen, kann fatal sein.

Der Weg ist das Ziel – und eine Bergwanderung ist auch dann ein schönes Erlebnis, wenn sie aus irgendeinem Grund abgebrochen werden muss. Man kann sie ja zu einem späteren Zeitpunkt unter besseren Voraussetzungen wiederholen.

Wichtig! *Die Natur hat ihre eigenen Gesetze und denen gilt es mit Respekt, Ruhe und Gelassenheit gegenüberzutreten. Darüber muss man sich schon vor Beginn der Wanderung im Klaren sein!*

Vorbereitung

Checkliste

Das sollte jeder mit auf die Wanderung nehmen
- ❏ Wanderschuhe
- ❏ Bequeme Hose
- ❏ Bequemes Hemd
- ❏ Jacke oder Pullover
- ❏ Regenschutzkleidung
- ❏ Taschentücher
- ❏ Rucksack
- ❏ Wasserflasche
- ❏ Proviant
- ❏ Tüte für den Abfall
- ❏ Taschenmesser
- ❏ Sonnenschutz
- ❏ Mütze
- ❏ Handschuhe
- ❏ Trekkingstöcke
- ❏ Geld
- ❏ Ausweis

Das sollte mindestens einmal in der Wandergruppe vorhanden sein
- ❏ Kartenmaterial
- ❏ Erste-Hilfe-Set
- ❏ Biwaksack oder Wärmefolie
- ❏ Notizpapier
- ❏ Schreibstift
- ❏ Schnüre
- ❏ Lampe
- ❏ Handy
- ❏ Uhr
- ❏ Kompass
- ❏ Reserveschuhbänder

Das ist nur bei speziellen Touren notwendig
- ❏ Hüttenschlafsack
- ❏ Waschzeug
- ❏ Reservekleidung
- ❏ Höhenmesser
- ❏ Klettersteigausrüstung
- ❏ Gletscherausrüstung
- ❏ Wörterbuch

Bergwandern

Auf Tour

Auf Tour

Gehtechnik im Gelände

Sich in einfachem Weggelände sicher fortzubewegen, wird dem Wanderer durch die im Alltag tausendfach bewährte Geh- und Steigtechnik nicht schwer fallen, abgesehen davon, dass längere Auf- oder Abstiege ganz schön in die Beine und Gelenke gehen können. Schwieriger gestaltet sich der Bewegungsablauf, wenn das Gelände unwegsam, steil und rutschig wird.

Gehen auf unbefestigten Gebirgssteigen Viele Gebirgswege und -steige sind kaum befestigt, steil und weisen zudem einen steinigen und unregelmäßigen Untergrund auf. Von diesem Moment an ist Konzentration beim Suchen und Setzen der Tritte gefragt, zumal wenn der Boden rutschig oder schmierig ist. Besondere Vorsicht gilt vor glatten Felsplatten und feuchten Baumwurzeln. Je mehr Sohle man auf flachen Untergrund aufsetzt, desto geringer ist die Kraftanstrengung im Unterschenkelbereich. Im felsigen und ausgesetzten Gelände bringt eine Querstellung des Fußes manchmal mehr Halt und Sicherheit. Wichtig ist, den Fuß immer exakt aufzusetzen und die Bewegungen präzise auszuführen.

Im Aufstieg wird der Körperschwerpunkt nach vorne über das zukünftige Standbein verlagert. Wenn sich ein Schritt als instabil herausstellt, kann er auf diese Weise leicht wieder rückgängig gemacht werden. Im Abstieg ist darauf zu achten, das hintere Bein erst dann anzuheben, wenn der Schwerpunkt über dem vorderen, leicht gebeugten Bein liegt. Insgesamt sollten Schrittlänge und -höhe möglichst gering sein, um die Gelenke und die Muskulatur nicht zu überfordern. *Wer zu große Schritte macht, riskiert ein Ausgleiten, Umknicken, Muskeldehnungen und -zerrungen oder gar einen Sturz.*

Gehen im weglosen Gelände Es gilt der Grundsatz, möglichst die ganze Sohle bzw. möglichst viel Sohlenfläche auf den Untergrund zu bringen (s.o.).
Da die Beschaffenheit des Untergrunds im Gebirge stark va-

Achtung!

Faszination Hochgebirgswandern: Am Gipfelgrat des Hohen Riffler

Bergwandern

riiert, gilt Folgendes: Auf hartem Boden soll möglichst viel Sohlenfläche plan aufgesetzt werden. Auf weichem, also formbarem Boden wird die Sohlenkante eingesetzt, um auf diese Weise Tritte zu schaffen.

Wichtig! *Als harter Untergrund ist plattiger Fels oder auch Eis zu verstehen. Auf Felsplatten setzt man die Sohle des Vorfußes so plan wie möglich auf. Durch die Verlagerung des Körpergewichts auf dieses Bein erhält man absolute Standfestigkeit und Rutschsicherheit. Man spricht hier im Fachjargon von »auf Reibung« gehen.*

Im harten Eis wird dieselbe Gehtechnik angewandt, nur mit dem Unterschied, dass man hier Steigeisen an den Schuhen trägt. Das heißt, statt möglichst viel Sohlenfläche sollen hier möglichst alle Steigeisenzacken in den Untergrund eindringen.

Mit weichem Untergrund sind erdiger Boden, Grashänge, Geröll und Schnee oder angetauter Firn gemeint. Hier erreicht man einen sicheren Tritt nur, wenn man die bergseitige Sohlenkante kräftig in den Boden drückt. Hierzu benötigt man unbedingt geeignetes gutes Schuhwerk mit alpintauglicher, torsionsfester Sohlenkonstruktion. Viele so genannte »Trekkingschuhe« sind zwar recht bequem, für den alpinen Gebrauch aber zu weich. Solche Schuhe verformen sich bei starker Belastung und sind daher für den alpinen Einsatz nicht geeignet, ja sogar lebensgefährlich. Im so genannten »Schrofengelände« (steile, felsdurchsetzte Grashänge) und auf Sommerschneefeldern ereignen sich aufgrund falschen Schuhwerks die meisten Bergunfälle!

Wichtig! *Gute alpintaugliche Bergschuhe mit verwindungsfester Sohlenkonstruktion sind die Voraussetzung für sicheres Bergsteigen!*

Um möglichst kraftsparend unterwegs zu sein, sollten kleine und kurze Schrittfolgen bevorzugt werden.

Die Vorteile: Nur bei kurzen Schritten kann die Bergsohle optimal eingesetzt werden. Außerdem erleichtert es die sichere Verlagerung des Körperschwerpunktes von einem Bein auf das andere. Zu große Schritte sind mit unnötigem Kraftaufwand zum Hochdrücken des Körpers verbunden, was

Auf Tour

wiederum zu Unsicherheit führt, bis man auf dem neuen Tritt gut steht. Insbesondere in steilem oder gefährlichem Gelände begünstigt ein großer und hoher Schritt darüber hinaus das Ausbrechen des Trittes durch ungünstige Belastung.
Viele kurze und niedrigere Schritte sind wesentlich kraftsparender und sicherer als wenige große und hohe Trittfolgen.

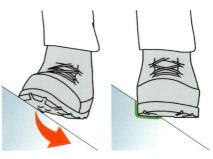

Torsionssteifigkeit

Schwerpunktverlagerung Damit der Bergschuh nicht vom Tritt abrutscht, muss die Schuhsohle mit maximalem Druck auf den Untergrund gesetzt werden. Um den nötigen Druck auf die eingesetzte Sohlenfläche zu erhalten, muss der Körper möglichst aufrecht gehalten werden, um das Gewicht des Körpers genau über der Standfläche zu halten. Das Neigen des Körpers zum Hang vermindert den Druck und führt zum Abgleiten, was z. B. eine der Hauptursachen zahlreicher Absturzunfälle auf Schneefeldern ist. Zur Vermeidung der gefährlichen Hanglage empfiehlt es sich, mit gestrecktem Arm und mit gestreckten Fingern (je nach Steilheit) den richtigen Abstand zum Hang zu halten. Auf Schneefeldern bieten sich dazu die mitgeführten Trekkingstöcke an.

Hanglage

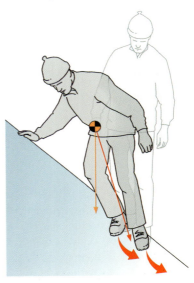

Absteigen Beim Abstieg sind ebenfalls kurze, kontrollierte Schritte vorzuziehen. Lange Schritte oder gar Sprünge sind nicht nur gefährlich, da bei einem Ausbrechen des Trittes der in Schwung befindliche Körper nicht abgebremst werden kann, sondern fördern auch in hohem Maße

Bergwandern

Gehen mit Stöcken

spätere Schäden an den Gelenken. Kurze Schrittfolgen bringen hier mehr Sicherheit, keine Spätfolgen. Selbst wenns pressiert, ist man mit schnellen kurzen Schrittfolgen fast ebenso schnell wie mit langen! In schwierigem Gelände sowie beim Abstieg sind Trekkingstöcke oft eine wertvolle Hilfe. In steilen Hängen oder auf Schneefeldern vermeidet man damit die gefährliche Hanglage. Beim Bergabgehen stützt man sich auf die voraus gerichteten Stöcke und hat somit »vier Beine«, was – bei richtig angewandter Technik – die Gelenke nachhaltig entlastet. Von entscheidender Bedeutung für die Sicherheit ist hier allerdings die Qualität der Stöcke bzw. des Verstellmechanismus der Teleskopstöcke. Durch ungewolltes Zusammenrutschen der Stöcke beim Steilabstieg haben sich schon einige böse Unfälle ereignet.

Geröllfelder   Das Begehen von Geröllhalden ist bei Bergsteigern nicht sonderlich beliebt, da es wegen des losen Untergrunds oft sehr mühselig sein kann. Von hier stammt der Ausspruch: »Ein Schritt vor und zwei zurück«.
Im Aufstieg sucht man sich am besten die größeren Felsbrocken als Tritte aus oder versucht, mehrere Gesteinsbrocken zusammen mit der Schuhsohle zu erfassen. Ist das Geröllfeld mit feinem Schutt bedeckt, so ist es zweckmäßiger, bei jedem Schritt die bergseitige Schuhkante kräftig »vor – zurück – vor« in den Hang zu ziehen, um sich sozusagen mit dem Schuh einen Tritt zu »graben«. Damit kann man das äußerst lästige und Kraft raubende Zurückrutschen vermeiden.

Auf Tour

Ist eine Geröllhalde mit feinerem Schotter zu überqueren, so steigt man am günstigsten am diesseitigen Rand höher hinauf, um in einer fallenden Querung den jenseitigen Rand zu erreichen. Am besten geschieht dies sportlich schwungvoll mit stampfenden Sprüngen – den Gämsen nachgemacht. Der Abstieg in grobem Geröll ist nicht nur unangenehm, sondern auch recht verletzungsträchtig, wenn sich Gesteinsbrocken drehen und kippen. Schnell ist da der Knöchel verstaucht. Hier sucht man sich am besten den feinen Schutt aus, der beim Abwärtsgehen nachgibt. Dazu beugt man ähnlich wie beim Skifahren den Oberkörper nach vorne, um mehr Druck auf die Absätze zu bekommen. Auch hier geht es besser, wenn man so einen Abstieg in kurzen, schnell folgenden Sprüngen absolviert. Man sollte jedoch jederzeit stehen bleiben können, lange Sprünge sind deshalb nicht ratsam.

Bei diesem »Abfahren im Geröll« empfiehlt es sich, immer rechtzeitig einige Meter vor dem Ende des Geröllfeldes abzubremsen.

Abstieg im Geröllfeld

Bei Geröllfeldern im Aufstieg die größeren Steine und im Abstieg den feinen Schutt wählen.

Schnee- und Firnfelder   Schneefelder in höheren Lagen sind beim Aufstieg am Morgen in der Regel hart gefroren und werden erst mit zunehmender Tagestemperatur und Sonneneinstrahlung oberflächlich weich.

Bergwandern

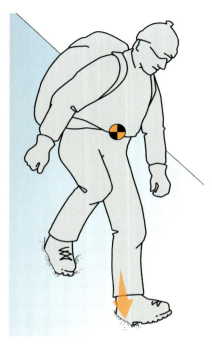

Einsatz der Ferse beim Abstieg über ein Schneefeld

Ist die Schneeoberfläche griffig aufgeweicht, so steigt man in steilen Schneehängen am besten in Serpentinen auf. Wie schon beschrieben, setzt man mit Schwung die bergseitige Schuhkante ein, um einen guten Tritt zu erhalten. Kurze Trittfolgen sind für Nachfolgende günstiger zu belasten, was die Gefahr des Trittausbrechens verringert. Mit zunehmender Steilheit geht man dann zum Aufstieg in »Falllinie« über. Hier tritt man die Schuhspitze nachhaltig so tief in den Schnee, dass möglichst der ganze vordere Fuß Platz hat. Indem man den Tritt nach innen fallend formt, bleibt er für die Nachfolgenden besser erhalten und dadurch sicherer. Darüber hinaus ist die Spur hüftbreit anzulegen, um ein Durchtreten der Trittstufen zu vermeiden.

Der Abstieg über einen Schnee- oder Firnhang sollte nach Möglichkeit in der Falllinie erfolgen. Dazu drückt man die Fersen kräftig in den aufgefirnten Hang, die Schuhspitzen zeigen leicht nach oben. Dadurch erzeugt man genügend Druck auf die Fersen, um gute Tritte für einen sicheren Stand zu schaffen und so ein Abrutschen zu verhindern. Die Beinstellung sollte dabei mindestens hüftbreit sein.

Wichtig! ***Ist der Firn zu hart, um mit dem Schuh einen halbwegs guten Tritt schaffen zu können, muss man Steigeisen verwenden oder mit dem Eispickel entsprechende Stufen hacken. Hat man beides nicht zur Verfügung, bleibt nur eines: Umkehren! Die Unfallstatistik spricht hier eine deutliche Sprache.***

Stürzen im Firnfeld Kommt es durch Ausbrechen eines Trittes, durch Hanglage des Körpers oder durch Ausrutschen am harten Firnfeld zum Sturz, muss blitzschnell rea-

Auf Tour

giert werden. Es gilt, mit dem Gesicht zum Hang mit den Beinen in eine leichte Grätschstellung zu gelangen und mittels Liegestütztechnik so viel Druck auf die Schuhspitzen aufzubauen, damit das Abgleiten abgebremst werden kann. Geschieht das nicht sofort, wird die Sturzenergie zu groß, um noch genügend Bremswirkung zu erreichen. Beim ungebremsten Sturz auf harten Firnfeldern erreicht man bereits bei einer Hangneigung von etwa 40 Grad Geschwindigkeiten, die annähernd der des freien Falls entsprechen.
Ist man mit Trekkingstöcken auf Schneehängen unterwegs, so sollte man die Stöcke nur an den Griffen fassen ohne in die Handschlaufen zu schlüpfen! Bei einem Ausgleiten kann man so die Stöcke sofort loslassen. Sind die Hände in den Stockschlaufen gefangen, besteht die Gefahr, dass sich die Stöcke zwischen den Beinen verheddern und somit die sofortige Anwendung einer Bremstechnik verhindert wird.
Hat man einen Eispickel dabei, wird dieser vorteilhaft mit dem Pickelrettungsgriff eingesetzt: Eine Hand umklammert

Liegestütztechnik zum Abfangen von Stürzen im Firn

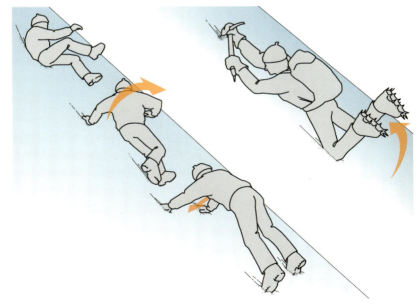

Bergwandern

den Pickelkopf, die andere den Pickelschaft, sodass der Eispickel diagonal vor der Brust liegt. Mit dem Gewicht des Körpers drückt man die Pickelschaufel in den Schnee und erzeugt auf diese Weise eine Bremswirkung. Auch hier kann es Probleme geben, wenn man die Hand, ähnlich wie bei den Wanderstöcken, in der Pickelschlaufe fixiert hat.
Problematisch sind Stürze mit Steigeisen an den Schuhen: Streifen die Steigeisenzacken beim Sturz den Schnee, so kommt es zum Überschlag, wodurch der Sturz unkontrollierbar wird. In diesem Falle hilft nur, die Beine so anzuwinkeln, dass die Steigeisen nach oben zeigen, und – auf dem Bauch rutschend – lediglich mit dem Pickelrettungsgriff die nötige Bremswirkung zu erzielen.

Um im Ernstfall richtig und vor allem schnell genug reagieren zu können, muss die Selbstrettungstechnik intensiv und regelmäßig geübt und somit automatisiert werden!

Abfahren im Firn   Der »Schnellabstieg« über steile Schneefelder, das Hinunterrutschen über steilere Firnhänge, ist beliebt, da es Spaß macht und auch Zeit und Mühen einsparen kann. Es kann jedoch recht gefährlich werden, wenn man sich nicht an die nötigen Spielregeln hält.
Grundvoraussetzung für das Abfahren im Firn ist eine gut aufgeweichte Schneeoberfläche, um das Tempo regulieren und jederzeit abbremsen zu können. Darüber hinaus muss der abzufahrende Hang bis zum Ende voll einsehbar und frei von Hindernissen (Steine, Felsinseln) sein sowie einen flachen Auslauf haben.
Das Abfahren kann auf den Schuhsohlen erfolgen, die Technik ist hierbei ähnlich der beim Skifahren, oder man setzt sich auf den Rucksack und »reitet« sprichwörtlich hinunter. Gerade mit Kindern und Jugendlichen kann man hier viel Spaß haben, wenn die Voraussetzungen stimmen. In diesem Zusammenhang lassen sich auch spielerisch die Selbstrettungstechniken erlernen und üben.

Gehtempo   Beim Beginn des Aufstiegs wird häufig der entscheidende Fehler begangen, zu schnell loszugehen. Das

Auf Tour

Anfangstempo ist so zu wählen, dass nicht bereits nach kurzer Zeit die Kräfte verbraucht sind. Wer sich schon am Morgen verausgabt, wird dies den ganzen Tag über kaum mehr kompensieren können. Der Ausspruch eines alten Bergführers lautet: »Gehe in demselben Tempo unten weg, mit dem du am Gipfel ankommst!« Tatsache ist, wer langsam geht, geht länger. Es ist darauf zu achten, dass die Lungen mit genügend Sauerstoff versorgt werden, man darf also keinesfalls schneller gehen, als man »Luft bekommt«. Wer häufig stehen bleiben muss, um zu »verschnaufen«, ist eindeutig zu schnell unterwegs und wird sein Ziel wohl kaum erreichen, denn wiederholtes Stehenbleiben und die darauf folgende erneute »Inbetriebnahme« der »Gehmechanismen« kostet wesentlich mehr Energie als ein gemäßigtes, angepasstes, gleichmäßiges Gehtempo.

Kurze Zeit nach dem Abmarsch, wenn der »Motor« warm gelaufen ist, empfiehlt es sich, überflüssige Kleidung abzulegen, um einen Wärmestau zu verhindern. Nach etwa eineinhalb Stunden sollte eine Trinkpause mit etwa viertelstündiger Rast eingelegt werden. Es empfiehlt sich, die Trinkpausen spätestens nach jeder Stunde zu wiederholen, wobei für die Erholungspause dann mindestens 30 Minuten eingeplant werden sollten.

Die Rastplätze müssen bequem und vor allem windgeschützt sein. Falls sie darüber hinaus schöne Aussichten zu bieten haben, sind auch Herz und Gemüt gut bedient.

Gerade auf Hochtouren und auf höheren Bergen steht und fällt der Erfolg mit einem ruhigen angepassten Gehtempo.

Gehen mit Trekkingstöcken

Vor nicht allzu langer Zeit wurden Wanderer mit Trekkingstöcken noch belächelt, heute ist die Anwendung dieses technischen Hilfsmittels zur Selbstverständlichkeit geworden. Diese Trendwende liegt vor allem an der Erkenntnis, dass durch eine derartige Gehtechnik sowohl die Wirbelsäule als auch die Hüft-, Knie- und Sprunggelenke geschont werden. Besonders hohe Entlastungen werden bei gleichzeitigem Stockeinsatz erzielt. In der Regel werden die Stöcke möglichst eng am Körper getragen

Literaturtipp: Alpin-Lehrplan Band 1 »Bergwandern/ Trekking«, blv verlag, ISBN 3-405-16226-2

Bergwandern

Trekkingstöcke schonen beim Abstieg im Steilgelände Gelenke und Wirbelsäule.

und immer gegenläufig zu den Beinen belastet. Der Teller oberhalb der Spitze verhindert, dass der Stock zu tief zwischen Schnee, Felsritzen oder Wurzeln eindringt und sich somit verklemmt.

Die Meinungen darüber, bis zu welchem Grad der Einsatz von Trekkingstöcken Sinn macht, gehen allerdings auseinander. Unbestritten ist der positive Effekt bei steilen Abstiegen, rutschigen Pfaden, Hangquerungen und Schneefeldern, weil neben der körperlichen Entlastung auch das Sturzrisiko durch Ausgleiten reduziert wird. Im Aufstieg mindern Stöcke die Kraftanstrengung in den Beinen, was sich vor allem bei schwerem Gepäck vorteilhaft auswirkt.

 Durch zu häufiges Gehen mit Trekkingstöcken leidet der natürliche Gleichgewichtssinn. Außerdem droht durch übereifrigen Stockeinsatz Steinschlag und somit die Gefährdung anderer Personen.

Grundregeln auf Tour

Wer gewisse Grundregeln am Berg beachtet, minimiert die Gefahren und erhöht zugleich den Naturgenuss.

Auf Tour

Die richtige Taktik Vor Beginn der Tour sollte sich der Wanderer ähnlich wie der Langstreckenläufer eine gewisse Taktik überlegen, um die anvisierte Strecke möglichst rhythmisch und ohne zu großen Kraftverschleiß bewältigen zu können. Die Grundsatzfrage lautet: Wie gehe ich möglichst geschickt und klug vor, um die gegebenen Verhältnisse optimal ausnutzen zu können?

Eine wichtige Komponente ist das Wetter. Bei längeren steilen Anstiegen ist es ratsam, die Sonneneinstrahlung und die damit verbundene Hitze zu berücksichtigen. Aus diesem Grund ist gerade im Sommer ein früher Aufbruch von Vorteil. Wer bereits am späten Vormittag auf dem Gipfel steht, spart sehr viel Energie und kann den Abstieg in vollen Zügen genießen. Außerdem geht man auf diese Weise den drohenden Gewittern aus dem Weg, die sich zumeist am Nachmittag bilden. Unterwegs bleibt viel Zeit, um die Taktik unter Umständen noch zu ändern; vielleicht hat man bei guten Bedingungen spontan noch Lust, einen zweiten Gipfel zu besteigen.

In der kälteren Jahreszeit hingegen ist man unter Umständen für jeden Sonnenstrahl dankbar. Grund genug also, zum Beispiel eine Gipfelüberschreitung von Ost nach West zu planen und somit die wärmende Sonne beim Abstieg immer im Gesicht zu haben. Auf diese Weise kann man etwaige Inversionswetterlagen auf sonnenüberfluteten Wiesen bis in den späten Nachmittag hinein genießen, anstatt nach wenigen

Rhythmisches Gehen beugt rascher Ermüdung vor.

Bergwandern

Minuten in den abweisenden Hangschatten einzutauchen. Ein weiteres Kriterium für die Taktik am Berg ist die Einschätzung der Tagesform und Physis. Wer zum Beispiel in der Früh schwer in die Gänge kommt, sollte sich nicht mit einem allzu steilen Anstieg überfordern. Auch bei psychischen Belastungen ist Vorsicht angezeigt. Ein gut ausgeprägtes »Bauchgefühl« hilft bei Entscheidungsfindungen wie etwa Durchziehen der Tour oder rechtzeitige, ggf. Gesundheit bewahrende Umkehr.

Wetterbeobachtung In Verbindung mit der Taktik spielt auch die Beobachtung des Wetters eine Rolle. Das Wetter im Hochgebirge kann sich sehr schnell ändern. Gebirge oder auch einzelne Berggipfel wirken als Windscheide und fördern somit in Verbindung mit etwas Feuchtigkeit die Wolkenbildung. Je trockener die Luft ist, desto höher muss sie steigen, bis sich in feuchteren Schichten Wolken bilden können.

Info!

Kalte Nächte kündigen oft schönes Wetter an, nach überdurchschnittlich warmen Nächten stehen Störungsfronten an. Maßgeblich ist auch das Verhalten der Tiere: Schafe etwa streben instinktiv bei guter Wetterlage nach oben, während sie vor Schlechtwetter talwärts das Weite suchen.

Gerade im Hochgebirge sorgen Nebelbänke häufig für schlechte Sicht und erschweren somit die Orientierung zum Teil ganz erheblich. In diesem Fall nie den markierten Weg verlassen. Wer vom Weg abkommt, geht zum letzten Markierungspunkt zurück; keinesfalls auf eigene Faust durch das Gelände schlagen. Der Einsatz von Karte, Höhenmesser und gegebenenfalls Kompass bekommt nun zunehmende Bedeutung.

Die größte Gefahr stellen Gewitter dar. Selbst bei stabiler Hochdrucklage im Sommer bilden sich bedingt durch die starke Thermik bei entsprechender Feuchtigkeit lokale Wärmegewitter aus. Dabei kann es vorkommen, dass sich das Gewitter an einem einzelnen Gebirgsstock entlädt, während in der näheren Umgebung permanent die Sonne scheint. Spätestens wenn im Lauf des Tages die zunächst harmlosen Kumuluswolken zu Komulonimbuswolken aufquellen, das sind bis zu zehn Kilometer hohe Wolkentürme, sollten die Alarmglocken zur rechtzeitigen Umkehr läuten.

Literaturtipp: Bruckmann Basic »Bergwetter«, Bruckmann Verlag, ISBN 3-7643-3812-x

Auf Tour

Wärmegewitter haben den Vorteil, dass sie meist nur von kurzer Dauer sind. Prekärer ist die Lage bei so genannten Frontgewittern, da sie mit einem Temperatursturz verbunden sind und innerhalb kurzer Zeit den gesamten Nordalpenraum erfassen können. Heftiger Hagel, anhaltender Starkregen und Schneestürme im Hochgebirge können vor allem den schlecht ausgerüsteten Wanderer zur Verzweiflung bringen. Neben Blitzschlag sorgen vor allem die durch Nässe und Kälte bedingte Auskühlung sowie rutschige Wege für Gefahr. Ein derartiger Wettersturz wird in der Regel von den Meteorologen vorhergesagt.

Der Blitz sucht sich in der Regel immer den höchsten Gegenstand als Ziel aus, deshalb bei Gewittergefahr immer weg von Gipfeln, Graten und Baumsolitären. Auch Drahtseile sind gefährliche Blitzableiter. In Höhlen oder Unterschlupfen Sicherheitsabstand von mindestens einer Körperlänge zu den Innenwänden und zur Außenkante beachten. Nicht in See- oder Bachnähe aufhalten. Auf freiem Feld in Hockstellung Beine zusammenpressen, damit der Strom den Körper im Ernstfall nur einmal durchfließt.

Bei Gewitterstimmung sollten die Alarmglocken schrillen.

Bergwandern

Umwelt- und Naturschutz

Wie winzig klein der Mensch im Verhältnis zur Bergwelt und den Naturgewalten ist, zeigt sich in den zunehmenden Unwetterkatastrophen. Je größere Wunden er den Bergen durch Bebauung und Abholzung zufügt, desto unerbittlicher schlagen diese zurück. Die Folge: Das ökologische Gleichgewicht droht zu kippen. Jeder einzelne Wanderer trägt eine große Verantwortung und sollte seinen Teil zur Erhaltung der Umwelt beitragen. Problematisch sind vor allem touristische Ballungszentren. Hier fallen die Erholung suchenden Ausflügler bei schönem Wetter oder speziellen Events über die Berge her wie Bienenschwärme über frischen Blütennektar. Insgesamt strömen annähernd 70 Millionen Tagesgäste pro Jahr in die Berge.

Anreise mit Bus und Bahn Die Umweltprobleme beginnen mit den Blechkarawanen, die sich speziell während der Ferienzeiten und an schönen Wochenenden über die Alpen ergießen. Öffentliche Verkehrsmittel werden kaum ge-

Die Schweiz ist zum Bahnfahren ein Musterland.

nutzt, weil sie im Vergleich zum Auto als zu kostspielig und unkomfortabel gelten. Andererseits ist jedem bekannt, dass Autoabgase für Waldsterben, Sommersmog und Klimaerwärmung mit verantwortlich sind. Je mehr Schutzwald abstirbt, desto leichter gelangen gewaltige Lawinen in die Täler. Dort leiden die Bewohner ohnehin unter permanentem Lärm und Gestank.

Zugegeben, es ist nicht immer ganz einfach, mit Bus und Bahn zum Ausgangsort seiner Wunschtour zu gelangen. In diesem Fall machen Fahrgemeinschaften Sinn. Auf der anderen Seite gibt es ausreichend Tourenziele, die bequem mit öffentlichen Verkehrsmitteln anzusteuern sind. Durch Nutzung spezieller Angebote wie das Wochenendticket der Bundesbahn fahren Kleingruppen zudem kostengünstig und stressfrei. Ideal ist die Bahn für Ausflügler, die ihre Wanderung mit dem Rad kombinieren wollen.

Ausreichend Tourenvorschläge mit Nutzung öffentlicher Verkehrsmittel gibt es im Internet unter www.alpenverein-muenchen.de. Die Interessengemeinschaft »Alpenbus« (www.alpenbus-ig.com) hält die verschiedensten Fahrpläne aus dem Alpenraum bereit. Weitere Informationen erteilt die Deutsche Bundesbahn unter www.bahn.de.

Wandern auf markierten Wegen   Naturschutz
bedeutet auch, nach Möglichkeit immer auf den markierten Wegen zu bleiben. Querfeldeingehen fördert zwar das Abenteuertum, schadet jedoch der Natur. Gerade Steilhänge sind erosionsanfällig und liefern in abgetragenem Zustand ideale Rutschbahnen für Sturzbäche, Lawinen und Muren. Außerdem tritt man auf diese Weise seltene Pflanzen kaputt und schreckt scheue Wildtiere auf. Gleiches gilt für Abkürzungen oder Abschneider an Wegkehren. Der Alpenverein bemüht sich, durch Aufstellen von Schildern auf diese Gefahren hinzuweisen.

Manchmal kommt man jedoch ohne Selbstverschulden vom Weg ab, vor allem wenn die Wanderwege schlecht oder gar nicht markiert sind. Dann sind Orientierung und Konzentration gefragt, um nicht auf Abwege zu geraten. Im Zweifels-

Bergwandern

Wegweiser geben die Richtung vor.

fall kehrt man wieder zum letzten Markierungspunkt zurück oder informiert sich bei entgegenkommenden Wanderern oder Einheimischen.

Schwierigkeiten bereiten zuweilen auch Bauern oder Jäger, die Weide- oder Jagdgebiete einzäunen und dadurch Wege unpassierbar machen.

Aktiver Umweltschutz Jeder kann seinen eigenen Teil dazu beitragen, die Umwelt zu erhalten. Glücklicherweise trifft man immer seltener auf die in Wanderkreisen verpönten »Alpenschweine«, die ihren Müll skrupellos in freier Wildbahn zurücklassen. Selbst kompostierbare Speisereste sollten ins Tal zurückgetragen werden, da sie im kalten Bergklima nur sehr langsam verrotten. Übrigens sind auch die Hüttenwirte des Alpenvereins nicht dazu da, den Müll der Wanderer aufwändig per Hubschrauber oder Materialseilbahn zu entsorgen bzw. abtransportieren zu lassen.
Der Alpenverein geht in puncto Naturschutz mit gutem Beispiel voran: Er informiert über umweltfreundliche Verkehrskonzepte, pflanzt Bäume zur Wiederaufforstung lawinen- und erosionsgeschädigter Berghänge, hält das Wegenetz in Stand, führt regelmäßige Müllentsorgungen durch und erar-

Auf Tour

beitet moderne Energiekonzepte für die Alpenvereinshütten. Letztere obliegen strengen ökologischen Grundsätzen und dienen somit als Vorbild für aktiven Umweltschutz. Der Strom wird zum Beispiel zunehmend durch Wasser, Wind und Sonnenkollektoren gewonnen, Generatoren werden mit Pflanzenölen betrieben; zudem senken Energiesparlampen den Verbrauch. Warmwasserduschen, die vorübergehend auf manchen Hütten Einzug gehalten und konsumorientierte Wanderer angelockt hatten, wurden glücklicherweise wieder demontiert.

Der Wanderer muss im Schlafraum einen Hüttenschlafsack aus Baumwolle oder Seide verwenden, damit die Wolldecken weniger häufig gewaschen werden müssen. Wer mit gehobenen Ansprüchen auf die Hütte kommt, hat dort wahrlich nichts verloren.

Info!

In freier Wildbahn ist das Pflücken von Pflanzen untersagt. Wer sich dem widersetzt, nimmt den regionalen Rückzug oder gar ein Aussterben einer seltenen Pflanze in Kauf. Der nächste Wanderer weiß es zudem zu schätzen, wenn er auch noch an der Blumenpracht teilhaben kann. Nach dem Durchqueren einer Alm ist darauf zu achten, das Weidegatter wieder zu schließen. Andernfalls verirren sich die Kühe im Gelände und geraten somit in Not.

Die Alpen sind Rückzugsort zahlreicher Tier- und Pflanzenarten, Gletscher und frische Bergquellen versorgen zahlreiche Großstädte mit bestem Trinkwasser und das angrenzende Flachland mit Energie, Luftmassen werden in und über den Alpen stetig ausgetauscht und erneuert. Diese Schätze gilt es zu bewahren.

Achtung!

Essen und Trinken

Viel Trinken Der tägliche Flüssigkeitsbedarf eines Erwachsenen liegt bei etwa 1,5 Liter. Beim Bergwandern steigt diese Menge an – auf längeren steilen Anstiegen, an heißen Tagen oder beim Tragen von schwerem Gepäck sogar deutlich. Ein Anzeichen für Flüssigkeitsmangel ist das Durstgefühl, dem man durch rechtzeitiges und vor allem regel-

Bergwandern

mäßiges Trinken zuvorkommen kann. Umgekehrt führt Flüssigkeitsmangel zu Leistungsabfall bis hin zum Erschöpfungszustand.

Am besten nimmt man schon vor der Wanderung beim Frühstück viel Flüssigkeit in Form von Tee, Fruchtsaft oder Mineralwasser zu sich. Unterwegs sollte man mindestens einmal pro Stunde ausreichend trinken, bei starkem Schwitzen sogar öfter.

Wichtig! *Bei der Tourenplanung ist darauf zu achten, ob es unterwegs Möglichkeiten gibt, die Trinkflaschen wieder aufzufüllen. Auf abseits gelegenen Wegen, auf denen es weder Quellen noch Einkehrmöglichkeiten gibt, muss entsprechend viel zu trinken mitgenommen werden. Außerhalb der Saison ist zu bedenken, dass manche Einkehrmöglichkeit geschlossen hat.*

Elektrolytmangel Beim Schwitzen werden neben Flüssigkeit auch wichtige Mineralstoffe und Spurenelemente wie Natrium, Kalium, Kalzium, Eisen, Zink oder Magnesium ausgeschieden. Jeder Sportler kennt den salzigen Geschmack auf der Haut. Normalerweise ersetzen sich diese Stoffe später wieder aus der Nahrung. Ist man jedoch mehrere Tage hintereinander in den Bergen unterwegs, empfiehlt sich ein spezielles Isotongetränk wie Hydroplus von Powerbar, das es in verschiedenen Geschmacksrichtungen gibt. Damit beugt man Mangelerscheinungen vor.

Wasser aus den Bergen Reines Schneewasser ist weitgehend elektrolytfrei und damit nicht unbedingt zum Trinken geeignet. Wasser aus einer Quelle hingegen ist ideal zum Auffüllen der Trinkflasche, sofern sich oberhalb nicht gerade eine Viehweide oder Berghütte befindet.

Auffüllen der Trinkflasche ist manchmal auch unterwegs möglich.

Auf Tour

Unterwegs essen Im Vergleich zum Trinken kommt dem Essen keine so große Bedeutung zu. Natürlich ist es ungesund, den ganzen Tag über nichts Festes zu sich zu nehmen, andererseits tragen die meisten Wanderer zu viele Nahrungsmittel im Gepäck. Wer zum Frühstück beispielsweise ein Müsli isst, braucht nicht mehr als ein paar Trockenfrüchte und einige entsprechende Riegel einzupacken, die man bei größeren Pausen etwa alle zwei Stunden verzehrt. Nach Rückkehr von der Wanderung bieten sich dann abends noch genug Möglichkeiten, den Bedarf an Kalorien auszugleichen.

Frische Nahrung Obst und Gemüse sind bekömmlich und leicht verdaulich. Ideal für Bergtouren sind beispielsweise Äpfel, Möhren oder Gurken, da sie dem Körper gleichzeitig Flüssigkeit zuführen. Die druckempfindlichen Speisen müssen gut eingepackt werden, damit beim Tragen nicht andere Dinge im Rucksack Flecken bekommen.

Gewicht sparen Nahrungsmittel in konzentrierter Form sind natürlich leichter zu tragen und brauchen weniger Platz im Rucksack. Ideal sind beispielsweise Nüsse, Kürbiskerne oder getrocknete Bananen (sehr lecker) von Seeberger. Bei den Riegeln bietet Powerbar ein aufeinander abgestimmtes Programm, angefangen von Eiweiß-Riegeln für schnelle Regeneration über Kohlehydrat-Riegel für lang anhaltende Energie bis zu leckeren Haferflocken-Riegeln mit Vitaminen und Mineralstoffen für zwischendurch.

Einkehren Bewirtschaftete Berghütten sind ein beliebtes Wanderziel. In uriger Umgebung schmeckt es besonders gut, zudem muss man Essen und Trinken nicht selbst hinauftragen. Das Angebot mancher Hütte ist inzwischen fast so umfangreich wie in einem Restaurant im Tal. Alkohol gilt es zu meiden, insbesondere wenn beim Abstieg schwieriges Gelände ansteht. Bei frisch gemolkener

Brotzeit auf der Alpe Gemstel-Schönesboden im Kleinwalsertal

Bergwandern

Kuhmilch ist Vorsicht geboten, schon mancher Magen hat mit Durchfall reagiert. Schwer verdauliche Gerichte sind nicht zu empfehlen, da sie für Stunden den Blutkreislauf zusätzlich belasten.

In jeden Rucksack gehört eine Plastiktüte, um die Abfälle von der Brotzeit wieder mit ins Tal nehmen zu können.

Wandern mit Kindern

Kinder sind sehr gerne in der Natur unterwegs, hier können sie sich frei bewegen, ihrem Entdeckungsdrang nachgehen sowie körperliche und mentale Sicherheit bekommen. Voraussetzung für das positive Erlebnis ist jedoch, dass die geplante Tour den Bedürfnissen des Kindes entspricht, dass die Ausrüstung passt, der Spaß und nicht die zurückgelegten Kilometer im Vordergrund stehen.

Tourenplanung Insbesondere, wenn man das Verhalten der Kinder in den Bergen noch nicht kennt, sollte die Tour so geplant werden, dass man einerseits mit einem kleinen Schwenk relativ schnell wieder an den Ausgangspunkt zurückkehren kann, beispielsweise wenn der Schuh drückt oder wenn es zu heiß oder zu kalt zum Wandern wird. Andererseits gibt es auch Kinder, denen die zurückgelegte Wegstrecke noch nicht reicht und die gerne noch ein Stück dranhängen möchten. Da ist es gut, wenn man die Wanderung noch etwas ausdehnen kann.

Auf keinen Fall sollte man den Kindern endlose Passagen auf eintönigen Güterwegen zumuten, wo es links und rechts nichts zu entdecken gibt, oder lange Anstiege, auf denen sie körperlich überfordert sind. Ideal hingegen sind abwechslungsreiche Wege, mal durch den Wald, mal über Wiesen, möglichst mit einem Bach in der Nähe. Es kann ruhig auch mal durch unwegsames Gelände gehen, oft laufen gerade hier die Kinder gerne vorneweg.

Bezüglich Wegstrecke und Höhenmetern muss jede Familie selbst herausfinden, wo das ideale Maß liegt. Manche Kinder halten sich lieber stundenlang auf einem Rastplatz auf, ande-

Auf Tour

Eingehen auf die Bedürfnisse der Kinder

re hingegen besteigen schon mit neun Jahren ihre ersten Dreitausender.
Sehr beliebt bei Kindern sind Themenwanderungen, auf denen in bestimmten Abständen Informationstafeln aufgestellt sind. Typische Beispiele dafür sind der Käsewanderweg auf dem Pfänder bei Bregenz, der archäologische Wanderweg durch das Steinerne Meer bei Lech am Arlberg, der Appenzeller Witzwanderweg oberhalb des Bodensees oder die vielen Natur- oder Waldlehrpfade, die es mittlerweile in fast allen touristischen Wanderregionen gibt.

Kinder sollte man schon Tage vorher auf die Tour vorbereiten, indem man ihnen vorschwärmt, was es unterwegs alles zu entdecken gibt, oder eine Geschichte oder Sage aus der betreffenden Region erzählt. Damit wird die Neugier geweckt und Vorfreude kommt auf.

Ausrüstung   Bei der Ausrüstung für Kinder gilt das Gleiche wie für Erwachsene: Sie muss hundertprozentig passen und ihre Funktion erfüllen. Insbesondere bei den Schuhen darf man keinen Kompromiss eingehen, also beispielsweise nicht Schuhe einige Nummern größer kaufen, damit die Kinderfüße »hineinwachsen«, oder darauf hoffen, dass die Schu-

Bergwandern

he vom Vorjahr schon noch taugen, obwohl das Kind nur noch mit äußerster Kraftaufwendung hineinkommt. In beiden Fällen können Blasen oder wund geriebene Stellen schnell zum Abbruch der Wanderung zwingen.
Jedes Kind will seinen eigenen Rucksack tragen und darin möglichst auch die Lieblingspuppe oder den Lieblingsbären mitnehmen. Das schafft zusätzliche Motivation für die Wanderung.
Kinder frieren leicht, deshalb immer Handschuhe und Mütze dabeihaben, umgekehrt ist an sonnigen Tagen unbedingt für ausreichenden Sonnenschutz zu sorgen. Wichtig ist auch die Mitnahme von genügend Getränken und Verpflegung, ein Stück Schokolade wirkt oft Wunder, wenn die Stimmung unterwegs etwas durchhängt.

Spiele und Unterhaltung Wenn die Lust am Wandern unterwegs sinkt, beginnt die Zeit der kleinen Spiele: Fangen, Verstecken oder Wettlaufen kommen immer gut an, sofern es das Gelände erlaubt. Oder einem Kind werden die Augen verbunden und die anderen führen es ein Stück. Daneben gibt es in der Natur immer wieder Gelegenheit, nach etwas Neuem Ausschau zu halten, seien es Pflanzen, Waldfrüchte, Vögel, Käfer oder Schmetterlinge.

Wohlverdiente Pause

Auf Tour

Ein liegender Baumstamm, der nicht wegrollen kann, ist ideal zum Balancieren geeignet, auf einem Baumstumpf lässt sich gut auf einem Bein stehen. Bäche sind natürlich eine willkommene Abwechslung, hier kann man Staudämme bauen, Fische beobachten, die Füße im Wasser abkühlen, oder kleine selbst gebaute Schiffchen schwimmen lassen. Kinder klettern gerne auf Felsblöcken herum, wenn es gefährlich wird, kann man sie mit einem Seil um die Brust absichern. Sehr schön ist auch das Spiel, mit verbundenen Augen Dinge zu ertasten, zum Beispiel Tannenzapfen, Blätter, Baumrinden oder Steinchen. Anschließend kann man damit noch etwas basteln. Manche Eltern haben auch Papier und Malstifte oder Spielkarten dabei.

Mit der Kraxe unterwegs Kleinkinder bis etwa vier Jahre können in der Kraxe oder im Tragegestell mit in die Berge genommen werden. Der Kraxenträger muss in jedem Fall absolut trittsicher sein, denn beim Ausrutschen ist das Kind stark gefährdet. Wichtig ist, das Kind mit Gurten vor dem Herausfallen zu sichern.

Wer vorhat, sein Kind in der Kraxe auf Wanderungen mitzunehmen, muss das Gehverhalten zunächst auf einfachen Wegen ausprobieren und auch wissen, wie sich das Kind verhält. Mit einem unruhigen Kind auf dem Rücken kann es auf einem ausgesetzten Weg bereits gefährlich werden.

Wichtig!

Augen auf:
Pflanzen und Tiere in den Bergen

Die Alpen sind einer der wenigen noch einigermaßen intakten Naturräume in Europa. Obwohl menschliche Eingriffe deutliche Spuren in der Natur hinterlassen haben, konnten viele Pflanzen- und Tierarten weiterhin einen begrenzten Lebensraum finden. Dabei sind die Lebensbedingungen im Gebirge alles andere als einfach – Schnee, eisiger Wind und karge Böden machen allen Lebewesen stark zu schaffen. Umso erstaunlicher, welche Vielfalt an Pflanzen und Tieren es auf jeder Wanderung zu entdecken gibt.

Bergwandern

Die Vegetationszonen Steigt man vom Talboden aus nach oben, wandert man normalerweise zuerst durch den Wald. Ab etwa 1000 Metern werden Laubbäume langsam weniger, während Nadelhölzer hier noch prächtig gedeihen. Je nach Lage liegt die Baumgrenze zwischen 1500 und 2000 Metern. Darüber finden wir nur noch vereinzelt Gräser, Stauden, Kräuter oder Zwergsträucher. Felsen und Geröll bekommen die Überhand. Ab etwa 3000 Metern können auch keine Blütenpflanzen mehr gedeihen, an geschützten Stellen sind lediglich noch Moose und Flechten zu finden.

Die Baumregion In tieferen Lagen stehen zumeist große Buchen, seltenere Laubbäume sind Eiche, Esche oder Linde. Weiter oben begegnet man an manchen Stellen dem Bergahorn, der besonders in Einzellage seine schöne Pracht entfaltet. Sehenswerte Exemplare dieser Art stehen auf dem Großen Ahornboden, am Ende des Rißtals im Karwendelgebirge. Die typischen Vertreter der Nadelbäume sind Fichten und Tannen, vereinzelt auch Lärchen und Föhren, die sich im Bereich der Baumgrenze vom Wind gekrümmt nur noch mühsam an steilen, felsigen Hängen ihre Wurzeln schlagen können. Im Schatten der Bäume stehen häufig großblättrige Farne, manche Wälder sind außerdem ein Dorado für Pilzsammler. Schon so mancher ist abends mit einem Rucksack voller Steinpilze, Parasole oder Butterpilze zurückgekehrt.

Literaturtipp: Edmund Garnweidner, »Pilze – Bestimmen leicht gemacht«, Gräfe und Unzer Naturführer, ISBN 3-7742-4876-1

Blühende Wiesen Die volle Pracht der Alpen entfaltet sich auf den zahlreichen Bergwiesen in Lagen bis zu 1800 m. Kaum ist der letzte Schnee geschmolzen, schauen bereits überall zartweiß blühende Schneeglöckchen, Krokusse, Märzenbecher oder Anemonen heraus. Danach kommen strahlend gelbe Schlüsselblumen und Arnika, der rötliche Alpenklee, die Silberdistel und natürlich der blaue Enzian.

Blauer Enzian

Auf Tour

Die bekanntesten Orchideenarten sind das rotviolett blühende Knabenkraut, die gelbe Waldhyazinthe oder das unscheinbare Kohlröschen, dessen rote Blüte nach Schokolade duftet. Nicht zu vergessen sind die vielen Kräuter und Heilpflanzen, die als Tee zubereitet manche Beschwerden lindern können, darunter beispielsweise Frauenmantel, Hagebutte, Huflattich, Hirtentäschelkraut, Johanniskraut oder Spitzwegerich.

Saure Moorböden, von denen es nicht mehr viele in den Alpen gibt, sind idealer Nährboden für Blaubeeren. Die wohlschmeckende Frucht enthält besonders wichtige Mineralstoffe und ist eine ideale Nachspeise bei der Brotzeit. Ausgedehnte Blaubeerfelder gibt es zum Beispiel auf dem Sonnenjoch im Vorarlberger Klostertal oder auf dem Weg zur Lackenscharte am Arbiskogel im Zillertal.

Orchidee am Wegesrand

Literaturtipp: Aichele/Schwegler, »Blumen der Alpen«, Kosmos Naturführer, ISBN 3-440-07841-8

Die alpine Stufe Zwischen Gesteinsschutt, Geröllhalden und blankem Felsen finden verschiedene Pflanzen in kleinen Spalten oder auf winzigen Absätzen selbst an den steilsten Stellen immer noch genügend Lebensraum. Dazu zählen die Alpenrose oder die Alpenpflanze schlechthin, das Edelweiß.

Tiere gehen auf Abstand Bären oder Wölfen begegnet man in den Alpen selten. So gesehen braucht man sich bei der Bergwanderung vor wilden Tieren nicht allzu sehr zu fürchten. Auch die Kreuzotter, die stellenweise im Gebirge vorkommt, beißt erfahrungsgemäß nur nach Menschen, wenn sie sich direkt bedroht fühlt. Die Tiere in den Bergen halten sich im Allgemeinen von menschlichen Wesen fern, und sie wollen in ihrem Lebensraum nicht gestört werden.

Zum Beobachten von Tieren empfiehlt sich ein gutes Fernglas.

Im Wald unterwegs Im Unterholz finden Hasen, Füchse, Rehe und Hirsche ihren Unterschlupf, zur Nahrungssuche tauchen sie gerne in Waldlichtungen und Bergwiesen auf. Nicht selten kann es passieren, dass man hinter einer Weg-

Bergwandern

biegung unvermittelt Auge in Auge einem der Tiere gegenübersteht, das dann rasch im nächsten Gebüsch verschwindet. Wildschweine ziehen den morastigen Boden vor, den sie zur Futtersuche mit dem Rüssel durchwühlen. Hier bedarf es schon eines größeren Zufalls, eines dieser Tiere in freier Wildnis beobachten zu können.

Tiere auf der Wiese und im Gelände In den mittleren Lagen des nördlichen Alpenraums gibt es kaum eine Wanderung, die nicht irgendwann einmal über ein Weidegebiet führt. Meist sind es Milchkühe, die man antrifft, und sofern die Tiere in Ruhe gelassen werden, kümmern sie sich auch weiter nicht um die Wanderer in ihrem Revier. In den frühen Abendstunden werden die Kühe gemolken und die Milch häufig noch vor Ort zu leckerem Bergkäse verarbeitet. Auch Ziegen und Schweine sind auf den Almen häufig anzutreffen. Links und rechts des Wegs sind unzählige Kleintiere zu sehen, beispielsweise Käfer, Mäuse, Eidechsen, Schnecken, Spinnen, Heuschrecken, Raupen und vor allem bunte Schmetterlinge, in der Nähe von Tümpeln gibt es Kröten, Frösche, Lurche, Salamander und Libellen. Singvögel gehören bis in höhere Lagen zu den ständigen Begleitern, eher selten kann man weit über sich einen Falken erkennen und nur mit großem Glück sieht man einen der seltenen Bergadler kreisen. Dohlen und Raben hingegen sind meist nicht weit, sobald man sich zur Pause irgendwo niederlässt. Die

Murmeltier vor seinem Bau

schwarz gefiederten Vögel warten nur darauf, von der Brotzeit ein Stück abzubekommen.
Mit schrillem Pfiff warnt das Murmeltier seine Artgenossen vor herannahenden Wanderern. Im Herbst hingegen, wenn die Tiere voll gefressen sind und sich auf den Winterschlaf vorbereiten, kann es durchaus vorkommen, dass sie Menschen bis auf wenige Meter herankommen lassen, bevor sie blitzschnell in einem ihrer unterirdischen Gänge verschwinden.
Gämsen und Steinböcke An den wie Haken nach hinten gebogenen zwei kleinen Hörnern sind die Gämsen leicht zu erkennen. Sie halten sich meist in Rudeln im Bereich zwischen 1500 und 3000 m auf. Die Leitgams beobachtet ständig die Umgebung und auf ihr Signal hin setzt die Gruppe zur Flucht an, wenn sich Menschen zu sehr annähern. Mit atemberaubender Schnelligkeit jagen die Tiere über den Fels, Sprünge über fünf Meter Entfernung sind keine Seltenheit. Noch beeindruckender sind die Kletterkünste der Steinböcke, die tagsüber in noch höheren Regionen unterwegs sind. Sie legen ihre Ruhepausen gerne an exponierten Felsvorsprüngen ein, deshalb kann man sie auch ganz gut von weit unten erkennen. Ihre beiden Hörner sind deutlich länger als die der Gämsen. Steinböcke leben zum Beispiel an den Nordhängen der Benediktenwand.

Unterwegs fotografieren

Viele Wanderer haben den Wunsch, ihr Bergerlebnis im Bild festzuhalten, um es besser in Erinnerung bewahren zu können oder um es der Familie und Freunden bei einem gemütlichen Treffen zu zeigen. Wichtigste Voraussetzung für ein gutes Gelingen ist etwas Erfahrung mit der Kamera, damit man nicht unterwegs zuerst in der Bedienungsanleitung blättern muss. Die Kamera sollte handlich und leicht sein, eine schützende Hülle ist zu empfehlen.
Am besten steckt man seinen Fotoapparat in eine separate Rucksacktasche, damit er beispielsweise nicht bei Herausnehmen einer Jacke unbeabsichtigt herausfallen kann und dann verloren geht.

Bergwandern

Das Abendlicht verstärkt die Konturen der Felsen.

Die richtige Kamera In den letzten Jahren sind Digitalkameras mit einem akzeptablen Preis-/Leistungsverhältnis auf den Markt gekommen. Mittlerweile gibt es auch preiswerte Spiegelreflex-Digitalkameras. Der erste große Vorteil dieser Fotoapparate besteht darin, dass man direkt nach dem Fotografieren das Bild auf einem Display betrachten und es bei Nichtgefallen wieder löschen und neu aufnehmen kann. So gesehen bleibt manche Enttäuschung nach der herkömmlichen Filmentwicklung erspart. Ein zweiter großer Gewinn ist die Möglichkeit, die Fotos auf den heimischen PC überspielen zu können, um sie von dort zu bearbeiten, auszudrucken oder per E-Mail an Freunde zu verschicken. Zu beachten ist bei der Digitalkamera die begrenzte Speicherkapazität von Aufnahmen. Bergwanderer, die das Fotografieren zu ihrem Hobby gemacht haben, werden nach wie vor die Spiegelreflexkamera bevorzugen, weil sie durch die Wechselobjektive wesentlich mehr Möglichkeiten haben, bestimmte Effekte zu erzielen. Es macht ihnen deshalb auch nichts aus, wenn die mitgetragene Kameraausrüstung schwerer ist als das restliche Gepäck. Manche schleppen sogar ein Stativ für Panorama-Aufnahmen mit.

Auf Tour

Die Firma Leki hat Trekkingstöcke im Angebot, bei denen an einem Stock der Griff abgeschraubt werden kann und darunter ein passendes Gewinde für den Kameraboden zum Vorschein kommt. Die Kamera wird angeschraubt, der Stock in den Boden gesteckt und schon kann die Langzeitbelichtung beginnen.

Reizvolle Motive Möglichkeiten für reizvolle Bergaufnahmen gibt es zuhauf. Oft bieten sich gute Effekte, etwa in der Spiegelung eines Bergsees, im Spiel der Wolken oder im Gegenlicht der untergehenden Sonne. Auch Tiere und Pflanzen sind beliebte Motive. In höheren Lagen ist wegen der erhöhten Sonnenstrahlung ein Skylight-Filter zu empfehlen.

Am beliebtesten ist natürlich das Gipfelfoto. Hier ist darauf zu achten, dass sich die Menschen der Sonne zuwenden und der Fotograf die Sonne im Rücken hat. Dann ist das Motiv am besten ausgeleuchtet.

Wichtig ist die Mitnahme von Ersatzbatterien. Im Notfall kann man versuchen, streikende Batterien mit der Hand oder in der Hosentasche aufzuwärmen, damit lassen sich eventuell noch ein oder zwei Aufnahmen machen.

Gipfelfoto mit Selbstauslöser

Bergwandern

Schwierigkeiten unterwegs

Schwierigkeiten unterwegs

Bei den Bergsteiger-Unfällen ragen als Ursachen die Unfälle durch unzureichende körperliche Verfassung mit 10% sowie mit 65 % Mangel an alpiner Erfahrung, Selbstüberschätzung, falsche Sicherung und Leichtsinn bemerkenswert heraus. Es ist also nur selten der Berg und das grausame Schicksal, das zuschlägt, sondern es ist fast immer das Unvermögen des Menschen selbst.

So unterscheiden wir die subjektiven von den objektiven Gefahren, also jene, die vom Menschen ausgehen, und die, welche uns die Natur entgegensetzt.

Subjektive Gefahren

Körperliche Verfassung Bergsteigen ist ein Ausdauersport, was sich hervorragend durch Laufen, Radfahren, Skifahren u. a. trainieren lässt. Eine unzureichende körperliche Verfassung darf daher nie die Unfallursache einer gut vorbereiteten Tour sein!

Durch gewissenhafte Tourenplanung kann man darauf schließen, wie anstrengend und schwierig eine geplante Tour wird und wie lange sie dauert. Zu diesen Anforderungen an die körperliche Verfassung müssen in jedem Fall noch Reserven eingeplant werden für eventuelle Komplikationen, sei es, dass man sich versteigt und die Tour schwieriger wird, oder der Schnee tiefer ist als angenommen und an der Kondition zehrt. So sollte man anspruchsvolle Touren nur entsprechend trainiert angehen oder, anders gesagt, die Tour auf den aktuellen Trainingszustand abstimmen.

Selbstüberschätzung Im Gebirge ist Bescheidenheit am Platze. Das Können, die Fertigkeiten, die Erkenntnisse, kurz die alpine Erfahrung wächst nur schrittweise. Die Devise heißt hier »Vom Leichten zum Schweren«. Es ist immer besser, die Tour eine Stufe niedriger zu planen, dafür aber sicher zu beenden. Der Selbstüberschätzung begegnet man – wie gesagt – mit Bescheidenheit, also einer entsprechend defensiven Tourenplanung. Sicherungsmängel lassen sich durch gezielte Ausbildung beheben und Leichtsinn ... – na ja?

Mit sich und der Natur im Reinen

Bergwandern

Falsche Ernährung Ein großer Fehler, der leider immer wieder gemacht wird, ist wenig oder gar nichts zu trinken. Ein Austrocknen des Körpers kann leicht zur Erschöpfung führen. Pro Person sind am Tag mindestens ein bis zwei Liter Flüssigkeit notwendig. Ein anderer Fehler ist der Verzehr schwer verdaulicher Speisen, der den Kreislauf zusätzlich belastet.

Falsche Ausrüstung Eine Meinung unter Bergwanderern hält sich leider besonders hartnäckig und wird häufig zur Unfallursache: »Gemütlich mit leichtem Schuhwerk in der Gondel nach oben fahren und dann ins Tal gehen; denn das Bergabgehen im Bereich der Bergbahnen ist unproblematisch und nicht gefährlich.« Mehr denn je gilt der Grundsatz, dass ein fester Bergschuh auch Sicherheit bedeutet. Ein anderes Negativbeispiel ist die Mitnahme von zu wenig oder unzureichender Bekleidung. Selbst wenn es unten im Tal sommerlich warm ist, kann es oben empfindlich kalt sein. Kommt dann noch Regen hinzu, wird der schlecht ausgerüstete Wanderer schnell unterkühlt. Eine Unterkühlung ist bereits die Vorstufe für eine Erschöpfung. (Zur richtigen Ausrüstung siehe Kapitel »Vorbereitung«.)

Zeitdruck Wer unbedingt noch einen Gipfel schaffen will, obwohl der Tag sich schon dem Ende zuneigt, handelt grob fahrlässig. Wer meint, sich in den Bergen beeilen zu

Schaffen wir es noch bis zum Gipfel?

Schwierigkeiten unterwegs

müssen, ist fehl am Platz. Die Gefahr, beim »Rennen« einen Fehltritt zu machen und sich dabei zu verletzen, ist groß. Zu bedenken ist auch, dass es im Frühjahr und Herbst wesentlich schneller dunkel wird als im Sommer. Wer in der aufkommenden Dämmerung den Weg verliert, gefährdet nicht nur sich selbst, sondern auch die Helfer, die sich dann in der Dunkelheit auf die Suche machen müssen.

Eine Tour muss immer so geplant werden, dass auch bei einer unvorhersehbaren Verzögerung noch ausreichend Zeit für die Rückkehr bei Tageslicht bleibt.

Wichtig!

Objektive Gefahren

Das Wetter Das Wetter ist einer der entscheidenden Faktoren für das Gelingen oder Scheitern einer alpinen Unternehmung, insbesondere im Hinblick auf die Sicherheit. Gewisse Gefahrensituationen treten erst mit einer Verschlechterung des Wetters ein. Durch gezieltes Abrufen von Informationen können wetterbedingte Gefahren vermieden werden:

- Einholen eines alpintauglichen Wetterberichts
- Laufende Kontrolle der Wetterentwicklung durch eigene Beobachtung
- Registrieren von Luftdruckveränderungen am Höhenmesser

Besonders wichtig ist der Schutz der Augen mit einer guten Sonnenschutzbrille.

Sonne und Wärme Mit zunehmender Höhe nimmt auch die UV-Strahlung zu, die für Sonnenbrand und Augenschäden verantwortlich ist. Besonders in der Mittagszeit und auf Schnee ist sie am gefährlichsten. Man schützt sich am besten durch Abdecken mit leichter Bekleidung, die offenen Hautpartien durch eine Schutzcreme mit hohem Lichtschutzfaktor (insbesondere die Lippen) und die Augen durch eine gute Sonnenschutzbrille.

- Auf den Kopf gehört ein Hut oder eine Mütze mit Sonnenschild.

Bergwandern

Rechte Seite: Bildung einer Gewitterwolke

- Eine genügende Menge an Getränken beugt Leistungseinbußen vor.
- Ist man zu dick bekleidet, kann es zu Wärmestau und zum Hitzschlag kommen. Dem ist mit geeigneter lockerer Bekleidung vorzubeugen, mit Ablegen zu warmer Kleidung und mit Tragen einer luftigen Kopfbedeckung.

Kälte und Nässe Gegen Nässe schützt man sich durch leichte wasserdichte Überbekleidung. Bei tiefen Temperaturen sorgen wärmende Bekleidungsteile aus Fleece, Wolle oder Daune für ein geeignetes Wohlfühl-Klima.
Nasse Bekleidung (auch durch Schwitzen!) in Verbindung mit Kälte und Wind ist häufig Ursache für eine lebensbedrohliche Unterkühlung. Dabei gibt der Körper mehr Wärme ab, als er nachproduzieren kann, und kommt somit aus dem Gleichgewicht. Zur Vorbeugung sollte immer trockene Reservewäsche im Rucksack dabei sein.
Nahezu jeden Sommer kommt es im Alpenraum zu massiven Wetterstürzen. Das sind Schlechtwettereinbrüche, die mit tiefen Temperaturen – die Schneefallgrenze sinkt dabei oft bis in Talnähe – und mit Eis und Schnee in den Bergen regelmäßig für dramatische Bergunfälle sorgen. Solche Wettergeschehen werden meist sehr exakt vorausgesagt, sodass viele Katastrophen durch Einholen und Beachten von Informationen vermeidbar gewesen wären.

Wind und Sturm Der Wind entzieht dem Körper Wärme und dadurch Energie. Nasse und feuchte Bekleidung verstärken diesen Effekt erheblich und begünstigen damit die Unterkühlung. Rastplätze oder Lagerungen von Verletzten sollten deshalb im Windschatten angelegt werden. Starkwind und Sturm bilden insbesondere in Gipfelregionen und auf Graten eine erhebliche Gefahr. Durch Windböen ist schon mancher Bergsteiger regelrecht in die Tiefe geblasen worden.

Gewitter Hier kann es zum direkten Blitzschlag oder zum Kontakt mit dem abfließenden Erdstrom kommen. Es gilt Gipfel, Grate, herausragende Geländepunkte sowie Was-

Schwierigkeiten unterwegs

Bergwandern

Bei Dunkelheit oder schlechter Sicht eine ernst zu nehmende Gefahr: Felsspalten in Karstgebieten (Steinernes Meer)

ser führende Gräben und Rinnen zu meiden. Die Drahtseile von Klettersteigen sind ebenfalls ideale Blitzableiter. Am besten ist es, sich auf eine isolierende Unterlage (Rucksack, Seil) zu setzen und in Kauerstellung das Ende des Gewitters abzuwarten. Keinesfalls darf man sich flach hinlegen oder Schrittstellung einnehmen.

Steinschlag   Steinschlag entsteht durch Erosion und Frostsprengung. Er wird meistens von Bergsteigern selbst durch unsauberes Gehen oder von Gämsen/Steinwild ausgelöst. Steinschlaggefährdete Zonen erkennt man am Geröll darunter, an Aufschlagspuren im Fels oder im Schnee. Sie sollten möglichst rasch überwunden werden. Hat man einen Bergsteiger-Schutzhelm dabei, ist dieser an solchen Stellen auf dem Kopf besser aufgehoben als im Rucksack!

Dunkelheit   Bei Dunkelheit, da sieht man nicht so weit ... Deshalb sollte für unvorhergesehene Fälle eine Stirnlampe mitgeführt werden, insbesondere im Herbst, wenn die Tage wieder kürzer werden. Mit einer Lampe lässt sich der richtige Weg finden, ein sicherer Biwakplatz ausmachen und im Notfall das alpine Notsignal geben.
Empfehlenswert sind LED-Stirnlampen, da sie wenig Energie verbrauchen.

Hochwasser und Muren bei Starkregen   Infolge der Klimaveränderung und menschlicher Eingriffe nehmen die Unwetter in den Alpen immer heftigere Ausmaße an. Durch sintflutartige Regenfälle rutschen mancherorts Hänge zu Tal und begraben Straßen und Häuser unter zähen

Schwierigkeiten unterwegs

Schlamm- und Schuttmassen. Kleine Gebirgsbäche schwellen zu gewaltigen Strömen an und reißen alles mit, was sich ihnen in den Weg stellt. In Ausnahmefällen wird Katastrophenalarm ausgelöst. Der Wanderer sollte bei einem solchen Ereignis längst das Weite gesucht haben. Besonders gefährdet ist er an Steilhängen oberhalb der Waldgrenze, wo die Muren immer bessere Rutschbahnen finden. Als fatal können sich auch enge Schluchten erweisen, weil dort der Wasserpegel bei Starkregen in Windeseile dramatisch ansteigen kann; nur mit viel Glück wird man in solch einer Notlage nicht von den gewaltigen Fluten mitgerissen.

Mure im Martelltal

Bergwandern

Riesige Nassschneelawine im Frühjahr (Loferer Steinberge)

Lawinen Es ist falsch zu glauben, Lawinen gäbe es nur im Winter. Lawinen sind die größte und vor allem die am wenigsten berechenbare Gefahr in den Bergen.

Im Sommer kann es nach wettersturzbedingten Schneefällen zu Lawinenabgängen kommen, besonders auf steilen Grashängen und in Rinnen. Diese Gefahrensituation entschärft sich jedoch nach dem ersten Schönwettertag bald wieder. Anders sieht es in den Hochlagen aus. Hier kann nach einem Schlechtwettereinbruch mit Schneefall und Wind eine entstandene Lawinengefahr durchaus einige Tage bestehen bleiben. Gefährdet sind hier insbesondere steile Hänge und Flanken mit mehr als ca. 30 Grad Neigung mit glattem Untergrund, auf dem der unter Windeinfluss gefallene Schnee ein so genanntes Schneebrett gebildet hat.

Info!

Schneebretter entstehen bei Schneefall unter Windeinfluss auf der Leeseite, das sind die Windschattenhänge.

Bei warmen Temperaturen kommt es meist innerhalb einiger Tage zur Setzung der Schneedecke und damit zum Abklingen der Lawinengefahr, bei kalten Temperaturen und in Schattenhängen der Hochlagen kann sie jedoch durchaus über längere Zeit erhalten bleiben.

Rechte Seite: Seraczone am Brenva-Sporn, Mont Blanc

Schwierigkeiten unterwegs

Eisschlag Abbrechende Eistrümmer von Gletscherzungen oder einstürzende Seracs in einem Gletscherbruch sind zwar nicht alltäglich, aber doch immer wieder Unfallursachen. Gletschereis kann zu jeder Tages- und Nachtzeit abbrechen! Ursache ist nämlich nicht die Tageserwärmung, sondern einzig und allein die Gletscherbewegung, die unabhängig von der Tageszeit erfolgt.

Man schützt sich, indem man seine Spur in genügendem Sicherheitsabstand vorbeiführt und eventuelle Rastplätze ebenfalls außerhalb des Einzugsbereiches von Seracs und Bruchzonen wählt.

Der Notfall

Kommt es zum Unfall, so muss vorrangig der Verletzte aus der Gefahrenzone geborgen und vor Absturz gesichert werden, erst dann folgt die Versorgung der Verletzungen.

Ist das Gelände für einen gefahrlosen Abtransport nicht geeignet oder würde es den Verletzten unnötig belasten, so ist es sinnvoll, den Verletzten bestmöglich zu lagern, zu betreuen, eventuell auch ein Biwak in Kauf zu nehmen und eine planmäßige Rettung zu organisieren. Sind mehrere Leute am Ort verfügbar und besteht keine Möglichkeit der Alarmierung per Funk oder Handy, so sollten zwei Personen zusammen mit einer schriftlichen Meldung beauftragt werden:

- Was ist passiert?
- Wo ist der Unfallort?
- Wann ist es passiert?
- Wie viele Verletzte?

Das alpine Notsignal In Notlagen, sei es durch Verletzung oder Verirren, kann das alpine Notsignal abgesetzt werden, um Gefahr für Leib und Leben abzuwenden. Es wird mittels Rufen, Pfeifen, Winken, oder mit Lichtzeichen gegeben:

Sechsmal in regelmäßigen Abständen innerhalb einer Minute, dann Pause und wiederholen.

Schwierigkeiten unterwegs

Die Antwort (»Notsignal verstanden«) erfolgt ähnlich: dreimal innerhalb einer Minute.

Das Biwak Ein geplantes Biwak im Gebirge, eine Nacht unter dem Sternenhimmel, kann mit entsprechender Ausrüstung dem Bergsteiger unvergessliche Eindrücke geben. Ein Notbiwak jedoch, sei es durch Unfall, Verirren, Wettersturz o. a. verursacht, kann schlimme Folgen haben. Wichtig ist in einer solchen Situation, dass man sich rechtzeitig einen möglichst windgeschützten Platz sucht, trockene Kleidung anzieht, sich auf eine isolierende Unterlage setzt und nahe zusammenbleibt. Nun ist der lebensrettende Zwei-Mann-Biwaksack gefragt!
Befindet man sich im Schnee, so hat man in einer Schneehöhle, einem Schneeloch oder Iglu die besten Chancen, die Nacht gut zu überstehen.
Es ist in jedem Fall vernünftiger, sich rechtzeitig zu einem Biwak zu entschließen und die nötigen Vorkehrungen zu treffen, als zu spät irgendwo an ungünstiger und gefährlicher Stelle ums Überleben zu kämpfen.

Notfall-Ausrüstung
- Zwei-Mann-Biwaksack
- Reservehemd
- Handschuhe und Mütze (auch im Sommer)
- Stirnlampe
- Rucksack-Apotheke
- Notproviant

Handy Das Handy im Gebirge kann nur als Notfallgerät akzeptiert werden. Telefonbetrieb in der Natur ist unzumutbar anderen Menschen gegenüber, die ja gerade deshalb in die Berge gehen, um dem täglichen Stress zu entfliehen.
Mit dem Handy kann man ohne Karte den Rettungsdienst europaweit unter der Nummer 112 erreichen.

Bergwandern

Erste Hilfe

Erste Hilfe

Sofortmaßnahmen

Beim Auffinden einer Person in einer Notfallsituation sollte man als Erstes abklären, ob die Situation bedrohlich ist. Das bedeutet, es gilt die Frage zu klären: Ist der **Verunfallte bewusstlos oder wach**? Wenn der Mensch bewusstlos ist, so wird zumindest eine lebenswichtige Körperfunktion (Vitalfunktion) gestört sein. Darum muss schnell die Bewusstseinslage der Person überprüft werden:
- Ansprechen der Person (laut, schreiend),
- wenn keine gezielten Bewegungen feststellbar:
- Betroffenen an den Schultern rütteln,
- eventuell kneifen.

Zeigt die Person auf die Versuche der **Ansprache keine Reaktion**, müssen die **Atemwege freigemacht** werden. Bei Bewusstlosigkeit erschlafft die Muskulatur und die **Zunge kann in den Rachenraum zurücksinken** (siehe Abb. S. 96/97) Die Luftwege werden verlegt, die Atmung ist gestört. Zusätz-

Linke Seite: Schnell und überlegt erste Hilfe leisten: Auf diese Situation sollte man unterwegs vorbereitet sein.

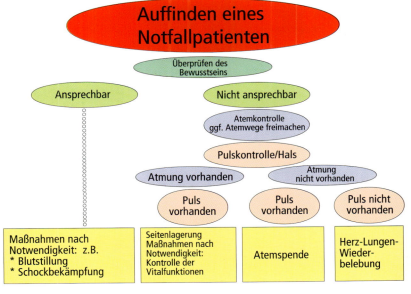

Bergwandern

lich kann der Mageninhalt zurückfließen, da sich der Muskel zum Magenverschluss entspannt. Somit besteht die Gefahr, dass der saure Mageninhalt in die Luftröhre und die Lunge gelangt. Die Erstickungsgefahr erhöht sich, wenn nicht folgendermaßen gehandelt wird:
- Überstreifen der Einmalhandschuhe,
- Öffnen des Mundes,
- Entfernen von Fremdkörpern aus der Mundhöhle (z.B. Blut, Erbrochenes, lockere Zahnprothesen).
- Kopf überstrecken (durch das Heben des Unterkiefers hebt sich die Zunge und die Atemwege sind wieder frei).

Atmung und Puls vorhanden Zur **Überprüfung der Atmung** erleichtert das Öffnen der Bekleidung über dem Brustkorb des Verunfallten das weitere, notwenige Vorgehen:
Beobachten der Atembewegungen:
Man überprüft das Heben und Senken des Brustkorbes, indem man eine Hand auf den Brustkorb legt.
Fühlen des Atemstoßes:
Durch das Halten der eigenen Wange über Mund und Nase des Verunfallten fühlt man seinen Atemstoß.
Hören des Atemgeräusches:
Durch das Halten des eigenen Ohres über Mund und Nase des Verunfallten hört man dessen Atemgeräusche.

Zur Überprüfung der Kreislauftätigkeit eines Verunfallten wird sein Puls getastet.

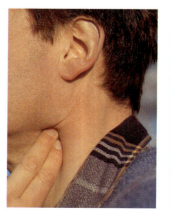

Erste Hilfe

Die weiteren Handlungsschritte hängen entscheidend von der **Überprüfung der Kreislauftätigkeit** des Verunfallten ab. **Zur Kontrolle dient das Fühlen des Pulses**. Je nach Situation tastet man den Puls am Hals, in der Leiste oder am Handgelenk der betroffenen Person. (Zur Sicherheit sollte man das Fühlen des Pulses erst an sich selbst ausprobieren.) Ist der Puls des Verunfallten auf einer Seite nicht zu tasten, so sollte die Pulskontrolle auf der gegenüberliegenden Seite wiederholt werden.

Wenn der **Bewusstlose noch atmet** und der **Puls getastet** wurde, wird er in die stabile Seitenlage gebracht.

Überführung in die stabile Seitenlage:

Der Nothelfer kniet neben dem Bewusstlosen nieder. Der dem Helfer zugewandte Arm wird unter die Hüfte geschoben und das Bein maximal angestellt. Der gegenüberliegende Arm des Betroffenen wird auf den Brustkorb gelegt, darauf zieht man den Bewusstlosen langsam zu sich herüber. Der unter der Hüfte platzierte Arm wird nach hinten gezogen und im Ellenbogen angewinkelt. Durch Überstreckung des Kopfes, Öffnung und Wendung des Mundes erdwärts wird eine freie Atmung gewährleistet (siehe Abb.).

Danach: Ständige Kontrolle der Vitalfunktionen: Atmung und Puls!

Nach Lagerung des Verunfallten auf einer Unterlage wird der dem Ersthelfer zugewandte Arm unter das Gesäß geschoben und das Bein maximal angestellt. Der gegenüberliegende Arm wird auf die Brust gelegt, anschließend in Richtung Ersthelfer langsam weiter rübergezogen und schließlich unter den Kopf gelegt. Durch Überstreckung des Kopfes, Öffnung und Wendung des Mundes erdwärts wird eine freie Atmung gewährleistet.

Bergwandern

> **Zusammenfassung:** Beim Auffinden eines Verunfallten ist als Erstes das Bewusstsein zu kontrollieren. Ist der Betroffene bewusstlos, so müssen die Atemwege freigemacht werden. Danach wird die Atmung und anschließend der Puls überprüft. Stellen Sie eine ausreichende Atmung und Pulstätigkeit fest, so bringen Sie die Person in die stabile Seitenlage. Die Vitalfunktionen Atmung und Kreislauf sind weiterhin ständig zu überwachen.

Atmung nicht vorhanden und Puls vorhanden

Durch Überstreckung des Kopfes wird der Unterkiefer (und somit auch die Zunge) angehoben und nach vorne geschoben. Waren die Atemwege durch die zurückgefallene Zunge versperrt, so werden sie durch diesen einfachen Handgriff wieder frei. Nun muss festgestellt werden, ob der Betroffene noch atmet.

Ergibt die Überprüfung des Notfallpatienten, dass die **Atmung nicht vorhanden** ist, muss mit der Atemspende begonnen werden. Dies setzt voraus, dass ein **Puls getastet** wurde. Werden die Lungen mit Luft gefüllt, gelangt der Sauerstoff ins Blut, welches durch die Pumpleistung des Herzens im Körper verteilt wird (z.B. Gehirn, Organe usw.). Die **Atemspende** kann in Form der **Mund-zu-Nase-** oder der **Mund-zu-Mund**-Beatmung (siehe Abb. S. 99) erfolgen. Die Beatmung durch die Nase entspricht dem natürlichen Atemweg und ist deshalb der Mundbeatmung vorzuziehen.

Mund-zu-Nase-Beatmung:

- Der Ersthelfer kniet neben dem überstreckten Kopf des Verunfallten nieder.
- Die Hände des Ersthelfers werden auf Haargrenze und Kinn des Verunfallten gelegt, dabei liegt der Daumen zum Verschluss des Mundes unter der Unterlippe.

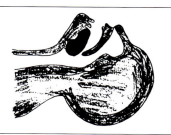

Erste Hilfe

- Der Ersthelfer atmet normal ein und bläst Luft in die Nase des Verunfallten.
- Dabei erfolgt die Kontrolle des Hebens und Senkens vom Oberkörper des Verunfallten.

Beatmung muss sich nach dem Alter des Betroffenen richten:
Säuglinge   ca. 40 Atemstöße/Min.
Kleinkind   ca. 30 Atemstöße/Min.
Jugendliche ca. 20 Atemstöße/Min.
Erwachsene   ca. 12 Atemstöße/Min.

Mund-zu-Mund-Beatmung:
- Der Ersthelfer kniet neben dem überstreckten Kopf des Verunfallten nieder.
- Eine Hand des Ersthelfers wird auf die Stirn gelegt, wobei Daumen und Zeigefinger die Nase des Verunfallten verschließen.
- Die andere Hand des Ersthelfers liegt auf dem Kinn und öffnet leicht den Mund.
- Der Ersthelfer atmet normal ein und bläst langsam Luft in den Mund des Verunfallten.
- Dabei erfolgt die Kontrolle des Hebens und Senkens vom Oberkörper des Verunfallten.

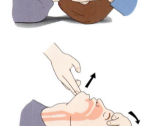

Ist bei einem Verunfallten keine Atmung mehr zu registrieren, wohl aber der Puls zu tasten, so muss eine Atemspende in Form einer Mund-zu-Nase- oder einer Mund-zu-Mund-Beatmung erfolgen. Dafür wird der Mund-Rachen-Raum zunächst gesäubert. Wichtigste Maßnahme v o r einer Beatmung ist das Überstrecken des Kopfes, um eine freie Atmung zu gewährleisten. Die Nasenbeatmung ist der Mundbeatmung vorzuziehen. Deswegen legt der Ersthelfer am überstreckten Kopf des Verunfallten die Hände auf Haargrenze und Kinn des zu Beatmenden. Dabei liegt dann der Daumen zum Verschluss des Mundes unter der Unterlippe.

> **Zusammenfassung:** Wenn eine nicht ansprechbare Person gefunden wird, d.h. bewusstlos ist, so muss als erstes die Atmung kontrolliert werden. Wenn diese nicht oder nicht vollständig vorhanden ist, müssen die Atemwege befreit werden. Danach wird eine Pulskontrolle am Hals durchgeführt. Wird kein Puls festgestellt, so beginnt der Ersthelfer mit der Atemspende (Mund-zu-Nase- oder Mund-zu-Mund-Beatmung).

Bergwandern

Atmung nicht vorhanden und Puls nicht vorhanden Fällt zusätzlich zur Atmung der Kreislauf aus, so muss sofort die **Herz-Lungen-Wiederbelebung** (siehe Abb.) durchgeführt werden. Der nicht tastbare Puls zeigt an, dass das Herz, der »Lebensmotor«, zum Stillstand gekommen ist. Eine normale Herzschlagfrequenz in Ruhe würde 60 bis 80 Pulsschläge pro Minute betragen. Der Herzstillstand hat immer einen Atemstillstand und eine Bewusstlosigkeit zur Folge.

Herz-Lungen-Wiederbelebung:

- Die betroffene Person ist vom Ersthelfer in Rückenlage auf einen harten Untergrund zu legen.
- Der Brustkorb ist freizumachen.
- Der Ersthelfer kniet in Schulterhöhe des Betroffenen nieder.
- Der Ersthelfer versucht den Verunfallten zweimal langsam zu beatmen.
- Am Verunfallten wird der Druckpunkt für eine Herzmassage gesucht.
- Am Druckpunkt legt der Ersthelfer die Hände gekreuzt auf den Brustkorb.
- Der Ersthelfer drückt das Brustbein (Sternum) auf Höhe des Herzens 15-mal 4–5 cm tief ein.

Erfolgt die Wiederbelebung nicht durch zwei, sondern durch eine Person, so folgen auf 15 Herzdruckmassagen zwei Atemspenden. Beim Einsatz von zwei Ersthelfern erfolgt nach je fünf Herzmassagen eine Atemspende. Wiederbelebung ist Schwerstarbeit: Versuchen Sie daher möglichst schnell Helfer zu benachrichtigen, denn ein Ersthelfer allein hält diese anstrengende Tätigkeit der Wiederbelebung nicht lange durch.

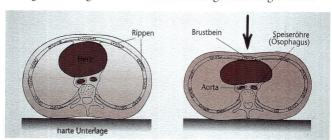

Durch Druck auf den Brustkorb wird das Herz zusammengedrückt. Dadurch gelangt Blut in den Körperkreislauf.

Erste Hilfe

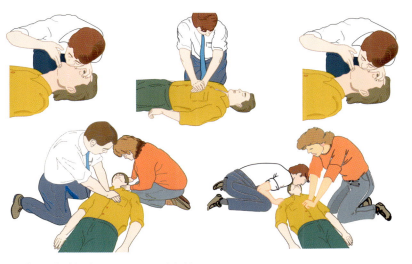

Handlungsablauf bei der Herz-Lungen-Wiederbelebung:
Nachdem der zu Beatmende flach gelagert und der Kopf überstreckt wurde, beginnt man mit einer zweimaligen Atemspende. Danach sollten 15 Herzdruckmassagen erfolgen, die dann durch eine erneute zweimalige Atemspende abgelöst werden. Diesen Rhythmus behält man so lange bei, bis der Verunfallte wiederbelebt ist oder aber Hilfe eingetroffen ist. – Da ein Ersthelfer allein diese anstrengende Tätigkeit der Wiederbelebung nicht lange durchhält, sollte möglichst schnell eine weitere Person dabei mithelfen, so dass sich beide bei der Herzdruckmassage ablösen können. Beim Einsatz von zwei Ersthelfern erfolgt nach je fünf Herzmassagen eine Atemspende.

Wiederbelebungsmaßnahmen werden auch in den so genannten ABC-Regeln zusammengefasst:
A = Atemwege freimachen
B = Beatmung
C = Cirkulation (Zirkulation) = Blutkreislauf in Gang halten

> **Zusammenfassung:** Beim Auffinden eines Notfallpatienten muss als Erstes das Bewusstsein festgestellt werden (Ansprechen). Reagiert der Betroffene nicht, so müssen die Atemwege befreit und die Atmung kontrolliert werden. Ergibt die darauf folgende Pulskontrolle den kompletten Herz-Lungen-Stillstand, so muss sofort mit der Herz-Lungen-Wiederbelebung begonnen werden.

Blutstillung Bei einer starken Blutung kann ein zuvor noch ansprechbarer Verunfallter sehr schnell in einen **Volumenmangelschock** abgleiten. Das Bewusstsein trübt sich zunehmend ein, der Betroffene wird bewusstlos und schwebt in akuter Lebensgefahr. Daher ist es besonders wichtig, die Vitalfunktionen (Atmung, Kreislauf und Bewusstsein) ständig zu kontrollieren. Handelt es sich um starke, **äußerlich sichtbare Blutungen**, so muss sofort mit der **Blutstillung** begonnen werden. Ziel der Behandlung ist es, den Blutverlust so weit einzudämmen, dass die im Körperkreislauf zirkulierende Blutmenge ausreichend bleibt, um die Sauerstoffversorgung der Organe aufrechterhalten zu können. Das empfindliche Gehirn kann in der Regel keine Sauerstoffunterbindung von mehr als zehn Minuten überleben!

Abbinden und Abdrücken: **Leichtere Blutungen** im Bereich der Extremitäten (Arme, Beine) können bereits durch das **Hochhalten des betroffenen Körperteils** über das Herzniveau zum Stehen gebracht werden. Es kommt an der betroffenen Stelle zum Blutdruckabfall und damit zu einer Verminderung der Blutung. Dagegen werden **starke Blutungen** häufig **abgedrückt oder abgebunden**. Dies wären aber nur vorläufige Maßnahmen. Erst wenn bei einer Verletzung Gliedmaßen abgetrennt wurden (**Amputationsverletzungen**), wäre **längerfristiges Abbinden** ratsam.

Druckverband: In einer akuten Notfallsituation ist der Druckverband (siehe Abb. S. 114) die adäquate Behandlung einer schweren Blutung. Die notwendigen Utensilien für den Verband befinden sich in den handelsüblichen Verbandskästen.

Druckverband mit Dreieckstuch:
- Rollen Sie ein Dreieckstuch von der Spitze hin zur Basis auf.
- Legen Sie eine Wundauflage auf die Blutung und darüber das aufgerollte Dreieckstuch.
- Legen Sie ein Druckpolster in Höhe der Wunde auf das Dreieckstuch.
- Nehmen Sie die Enden des Dreieckstuches und verknoten Sie diese über dem Druckpolster.

Dies lässt sich auch mit elastischen Mullbinden durchführen. Blutet der Verband durch, wird ein neuer darüber gelegt.

Erste Hilfe

> **Zusammenfassung:** Durch genügend starken Druck lässt sich annähernd jede Blutung stillen. Wunden sollten, wenn möglich, mit keimfreiem, weichem Material versorgt worden. Da jede starke Blutung zu einem Kreislaufschock führen kann, sollte nach der Wundversorgung eine Schocktherapie angeschlossen werden.

Eine einfache, aber wirksame Methode, um einen Kreislaufschock zu behandeln, ist das Hochlagern der Beine (Schocklagerung).

Schock Bei **starken Blutverlusten** (z.B. durch Oberschenkelknochenbrüche) kann es zu Blutverlusten von mehreren Litern kommen. Dadurch steht dem Körperkreislauf nicht mehr genügend Blut zur Füllung der Gefäße und somit zum Transport von Sauerstoff zur Verfügung. Zum Ausgleich beschleunigt das Herz den Blutumlauf (der gefühlte Puls wird schneller). Zusätzlich verengen sich die Gefäße in der Haut (blasse und kalte Haut), der Kreislauf wird auf die wichtigen Organe (Gehirn, Herz, Nieren, Leber und Lungen) zentralisiert. Dieser Kompensationsmechanismus kann nur vorübergehend durchgeführt werden.

Bei Verdacht auf Becken- oder Wirbelsäulen-Fraktur bzw. bei Beklagen sehr starker Bauchschmerzen entspannt das Anwinkeln der Beine die Bauchdecke und wirkt schmerzlindernd.

Setzt nicht schnell genug eine Behandlung ein, kommt es zum **Kreislaufversagen** mit Todesfolge.

Symptome:
- auffallende Unruhe,
- schneller, schwacher Puls,
- blasse, kalte Haut,
- Frieren,
- kalter Schweiß auf der Stirn.

Schocklage: Die einfachste und schnellste Art, auf einen Schock zu reagieren, ist das **Hochlagern der Beine** (z.B. Anheben mit den Armen, auf einen Rucksack legen usw., siehe Abb.). Wenn damit zu rechnen ist, dass der Betroffene

Bergwandern

längere Zeit in der Position verharren muss, ist darauf zu achten, dass der Patient nicht noch mehr auskühlt (z.B. zudecken mit einer Wolldecke oder Rettungsfolie, betten auf einer Isomatte, Schlafsack oder Ähnlichem). Besteht der dringende Verdacht, dass ein Bein, das Becken oder die Wirbelsäule gebrochen ist, muss der gesamte Körper (z.B. auf einem Brett) in Schräglage gebracht werden.

> **Zusammenfassung:** Bevor ein Notfallpatient in Schocklage gebracht wird, muss geklärt werden ob er:
> - eine Schädel-Hirn-Verletzung hat,
> - Atemnot hat oder
> - plötzliche Schmerzen in der Brust/oder dem Bauchraum.
>
> Ist der Verunfallte nicht ansprechbar, sollte der gesamte Körper in stabiler Seitenlage in Schocklage gebracht werden. Das Gleiche gilt bei Brüchen:
> - der Beine,
> - des Beckens,
> - der Wirbelsäule.

Schienung Frakturen (Knochenbrüche) sollte man stark situationsbedingt versorgen. Ist in den nächsten Minuten eine

Eine provisorische Schienung bei Beinfrakturen ist dann angesagt, wenn schnelle Hilfe (Rettungshubschrauber oder Krankenwagen) zu erwarten ist.

Erste Hilfe

weitere Hilfe zu erwarten, lagert man den Betroffenen je nach Bewusstseinslage und Frakturlokalisation. Bewusstlose sind in die schon erwähnte stabile Seitenlage zu bringen, ansprechbare Personen hingegen lagert man stark nach dem Wohlbefinden orientiert. Ist die zu erwartende Hilfe fern und muss eine eigenständige Evakuierung durchgeführt werden, sind die Frakturen zu stabilisieren (siehe Seite 131).

Verbände Im Gegensatz zur Blutstillung (die immer zuerst (!) erfolgen muss) sind Verbände nicht an dem hohen zu erwartenden Blutverlust (Volumenmangelschock) mit seinen dramatischen Konsequenzen orientiert. Der Einsatz des Verbandes kommt zum Tragen, wenn durch äußere Einwirkungen (z.B. Gewalt, Hitze, Kälte, chemische Stoffe) die Schutzfunktion der Haut aufgehoben ist. Bei der Wundversorgung sollte der Verwundete stets sitzen oder liegen. Gelegentlich kommt es beim Verunfallten durch das Beobachten des eigenen Blutes oder der eigenen Wunden reflektorisch zu einem Kreislaufkollaps. Der **anzulegende Verband besteht** immer aus einer:
- keimfreien Wundauflage,
- Polsterung,
- Befestigung.

Die Haut hat im Bereich der Wunde ihre Schutzfunktion verloren. Da durch die offene Wunde Keime (Bakterien) eindringen, die zu einer weit reichenden Infektion nicht nur der Wunde, sondern des gesamten Körpers führen können, dient der Verband auch der **Infektionsvorbeugung**. Speziell der Erreger des Wundstarrkrampfes (Tetanus), Clostridium tetani, ist weltweit zu finden. Das in den Wunden freigesetzte Toxin führt in der Regel unbehandelt zum Tode. Heute ist dies durch die allgemeine Impfsituation beinahe in Vergessenheit geraten.

Wer sich auf tagelangen Touren abseits der Zivilisation oder in tropisch-subtropischen Regionen bewegt, sollte unbedingt im Voraus seinen Impfstatus überprüfen lassen. Gleichfalls gibt es spezielle Impfempfehlungen für Reiseländer weltweit, die zu befolgen sind. Gerade heute tritt durch die Last-Minute-Reiseaktivitäten eine zunehmende Impfmüdigkeit auf.

Bergwandern

Notruf

Was wir als Kind gelernt haben, ist im Bereich der Freilandsituation nur bedingt einsetzbar. Brauchst du den Rettungsdienst, wähle die Nummer 110 oder 112. Erzähle, wie du heißt, wo du bist und was passiert ist, und in wenigen Minuten steht der Rettungsdienst vor der Tür. Die 112 funktioniert im Regelfall nach wie vor europaweit. Doch was ist zu tun, wenn es kein Telefon gibt? Auch in dieser ausweglosen Situation sollte der vorausschauende Mensch Ruhe bewahren, denn: Die neuen mobilen technischen Errungenschaften wie Handy, Satellitentelefon, GPS-Handy oder Satellitennotrufgeräte können Abhilfe leisten. Sollten diese Möglichkeiten nicht zur Hand sein, ist es in jedem Fall trotzdem angesagt, Hilfe auf dem schnellstmöglichen Weg herbeizuholen! Generell sollte man sich immer vorher über die Notrufnummern der bereisten Region informieren und diese bei sich tragen.

Mit dem Navstar-GPS-Handy lässt sich ein Notruf mit gleichzeitiger genauer Angabe der Position des Unfallortes senden.

Notruf per Handy Durch die moderne Handytechnik ist es an vielen Plätzen Europas möglich geworden, Hilfe herbeizurufen (Notruftaste des Handys). Im Gebirge, in der Wildnis und in extrem abgelegenen Regionen kann jedoch der Empfang des Handys aussetzen. Hier kommen die Iridium-Satelliten-Handys oder Navstar-GPS-Handys zum Einsatz. Sollte man auf diese Weise Kontakt zum Rettungsdienst bekommen, stellt sich die Frage der Positionsermittlung. GPS-Geräte leisten weltweit Abhilfe, nahezu überall bestimmen sie die genaue Position auf der Erde.

Notruf per Satellitennotrufgerät Eine andere Variante des gerichteten Notrufs sind Satellitennotrufgeräte (PLB, ELT, EPIRB), die einen Notruf mit genauer Standortbestimmung abschicken. Für den Verunfallten bleibt hierbei

Erste Hilfe

nur das Vertrauen in die Technik, da keine Rückmeldung erfolgt. Doch zum Trost sei gesagt, dass die Geräte unter Notfallbedingungen erprobt und für den Ernstfall konzipiert wurden.

Akustischer oder optischer Notruf   Akustische und optische Signale bieten eine dritte Möglichkeit, einen Notruf abzusenden (siehe auch »Das alpine Notsignal«, S. 90). Hierbei ist die Wahrscheinlichkeit, dass ein Retter das Signal hört oder erkennt, unbestimmt. Die Wahrscheinlichkeit wird größer, wenn man das Signal z.B. erst beim Sichten eines Flugzeuges zum Einsatz bringt. Doch ein Restrisiko, nicht bemerkt zu werden, bleibt bestehen. In Notfallsituationen ist dies natürlich eine beängstigende Vorstellung.

Eine andere Alternative zu einem gerichteten Notruf sind optische Signale wie Rauchpatronen, die farbigen Rauch entwickeln, der dann weithin sichtbar ist. Allerdings ist die Positionsangabe dabei nur annähernd nachzuvollziehen.

> **Zusammenfassung:** Auch in einer Notfallsituation gilt: Vorsicht ist besser als Nachsicht. Wer sich auf eine längere oder kürzere Unternehmung begibt, sollte sich immer im Klaren darüber sein: Was passiert, wenn? Handys sind im dicht besiedelten Europa sicherlich ein hervorragendes Notrufmittel, doch sollte man sich vorab darüber informieren, ob die Provider überall zu erreichen sind, und sich natürlich zuvor nach den Notrufnummern erkundigen. Je weiter man sich von der Zivilisation entfernt und je länger die Unternehmung dauert, umso vielseitiger sollte das Notrufsystem aufgebaut sein.

Bergwandern

Rettungstransport

Wenn der Notruf abgeschickt wurde, stellt sich die Frage des Transportes in zweierlei Weise. Wie kommen die Retter zum Verunfallten oder wie kommt der Verunfallte zum Retter? Seit der Erfindung der Helikopter hat sich die Situation für Notfallpatienten in Europa wesentlich verbessert. Sobald Rettungswagen nicht mehr zum Einsatz gebracht werden können, ist der Helikopter das Mittel der Wahl. Nur in großen Flächenstaaten, wie zum Beispiel Australien, werden noch kleine Flugzeuge (z.B. Flying Doctors) eingesetzt. Doch dies setzt voraus, dass der Notruf angekommen ist. Das Rettungssystem in Europa ist sehr unterschiedlich strukturiert. Die Retter der alpinen Bergwachten sind z.B. freiwillige Helfer, die ihre Zeit ehrenamtlich opfern; andere Rettungsorganisationen setzen sich aus hauptberuflichen Rettern zusammen. Zu beachten ist in jedem Fall, was es bedeuten würde, wenn man aus einer Notlage evakuiert werden muss. Dazu sollte man sich vorher ein paar Gedanken machen:

- Wer kann mich aus dem Gebiet evakuieren?
- Gibt es überhaupt einen Rettungsdienst?
- Wer bezahlt die Evakuierung?
- Brauche ich eine Versicherung?
- Wie erreiche ich die Helfer im Falle des Notfalls?
- Wie spreche ich mit den Helfern?
- Wie viel Zeit vergeht vom Notruf bis zum Eintreffen des Rettungsdienstes?

Die große Beweglichkeit von Helikoptern ermöglicht auch die Landung oder Rettung in unwegsamstem Gelände.

Erste Hilfe

Rettungsgriffe Fällt die Entscheidung, dass der Verunfallte zum Retter gebracht werden muss, stellt sich sofort die Frage, über welche Distanz dies geschehen muss. Distanzen über einen Kilometer stellen sich für einen Ungeübten als unüberwindbare Distanz dar, zumal wenn der Retter den Transport allein bewältigen muss. Kurze Distanzen lassen sich durch spezielle Transporttechniken relativ leicht bewältigen. Eine der bekanntesten Grifftechniken ist der so genannte **Rautek-Rettungsgriff**; häufig ist diese Technik noch aus den Führerscheinkursen geläufig: Liegt der Verunglückte auf dem Rücken, so hebt man den Oberkörper auf, bis die Person vornübergebeugt sitzt. Nun stellen Sie sich hinter den Patienten, damit er nicht nach hinten fällt. Der Retter greift unter den Achseln durch und ergreift den angewinkelten Unterarm. Durch Verlagerung des Körpergewichtes richtet man sich auf und zieht nun den Verunfallten auf den Fersen aus dem Gefahrenbereich. Eine andere einfache Technik ist der so genannte **Schulterschleppgriff**. Hierbei ist zu beachten, dass die Person auf dem Rücken und dem Gesäß über den Boden geschliffen wird. Darum eignet sich diese Grifftechnik am besten auf glattem Untergrund (z.B. Schneeflächen, Grasebenen usw.). Etwas einfacher stellt sich der **Schlafsackschleppgriff** dar, wobei der Verunglückte auf einer Decke, Plane, Rucksack oder Ähnlichem liegt.

Der Rautek-Rettungsgriff ermöglicht es, auch recht schwere Personen über eine kurze Distanz aus der Gefahrenzone zu transportieren.

> **Zusammenfassung:** Die hier aufgeführten Techniken eignen sich nur für eine kurze Distanz, wo z.B. der Verunfallte aus einer Gefahrensituation entfernt werden soll. Droht akute Gefahr, so kann man keine Rücksicht auf die Verletzungen des zu Rettenden nehmen. Das Überleben geht in diesem Falle vor.

Bergwandern

Tragemethoden Wenn Sie versuchen sollten, eine Person über einen längeren Zeitraum zu tragen, wünschen Sie sich schnell, dass diese Person nur halb so schwer wäre, es sei denn, man hätte regelmäßig das Fitnessstudio besucht. Die bekannteste Methode ist noch aus der Kindheit gegenwärtig, die **Pferdchentrage**. Doch Vorsicht bei Arm- und Beinverletzungen; Gleiches gilt für die so genannte **Stehstrecktrage**. Der **Gamstragegriff** kommt aus dem Alpenraum oder aus der Jagdterminologie und ist vergleichbar mit dem Schultern des erlegten Wildes (siehe Abb.). Für den Getragenen handelt es sich um eine recht strapaziöse Methode, der Träger hingegen kann leichte Personen durchaus mehrere Minuten schultern.

Der Gamstragegriff ist für den betroffenen zu Transportierenden eine sehr strapaziöse Methode, da die Schulter des Trägers in die Magengegend des Verunfallten drückt und somit starke Schmerzen, Übelkeit und Erbrechen hervorrufen kann. Insofern ist der Gamstragegriff eher bei Bewusstlosen anzuwenden.

> **Zusammenfassung:** Tragegriffe sind für Notleidende geeignet, die ein geringes Körpergewicht haben. Zu beachten ist, dass Verletzungen der Extremitäten, also Arme und Beine, nur bedingt tauglich für diese Tragemethoden sind. Ist der Betroffene bewusstlos, so eignet sich der Gamstragegriff am besten dafür, relativ lange Distanzen zurückzulegen.

Tragetechniken für mehrere Personen Sind mehrere Personen am Transport beteiligt, ist die Tragestrecke normalerweise um einiges länger. Doch bevor mit der Aktion begonnen werden kann, ist die Koordinierung in die Hand einer Person zu legen. Gerade bei ungeübten Helfern kann es während des Transportes zu Unfällen kommen (wenn z.B. ein Träger unvermittelt die Trage loslässt). Sind die Retter zu zweit, so lässt sich der Rautek-Rettungsgriff erweitern, indem

Erste Hilfe

Ist man mit einem Kletterseil ausgerüstet lässt sich daraus ein so genannter **»Seilschlaufen-Tragesitz«** knoten. Dieser ist nur für solche Verunfallte geeignet, die noch in der Lage sind, selbst der Tragesituation entsprechend mitzuhelfen.

Bei der »Zweimann-Technik« sollten die beiden Seilschlaufen länger gestaltet sein. Je ein Helfer legt sich je eine Hälfte aller Seilschlaufen auf die äußere Schulter und der Verunfallte kann sich dann zwischen beiden Helfern auf das Seil setzen.

Ein Seilschlaufen-Tragesitz – geeignet für eine Trägerperson: Bei der Einmann-Technik zieht man die Schlaufen über die Beine des Verletzten. Nun kann man den Verunfallten, der auf den Seilschlaufen zum Sitzen kommt, mit Hilfe des Seiles als »Rucksack« aufsetzen. Das Gewicht des Verunfallten lastet bei dieser Technik voll auf den Schultern des Trägers.

der zweite Helfer die Beine der zu tragenden Person ergreift (**Extremitätentrage**). Allerdings bereitet die durchhängende Hüfte bei längeren Wegstrecken Probleme. Gleiches gilt für den **Zweihand-Sitz**, bestehend aus einem zu einem Ring gewickelten Stofftuch. Ist man mit einem Kletterseil ausgerüstet, lässt sich daraus ein **Seilschlaufen-Tragesitz** knoten (siehe Abb.). Der Seilknoten, der die beiden Schlaufen verbindet, sollte gepolstert werden. Die günstigste Methode, einen Verunfallten zu evakuieren, ergibt sich, wenn vier oder mehr Träger zur Verfügung stehen. Nun können provisorische Tragen gebaut werden. Sind Sie mit größeren Gruppen unterwegs, sollte immer ein **professionelles Tragetuch** (z.B. aus dem Rucksackmaterial Cordura) mitgeführt werden. Das extrem leichte wetterfeste Material ist mit Trageschlaufen versehen (siehe Abb.) und zu einem kleinen Paket faltbar. Einer Hängematte gleich ist die aus einem Kletterseil geknotete **Seiltrage** (siehe Abb.). Hierbei ruht der Notleidende in

So ein professionelles Tragetuch ist zu einem kleinen Paket faltbar.

Bergwandern

Zum Abtransport eines Verunfallten eignet sich u.a. eine improvisierte **Seiltrage**, die aus 10–12 Seilschlingen bestehen kann, auf die zuvor z.B. eine Isomatte gelegt wird.

Zunächst nehme man die zweite Schlaufe und ziehe sie durch die erste usw.

Man zieht die jeweils folgende Schlaufe durch die vorherige hindurch.

Am Ende werden die Seilenden fest verknotet, so lässt sich der Verunfallte im Schlafsack von mehreren Personen tragen oder aber womöglich von einer Person z.B. über eine Schneefläche ziehen.

Die unkomplizierteste Form, eine Trage herzustellen, ist die Jackentrage.

einem Schlafsack und auf einer Isomatte, die auf die Seiltrage gelegt wurde. Eine schnell und unkompliziert hergestellte Trage ist die **Jackentrage** (siehe Abb.). Zwei Tragestangen werden dabei durch die auf links gedrehten Ärmel von Jacken oder Pullovern gezogen. Ungefähr fünf Jacken ergeben eine für einen Erwachsenen geeignete Trage. *Wenn Sie eine Trage für den Transport bauen, sollte immer eine unverletzte Person probeliegen. Dann wird die Trage auf ihre Stabilität hin getestet, indem man die Versuchsperson ein Stück trägt. Nur zu häufig ist eine augenscheinlich stabile Konstruktion beim ersten Versuch zusammengebrochen.*

> **Zusammenfassung:** Stehen mehrere Personen für den Transport zur Verfügung, ist Tragen die beste Lösung und durchaus für mittlere Distanzen geeignet. Durch die liegende Haltung können auch Personen mit Brüchen evakuiert werden. Doch Vorsicht vor Auskühlungen! Den Betroffenen sollte man immer in eine Decke, einen Schlafsack, eine Rettungsfolie oder Ähnliches wickeln.

Erste Hilfe

Luftrettung Sollte man sich in der glücklichen Position befinden, dass die Luftrettung alarmiert wurde und zur Evakuierung anrückt, gibt es noch ein paar grundsätzliche Dinge zu bedenken. Ein Rettungsflug birgt immer Gefahren, auch für die Retter.

Windenrettung im Einsatz

Die Helikopter der Rettungsdienste fliegen auch unter Bedingungen, bei denen andere am Boden bleiben würden. Darüber sollte man sich beim Anfordern der Luftrettung im Klaren sein. Steht die Landung bevor, kann der Retter am Boden den Piloten tatkräftig unterstützen. Als Erstes muss man sich darüber im Klaren sein: **Wo kann der Helikopter landen?** Ist eine große ebene Fläche gefunden (kein loser Schnee, kein Geröll, keine losen Steine, Bäume weit genug entfernt usw.), so prüft man die Windrichtung, da der **Helikopter später gegen den Wind startet**. Gleichfalls sollten im größeren Umkreis alle losen Gegenstände (Decken, Schlafsäcke usw.) entfernt werden, da der enorme Sog der Rotorenblätter alles aufwirbelt. Die Person, die den Piloten einweist, steht mit Schutzbrille (Sonnenbrille, Skibrille) und **ausgebreiteten Armen** sowie mit dem **Rücken zum Wind** am Landeplatz und **signalisiert das Symbol Y für Yes = Landung möglich**. Sollte etwas Unvorhergesehenes passieren, signalisiert man den **Abbruch** der Landung durch **mehrmaliges Kreuzen der Arme über dem Kopf (Zeichen X)**. Ist der Hubschrauber gelandet, nähert man sich **immer von vorne!** Der Heckrotor liegt so tief, dass man leicht in seine Reichweite kommt. Das wäre ein blutiges Ende!

Sollte der Helikopter nicht an dem von Ihnen ausgewählten Platz landen, so sucht sich der Pilot aufgrund seiner eigenen Erfahrung einen anderen Landeplatz aus. Nichts für ungut! Entscheidend ist die sichere Landung und Evakuierung des Verletzten.

Bergwandern

Wunden und ihre Versorgung

Wunden und ihre Versorgung

Erst wenn es zu Verletzungen kommt, können Keime ihren Angriff auf den Organismus starten. Da die Hände eines jeden Menschen tagtäglich vielseitig beansprucht werden, gibt es besonders an den Händen viele kleine oder größere Verletzungen, die eine Eintrittspforte für Bakterien darstellen können. Versorgt man nun Wunden eines Verletzten, so ist es darum zum eigenen Schutz unumgänglich, **Einmalhandschuhe** zu tragen. Dies ist besonders dann erforderlich, wenn man in Kontakt mit Körperflüssigkeiten wie Blut, Schweiß, Wundsekret usw. kommt. Neben der Keimabwehr schützt die Haut den Körper vor Austrocknung und Wärmeverlust. Sind große Hautareale z.B. durch Brandwunden oder Erfrierungen zerstört, gerät der Wasser- und Temperaturhaushalt des Verunfallten aus dem Gleichgewicht. Wegen der vielfältigen Aufgaben der Haut sind mehrere Kriterien bei der Beurteilung der Verletzungen zu beachten. Wichtigstes Kriterium muss immer sein: Ist die Wunde lebensbedrohlich oder nicht?

Linke Seite: Von Stürzen bis zum Sonnenbrand: Für eine notwendige Wundversorgung unterwegs gibt es viele Ursachen.

Das Benutzen von Einmalhandschuhen ist besonders dann empfehlenswert, wenn man mit Körperflüssigkeiten wie Blut oder Wundsekret in Kontakt kommt.

Lebensbedrohliche Blutungen

Wie im Kapitel »Erste Hilfe« beschrieben, richtet sich das Handeln nach der Dringlichkeit der zu ergreifenden Erste-Hilfe-Maßnahme. Besteht für den Verunfallten die Gefahr, zu verbluten, spielt es keine Rolle, welcher Art die Wunde ist; die Blutung muss zum Stillstand gebracht werden. In den allermeisten Fällen gelingt dies durch einen **Druckverband**. Eine **Wundreinigung oder Desinfektion entfällt**, ja wäre sogar grob fahrlässig. Vielmehr hat es immer Vorrang, eine starke Blutung zum Stillstand zu bringen! Die Vorgehensweise bei der **Blutstillung** an **einer Extremität** umfasst **vier Handlungsschritte**:

- Der Blutende wird stabil gelagert (sitzend oder liegend).
- Die betroffene Extremität wird hochgelagert oder hochgehalten.

Bergwandern

Mit Hilfe eines Druckverbandes wird ein Druckpolster auf eine Wunde gepresst, so dass die Blutung zum Stillstand kommt. Druckverbände können z.B. mit Hilfe eines Verbandpäckchens sowie eines Dreieckstuches angelegt werden.

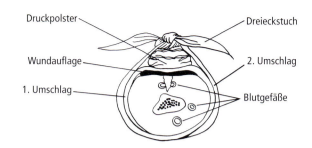

- Zuführende Blutgefäße werden abgedrückt, um die Blutzufuhr zu drosseln.
- Ein Druckverband wird angelegt.

Der **Druckverband** besteht aus einer **elastischen Mullbinde** mit einer **eingearbeiteten sterilen Kompresse** und einem separat eingepackten **Druckpolster**. Das Polster ist nicht wie ein Schwamm gearbeitet, der alles aufsaugt, sondern ist **elastisch** und **feuchtigkeitsabweisend**. In der Regel können als Polster verschlossene Verbandpäckchen, eine geschlossene Packung Taschentücher, ein eingepacktes Dreieckstuch, eine verpackte Mullbinde usw. dienen. Bei Wunden am **Rumpf** oder **Kopf** verfährt man nach dem gleichen Handlungsmuster: Das bedeutet, es ist wichtig, erst eine sterile Kompresse auf die Wunde aufzudrücken, um anschließend einen Druckverband anzulegen.

Ein Druckverband soll nur punktuell eine Blutung zum Stillstand bringen. Daher sollte es vermieden werden, mit einer »elastischen Binde« zu wickeln. Hierbei werden in der Regel die Venen abgedrückt, nicht die Arterien. Blut fließt noch in die Extremität ein, aber nicht mehr zurück. Es kommt zum Blutstau.

Das **klassische Abbinden** ist heute nur den **Amputationsverletzungen** vorbehalten. Langes Abbinden führt meist zu **Nervenschädigungen**, die eine spätere Amputation nach sich ziehen. Abgebunden werden kann mit einem **Dreieckstuch** und einem **Knebel**. Hierbei wird das Tuch zuerst locker um den Oberschenkel verknotet, dann wird ein Knebel zwischen Oberschenkel und Tuch gelegt, der so lange gedreht wird, bis die Blutung steht. Dann wird der Knebel mit einem anderen Dreieckstuch fixiert.

Wunden und ihre Versorgung

Wundversorgung

Die Wundversorgung in der Freilandsituation ist durch den Faktor bestimmt, eine **Wundinfektion zu vermeiden**. Im Kursus »Sofortmaßnahmen am Unfallort« hat man gelernt, die Wunden generell nur steril zu verbinden und auf den Rettungsdienst (Eintreffen 15 Minuten nach Unfallmeldung) zu warten. Da das Eintreffen weiterer Retter im Freiland-(Outdoor-)Bereich Stunden oder Tage dauern kann, sollte man eine **standardisierte Wundversorgung** durchführen.

- Gesunde, nichtverletzte Hautpartien um die Wunde waschen (Trinkwasser, eventuell Bioseifen),
- Wunde mit Trinkwasser ausspülen (immer kaltes Trinkwasser, eventuell abgekühltes abgekochtes Wasser; **nie warmes Wasser, erweitert die Gefäße, führt zu neuen Blutungen**),
- grobe sichtbare Fremdkörper entfernen (anatomische Pinzette, keine Zinken),
- Wunde mit Antiseptikum (Betaisodona® flüssig) reinigen,
- Wunde steril verbinden.

Muss die Wunde über Tage versorgt werden, ist ein **täglicher Wechsel** des Verbandes vorzunehmen. Dabei spült man die Wunde mit Trinkwasser oder Betaisodona® und legt einen neuen sterilen Verband ein. **Wunden über Gelenken** heilen durch die ständige Bewegung schlechter ab und sollten, wenn möglich, durch Schienung ruhig gestellt werden.

Wundinfektion

Die Infektion ist zum einen ein ganz normaler Teil des Wundheilungsprozesses (zwei bis vier Tage im Wundrandbereich), zum anderen kann sich bei zu starker Vermehrung der Keime und schlechter Abwehrlage des Körpers die **Wundinfektion ausweiten**. Man unterscheidet unterschiedliche Ausbreitungen einer Infektion. Es gibt die:

- lokale Infektion (großflächig um die Wunde),
- systemische Infektion (Verteilung der Keime durch die Blutbahn),
- Lymphbahninfektion (»Blutvergiftung«).

Beschränkt sich die Infektion auf die Wunde und den nähe-

ren Umkreis (**lokale Infektion**), so kann durch **häufiges Spülen** mit Wasser (z.B. Eiter ausschwemmen, nicht ausdrücken!) oder einem flüssigen Antiseptikum die Wunde gereinigt werden. Danach ist wieder ein steriler Verband (kein Wundpflaster!) anzulegen. Aufgrund von Anzeichen dafür, dass die **Infektion wandert**:
- hohes Fieber,
- Lymphknotenschwellungen,
- verstärkte Schmerzen und Berührungsempfindlichkeit,
- rote Striche, die vom Wundrand wegführen,

sollte eine **Evakuierung** des Verwundeten durchgeführt werden. Sind Breitbandantibiotika vorhanden, können sie nach Anweisung (Beipackzettel) genommen werden. Diese Therapie ersetzt aber nicht die nötige ärztliche Behandlung!

Wundarten

Die Einteilung der Wunden geschieht durch die einwirkenden Ursachen. Generell unterscheidet man **vier große Wundentypen**:
- mechanische Wunden,
- thermische Wunden,
- chemische Wunden,
- Strahlenwunden,

die jede für sich wiederum in einzelne Verletzungsarten unterteilt werden kann.

Schürfwunden Mechanische Wunden des Alltages sind die **Schürfwunden**. Dass diese in der Regel **schmerzhaft** sind, aber **gut abheilen**, weiß jeder aus eigener Erfahrung. Durch Ausrutschen, Sturz oder Entlangschrammen ist schnell die oberste Schicht der Haut abgerieben. Da keine größeren Blutgefäße betroffen sind, **blutet die Wunde wenig oder gar nicht**. Die Oberflächlichkeit der Wunde birgt nur ein **geringes Infektionsrisiko**. Die nötige Wundversorgung entspricht dem allgemeinen Standard (siehe Seite 115).

Wunden und ihre Versorgung

Ablederung Sind die Scherkräfte wesentlich stärker als bei einer normalen Schürfwunde, so kommt es zur so genannten **Ablederung**. Die schichtweise Ablösung der Haut und des darunter befindlichen Gewebes findet man z.B. bei Motorradunfällen, wenn der Fahrer ungeschützt (keine Lederkombi) über den Asphalt oder die Sandpiste schlittert. Durch die Tiefe, Größe und Verunreinigung der Wunde besteht eine **hohe Infektionsgefahr**. Nach der **standardisierten Wundversorgung** und **eventuellen Blutstillung** sollte man sich schnell in ärztliche Behandlung begeben.
Motorradfahrer sollten auch im tropischen Klimabereich nicht auf eine schützende Lederkombi mit Integralhelm verzichten; selbst, wenn dies starke Überwindung kostet!

Wichtig!

Schnittwunden Diese Art der Wunde zeichnet sich durch einen **glatten Wundrand** und eine **recht starke Blutung** aus, da die Haut komplett durchschnitten ist. Die starke Blutung bringt den Vorteil mit sich, dass die einwandernden Keime ausgewaschen werden. Erfolgte der Schnitt aber mit verschmutzten Messern, Scheren, Konservendosendeckeln o.Ä., gelangen auch vermehrt Keime in die Wunde; das sonst geringe Infektionsrisiko steigt an. Bei einer sauberen Schnittwunde ist die **Wundnaht** die übliche Behandlungsmethode, dies führt eventuell durchtrennte Gefäße und Nervenstränge wieder dicht zueinander. Die Heilungsprognose ist dabei sehr gut. Eine Alternative zur Wundnaht stellen die **Wundnahtstreifen** (z.B. Steristrips®) dar. Mit den Streifen überklebt man die Wunde und fügt dadurch die Wundränder zusammen. Anschließend kommt ein steriler Verband über die Wunde.
Infizierte Wunden oder Wunden mit hoher Infektionsgefahr (z.B. Tierbiss) dürfen generell nicht verschlossen werden. Die Wunde muss häufig gespült, desinfiziert und steril verbunden werden.

Info!

Stichwunden Dringt das Messer oder ein Fremdkörper sehr tief in den Körper ein, so erhöht sich die **Infektions- und Verletzungsgefahr** um ein Vielfaches. Abhängig von der Körperregion, in die der Gegenstand eindringt, werden

Bergwandern

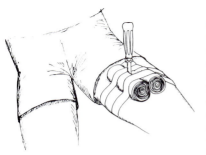

Dringt ein spitzer Gegenstand in den Körper ein und bleibt im Stichkanal stecken, so sollte man nicht versuchen, ihn zu entfernen. Durch das Herausziehen könnte es plötzlich zu heftigsten Blutungen kommen. Daher muss man zunächst versuchen, den Fremdkörper derart zu fixieren, dass dieser in die Wundbedeckung mit einbezogen wird. Dafür wird der Fremdkörper mit weichem Material umgeben, damit der anzulegende Verband den Gegenstand nicht tiefer in die Wunde drücken kann.

Organe verletzt und innere Blutungen treten auf. Steckt der Fremdkörper noch im Stichkanal, so versucht man ihn mit dem Verband zu fixieren. Entfernt man ihn, kann eine vorher unblutige Wunde plötzlich heftig bluten. Hinzu kommt, dass das Entfernen die Wunde vergrößern könnte. **Die Evakuierung hat hier höchste Priorität!**

Schusswunden   Gottlob wird recht selten auf harmlose Wanderer geschossen. Falls es dann doch einmal geschehen sollte, hängt die Wundversorgung stark davon ab, aus welcher Entfernung, mit welcher Munition und in welche Körperregion geschossen wurde. Somit richtet sich die Wundversorgung nach der Größe der Verletzung und ihren Auswirkungen auf das Leben des Getroffenen.

Bisswunden   Da Tiere in der Wildnis normalerweise vor dem Menschen flüchten, sind **Bisswunden** meist auf Haustiere wie Hund und Katze zurückzuführen. Daher ist immer Vorsicht geboten, wenn man die »lieben Kleinen« streicheln möchte. Tier- oder Menschenbisse sind besonders **stark mit Bakterien kontaminiert**, somit besteht eine hohe Infektionsgefahr. Die Wunden müssen **ausgiebig gereinigt und desinfiziert** werden; gleichwohl ist wegen der zu erwartenden Infektion eine **schnelle ärztliche Behandlung notwendig**. Ist eine ärztliche Versorgung nicht schnell erreichbar, sollte man mit einem Breitbandantibiotikum prophylaktisch therapieren. Stammt der Tierbiss von einem Wildtier, ist auch ein Impfschutz gegen **Tollwut** zu erwägen.

Wunden und ihre Versorgung

Platzwunden Die **häufigste Wundform am Kopf** ist die Platzwunde, die durch stumpfe Gewalt verursacht wird. Diese Wundform zeichnet sich durch unregelmäßige zerfetzte Wundränder aus. Der Entstehungsmechanismus ist durch die unmittelbare Nähe von Haut und Knochen bedingt. Da bei einem Schlag die Haut nicht ausweichen kann, sondern gegen den Knochen gedrückt wird, platzt sie auf. Kopfwunden bluten in der Regel sehr stark und bedürfen einer standardisierten Wundversorgung (siehe Seite 115).

Bei starken Blutungen im Gesichts- oder Kopfbereich verhindert die vornübergebeugte Haltung u.a. das Zurücklaufen des Blutes in den Atmungstrakt.

Quetschwunden Diese Wundart zeichnet sich durch **starke Schmerzen** und **ausgeprägte Blutergüsse** (Hämatome) aus. Durch die Krafteinwirkung von zwei Seiten wird das Gewebe sozusagen in die Zange genommen, dadurch kommt es zu starken Schwellungen. Die Heilungsprognose ist langwierig und der Betroffene braucht Geduld, bis die Beschwerden vollständig abgeklungen sind. Da es sich um eine **geschlossene Wunde** handelt, sind **Kühlung** (z.B. Eisbeutel, Kühlkompresse) und **Sportsalben hilfreich.**

Prellungen Wie bei den Quetschwunden kommt es bei den Prellungen durch stumpfe Gewalt auf den Körper zu starken **Hämatomen**. Je nach Körperregion (am Kopf kommt es zur Platzwunde) bleibt es bei einer geschlossenen Wunde. Der Schlag hinterlässt eine **Prellmarke**, das bedeutet einen Bluterguss. In der Tiefe des Körpers kann der Schlag häufig unerkannte Schäden hervorrufen (z.B. Schlag in die Nieren- oder Leberregion). Eine oberflächliche Prellung wird **gekühlt**, um Einblutungen in das Gewebe zu reduzieren. Sind Hinweise auf tiefere Verletzungen zu finden (z.B. sich langsam verschlechternder Allgemeinzustand oder nicht abklingende Schmerzen), muss man sich schnellstens um ärztliche Behandlung bemühen.

Verbrennungen   Die wichtigste Sofortmaßnahme lautet **kühlen, kühlen, kühlen**. Wenn der Schmerz nachlässt, sollten die Wunden mit keimfreien Tüchern verbunden werden. Der Heilungsprozess und die Bedrohlichkeit wird stark durch die Ausmaße und den Grad der Verbrennung beeinflusst.

Erfrierungen   Auf Kälte reagiert der Körper mit dem Zusammenziehen der Blutgefäße in der Peripherie, um den Wärmeverlust zu reduzieren. Bleibt man längere Zeit Temperaturen unter dem Gefrierpunkt ausgesetzt, kommt es vor allem in den Körperspitzen (z.B. Zehen, Finger, Nase, Ohren, Wangen) zu lokalen Schädigungen bis hin zum Absterben des Gewebes. Die Symptome der Erfrierungen beginnen beim Kältegefühl. Nach einer Phase starker Schmerzen **verschwindet plötzlich der Schmerz** in der betroffenen Region. Gelingt es nicht, den erfrierenden Körperteil zu erwärmen, sind bleibende Schäden zu erwarten. Beim Aufwärmen einer Erfrierung sollte die betroffene **Extremität** in einem Wasserbad (35° C – 41° C) möglichst **schnell erwärmt** werden. Ist gleichzeitig die Körperkerntemperatur gesunken (mit Thermometer messen), so ist die **Unterkühlung** vorrangig zu behandeln. Bei Temperaturen unter 32° C darf die Erwärmung nicht mehr in einem Wannenbad (38° C) erfolgen, da mit einem Wiedererwärmungsschock gerechnet werden muss, welcher tödliche Herzrhythmusstörungen zur Folge hat.

Hautverätzungen   Verletzungen durch Säuren oder Laugen sind meistens im häuslichen oder industriellen Bereich zu finden. Sie spielen bei Freilandexkursionen kaum eine Rolle.

Marschblasen   Blasen an den Füßen können jede noch so schöne Tour zur Hölle machen, wenn schließlich jeder Schritt zur Qual wird. Auch bei Marschblasen gilt: »Vorbeugen ist besser als heilen!« So gilt es, vor jeder Tour auf Folgendes zu achten:

Wunden und ihre Versorgung

- Schuhe so kaufen, dass sie nicht drücken,
- nicht mit neuen Schuhen loslaufen, diese unbedingt vorher einlaufen,
- Schuhe fest schnüren, so dass die Füße nicht hin- und herrutschen,
- Socken sollten keine Falten schlagen,
- Füße und Socken in den Marschpausen trocknen lassen.

Sollten dennoch Blasen aufgetreten sein, gilt es, sie zu versorgen. Im Gegensatz zu Brandblasen **öffnet** man die **Marschblasen**. Dies geschieht folgendermaßen:

- Haut und geschlossene Blase gründlich reinigen (z.B. durch Alkoholtupfer),
- Blase seitlich mit desinfizierter Sicherheitsnadel o.Ä. öffnen,
- Blasenflüssigkeit mit Tupfer o.Ä. aufsaugen,
- Blasenpflaster (z.B. Compeed®) nach vorheriger Reinigung der umgebenden Haut mit einem Alkoholtupfer auf die Blase kleben.
- Nach vollständiger Eintrocknung ist die abgestorbene Blasenhaut zu entfernen (Infektionsgefahr).

Sollte die **Blase mit Blut gefüllt** sein, gilt das gleiche Behandlungsschema wie bei einer normalen Marschblase, unter noch größerer Berücksichtigung der Sterilität (Keimfreiheit).

Verbände

Das Anlegen von Verbänden spielt in einer normalen Notfallsituation, wo der Rettungsdienst in 15 Minuten vor Ort ist, keine wesentliche Rolle. Begeben Sie sich jedoch auf eine Exkursion in die freie Natur, sollten schon ein paar Grundkenntnisse über das Anlegen eines Verbandes bestehen. In der Regel gibt es **drei verschiedene Arten von Verbandstechniken:**

- den klassischen Bindenverband,
- den Dreieckstuchverband,
- den Wundschnellverband (das Wundpflaster).

Bindenverbände Die klassische Form des Verbandes kann mittels einer **elastischen Binde** (Stützverband) oder einer **elastischen Mullbinde** als Befestigung von Wundkom-

Bergwandern

So genannte Bindenverbände lassen sich an allen Körperregionen anlegen. Generell gilt: Jeder Bindengang sollte den vorherigen zur Hälfte überlappen. Dabei ist jeweils darauf zu achten, dass die Binde nicht zu fest gewickelt wird, da es sonst zu einer Unterbindung der Blutversorgung kommen kann und damit einhergehend zu Schädigungen (Absterben) des Körpergewebes.

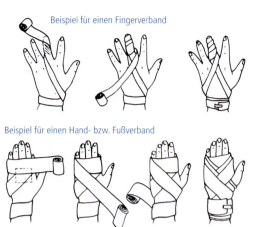

Beispiel für einen Fingerverband

Beispiel für einen Hand- bzw. Fußverband

pressen durchgeführt werden. Bei dem Anlegen eines Verbandes sind folgende Hinweise zu beachten:

- Verbände sollte man nie zu straff wickeln; gerade bei elastischen Binden besteht die Gefahr, die Blutzirkulation zu unterbinden.
- Binden sind immer zum Körper hin zu wickeln, also in Richtung Herz.
- Beim Wickeln soll man in den Bindenkopf, d.h. in die noch aufgerollte Binde hineinschauen können.
- Der Verband muss zum Schluss fixiert werden, und zwar durch: Unterstecken des Endes, durch Pflasterstreifen, durch Einschneiden der Binde, durch Verknoten der Bindenenden oder durch eine Sicherheitsnadel.

Es empfiehlt sich, die aufgeführten Verbandstechniken (siehe Abb.) zu Hause zu üben, bevor man in die Notfallsituation gerät.

Dreieckstuchverbände **Das Dreieckstuch** (es sollte aus Viskose sein, da diese reißfester als andere Materialien ist) **ist ein schneller und universell einsetzbarer Ersatz für eine Binde**. Genauso dient es zum Befestigen einer sterilen Wundkompresse, wobei es selbst unsteril ist. Beim Anlegen sollte man darauf achten, dass die Kompresse nicht ver-

Wunden und ihre Versorgung

Bei Gelenkverletzungen (Knie oder Ellenbogen) sollte das Gelenk vor dem Anlegen eines Verbandes leicht angewinkelt sein. Dadurch wird im Falle einer längeren Ruhigstellung durch den Verband ein nachhaltiger Bewegungsverlust des Gelenkes weitgehend vermieden.

Mit Hilfe eines Dreieckstuches lassen sich schnell und einfach sterile Kompressen z.B. auf Wunden an der Hand oder am Arm befestigen. Dabei ist zu beachten, dass der Verband stark genug angelegt wird, damit die Wundauflage nicht verrutschen kann.

rutscht. Wie im Falle des Bindenverbandes gilt auch hier: »Übung macht den Meister!«

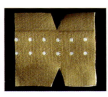

Durch keilförmigen Einschnitt eines Wundpflasters lässt sich dieses besser bestimmten Körperformen anpassen.

Wundpflaster Wundschnellverbände und Wundpflaster eignen sich sehr gut für **frische und kleine Wunden** oder zum **Schutz älterer Wunden**. Bei der Anwendung ist darauf zu achten, dass das Mullkissen (Wundkissen) nicht kleiner als die Wunde ist. Durch ihre hohe Flexibilität passen sich die Wundpflaster auch gut der Körperform an (z.B. Wunden über Gelenken). Unterstützen kann man dies, indem man den Klebestreifen keilförmig einschneidet (siehe Abb.). Sollte kein Pflaster vorhanden sein, kann man mittels einer Kompresse und einem Pflasterstreifen (z.B. Leukoplast®, Leukosilk®) so genannte **Fenster-** oder **Rahmenverbände** anlegen.

Pflasterstreifen wie Leukoplast® sind reißfest und müssen mit einer Schere zerschnitten werden, während solche aus Leukosilk® mit der Hand abreißbar sind.

Zur besseren Haltbarkeit der Pflasterstreifen sollte man mit Alkoholtupfern die Haut um die Wunde entfetten. Gleichzeitig ist immer darauf Acht zu geben, dass die Wundauflage (Mullkissen, Kompresse) nicht unnötig mit den Händen berührt wird. Gefahr der Keimübertragung!

Bergwandern

Verletzungen des Bewegungsapparates

Verletzungen des Bewegungsapparates

Aus dem Zusammenspiel von Knochen, Gelenken und Bändern ergibt sich eine Reihe unterschiedlicher Verletzungsformen:

- Distorsion (Zerrung, Dehnung der Bänder)
- Bänderriss
- Luxation (Verrenkung)
- Gelenkknorpelverletzung
- Gelenkerguss
- Sehnenriss
- Muskelriss
- Frakturen (Knochenbrüche)

Linke Seite: Wanderer in unwegsamem Gelände: Hier ist Verletzungsgefahr gegeben.

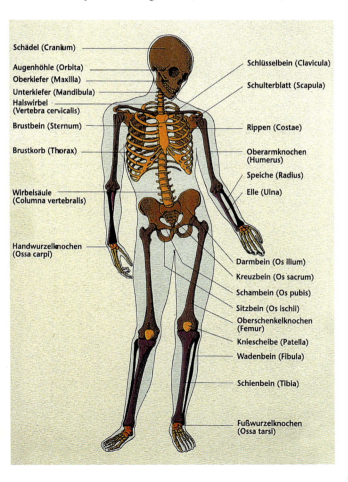

Bergwandern

Ein unbedachter Schritt – und schon ist man »umgeknickt«. Gute Wanderschuhe und eine erhöhte Aufmerksamkeit beim Bewegen in schwierigem Gelände bewahren meist vor unverhofften Zerrungen oder Bänderrissen.

Distorsion (Zerrung)

Der Unfallhergang bei einer Zerrung ist ein sehr typischer, den jeder schon einmal erlebt hat. Ein unbedachter Schritt und schon ist man »umgeknickt«. Der Knöchel schmerzt und wird dick. Die nächsten Wochen humpelt man, um den Knöchel zu schonen. Was ist passiert? Die Bänder, die das Sprunggelenk des Fußes stabil halten und gegen das Umknicken schützen sollten, wurden durch den Unfall extrem gedehnt. Im schlimmsten Fall zerreißen sie zudem. Besonders häufig ist jeweils das **Knie-** oder das **Sprunggelenk** betroffen. Die Auswirkungen des Traumas finden sich in Form

- einer druckschmerzhaften Schwellung,
- eines Blutergusses (Hämatoms) in den umliegenden Muskeln,
- eines eventuell auftretenden blutigen Gelenkergusses oder
- einer schmerzhaften Bewegungseinschränkung des Gelenkes wieder.

Die erste einzuleitende Sofortmaßnahme ist das **Kühlen** des Gelenks, um die Schwellung zu reduzieren (z.B. durch Schnee oder kaltes Gebirgsbachwasser). Wer es aushält, sollte dies konsequent die nächsten 24 Stunden durchführen. Je länger die Kühlperioden, umso günstiger ist dies für den Heilungsverlauf. Der zweite Schritt ist das Anlegen eines

Verletzungen des Bewegungsapparates

Stützverbandes (z.B. Salbenverband). Dafür wickelt man eine elastische Binde um das betroffene Gelenk. Die entstehende Kompression sorgt dafür, dass nicht noch mehr Flüssigkeit ins Gewebe gelangt. Der dritte Schritt besteht im **Hochlagern**, welches den Blutzufluss in die Extremität verringert und den Abfluss fördert. Anschließend sollte das Gelenk für Tage oder Wochen geschont werden.

Die Behandlungsstrategie bei einer Distorsion lässt sich mit der PECH-Methode zusammenfassen:
P = Pause (Schonung)
E = Eis (Kühlen)
C = Compression (Salbenstützverband)
H = Hochlagern

Bandruptur (Bänderriss)

Wer weniger Glück hatte, der kommt nicht mit einer Zerrung davon, sondern dessen Bänder reißen. Gerade **Biegungs-**, **Dreh-** und **Zugkräfte** sind besonders gefährlich für den Halteapparat des Gelenkes. Zusätzlich zu den Symptomen der Distorsionsverletzung zeigt sich eine erhöhte **Instabilität** und **Aufklappbarkeit des Gelenkes**. Die Erste-Hilfe-Maßnahmen sind die gleichen wie bei einer Zerrung. Doch je nach Ausmaß des Traumas muss der Bänderriss eventuell anschließend chirurgisch versorgt werden.

Gerade bei den Verletzungen des Sprunggelenkes zeigt sich die Qualität der Ausrüstung. Selbst für kurze Wanderungen empfiehlt es sich, gute Wanderstiefel anzuziehen. Wichtiges Kriterium ist der Knöchelschutz. Der Stiefelschaft sollte das Sprunggelenk fest umfassen.

Luxationen (Verrenkungen)

So wie die Zerrung und der Bänderriss hauptsächlich Probleme der Knie- oder Sprunggelenke sind, ist die **Luxation** (Verrenkung) überwiegend ein **Problem des Schultergelenkes**. Dabei ist der Sturz auf den Arm, welcher reflektorisch zum Abfangen nach vorn gestreckt wird, das häufigste

Bergwandern

Unfallgeschehen. Der Kopf des Oberarmknochens verlässt dabei vollständig die Gelenkpfanne des Schulterblattes. Unterdessen bewegt sich der Kopf des Oberarmknochens nach vorne unten; dadurch verändert sich das Schulterrelief des Betroffenen markant. Sofort nach der Luxation setzt eine starke **Schwellung mit großen Schmerzen** aufgrund einer Verletzung der Gelenkkapsel oder aber eines Bänderrisses ein. Die Schultermuskulatur zieht reflektorisch den Arm an den Körper heran und verkrampft. Je länger mit einer Behandlung gewartet wird, umso stärker wird der Arm in der Fehlstellung fixiert. Im Krankenhaus erfolgt die Wiedereinrenkung (Reposition) des Oberarmes in Narkose mit dann entspannter Muskulatur. Ist in den nächsten Stunden ein Transport ins Krankenhaus nicht möglich, so stellt sich die Frage, ob der Ersthelfer versuchen sollte, den **Arm wieder einzurenken.** Besonders, wenn der Arm zunehmend kälter und gefühlloser wird, ist der Versuch des Einrenkens anzuraten. **Hierfür braucht man jedoch die ausdrückliche Genehmigung des Verunfallten!** Egal, wie der Versuch des Einrenkens ausgeht, der **Arm muss anschließend ruhig gestellt werden**. Dies geschieht am einfachsten mit zwei Dreieckstüchern, wobei das eine als Armschlinge benutzt wird und das andere den Arm am Körper fixiert (siehe Abb. S. 132). Die aufziehende Schwellung wird gekühlt; bei heftigen Schmerzen kommen Analgetika zum Einsatz.

Zur Herstellung des so genannten Anorak-Verbandes wird z.B. eine Jacke mit einem weichen Kleidungsstück gefüllt, anschließend werden die Ärmel verknotet. Der Anorak-Verband stellt eine gute Alternative zum Dreieckstuch-Verband dar. Damit lassen sich relativ einfach Schulterluxationen oder Oberarmbrüche für's Erste ruhig stellen.

Verletzungen des Bewegungsapparates

Patellaluxation Neben dem Oberarm luxiert die **Kniescheibe** (Patella) recht häufig. Beim Unfallhergang spielt die äußere Gewalteinwirkung so gut wie keine Rolle. Die Ursache stellt eine plötzliche Streckung des Knies bei gleichzeitiger Drehung dar. Wenn die **Kniescheibe ausrenkt,** geschieht dies **generell nach außen**. Vergleichbar mit der Ausrenkung des Armes kommt es bei der Ausrenkung der Kniescheibe zu **starken Schmerzen** und einem **weit gehenden Bewegungsverlust im Kniegelenk**. Das Weitergehen erweist sich als aussichtslos. Naht Hilfe erst in Stunden, sollte man auch bei der Patellaluxation (Kniescheibenausrenkung) den Versuch der Reposition (Wiedereinrenkung) unternehmen. Dies geschieht auf folgende Weise:

- Der Betroffene liegt auf dem Rücken.
- Das betroffene Bein wird angewinkelt.
- Der Helfer umfasst den Ober- und Unterschenkel beidseits der Patella und drückt ohne Mithilfe des Betroffenen das Bein nach unten.
- In der Regel springt die Kniescheibe in ihre angestammte Position zurück.
- Zur Unterstützung können beim Niederdrücken die Finger die Kniescheibe nach innen drücken.

Nach geglückter Reposition lässt der Schmerz, wie beim Schultergelenk, signifikant nach und das **Gelenk ist wieder funktionstüchtig** (doch nicht voll belastbar). Trotzdem erfolgt gleichfalls die Ruhigstellung und die Bekämpfung der Schwellung und Schmerzen.

> **Zusammenfassung:** Generell ist bei Luxationen mit Komplikationen zu rechnen. War der Unfallhergang durch ein Trauma bedingt, ist eine Verletzung (z.B. Knochenbruch) nie auszuschließen; darum müssen immer das Gefühl, die Motorik und die Durchblutung kontrolliert werden. Treten dabei starke Veränderungen auf, muss der Verunfallte schnell evakuiert werden.

Frakturen (Knochenbrüche)

Vor dem Aspekt der Frakturversorgung und der Ursachenerklärung für die Entstehung der Fraktur gilt es zu bedenken: **Der von Knochenbrüchen Betroffene muss in jedem Fall evakuiert werden!** Die Knochenbrüche werden nach einer Vielzahl von unterschiedlichen Gesichtspunkten eingeteilt. Für den Freilandbereich ist die **Einteilung nach dem Entstehungsmechanismus** die sinnvollste:

- direktes Trauma (Schlag, Stoß, Tritt),
- indirektes Trauma (Biegung, Stauchung, Drehung),
- spontaner Bruch eines krankhaft (pathologisch) veränderten Knochens (Tumor, Osteoporose),
- spontaner Bruch eines gesunden Knochens (»Marschfraktur«).

Bei allen unterschiedlichen Einteilungen nach den Entstehungsmechanismen spielt bei der notfallmäßigen Behandlung die grobe Einteilung in **geschlossenen** oder **offenen Bruch die größte Rolle**. Bei **geschlossenen Brüchen** ist die **Haut im Bruchbereich nicht verletzt**. Eine Wunde und somit eine Infektionsgefahr ist nicht vorhanden.

Beim **offenen Bruch** befindet sich dagegen **im Bruchbereich eine Wunde**. Gelegentlich ragen Knochenstücke aus der Wunde heraus. Für Wunde und Knochen besteht erhebliche Infektionsgefahr, wodurch der Heilungsprozess verzögert wird.

Blutungen bei Brüchen   Brüche sind besonders gefährlich, da es sowohl zu **inneren Blutungen** (bei einer geschlossenen Fraktur), als auch zu **starken Wundblutungen** (bei einem offenen Bruch) kommen kann. Gerade bei Becken- und Oberschenkelbrüchen können mehrere Liter Blut in den Körper einbluten. Somit liegt bei **geschlossenen Frakturen** der Behandlungsschwerpunkt in der **Schocktherapie** (siehe auch Seite 101) und der **Kühlung**. Blutet die Fraktur aus einer **offenen Wunde**, so liegt der Behandlungsschwerpunkt in der **Blutstillung** und der **Wundversorgung**.

Verletzungen des Bewegungsapparates

Feststellen einer Fraktur   Es ist nicht immer leicht, eine Fraktur in einer Freilandsituation zu erkennen, es sei denn, es gibt **sichere Frakturzeichen** wie:
- sichtbare Knochenenden,
- abnorme Lage der Gliedmaßen,
- abnorme Beweglichkeit,
- Geräusche bei aufeinander reibenden Knochenenden (Krepitation).

Der starke Schmerz, Schwellungen, Blutergüsse und das Vermeiden jeglicher Bewegung (Schonhaltung) kann auch auf andere Folgen (z.B. Verstauchungen) eines schweren Traumas zurückzuführen sein. Somit sind dies eher **unsichere Bruchzeichen**. Will man testen, ob es sich tatsächlich um eine Fraktur handelt, schlägt man vorsichtig mit der Faust auf das Ende der Extremität, um sie zu stauchen. Verunfallte mit einem Bruch schrecken dann schmerzverzerrt zusammen.

Basismaßnahmen bei einer Fraktur   Ist man sicher, dass eine Fraktur vorliegt oder wird eine solche stark vermutet, so gelten folgende **Behandlungsrichtlinien**:
- Schockbekämpfung (Schocklagerung, Wärmeerhaltung, Schmerzbekämpfung),
- Blutstillung und Wundversorgung (bei offener Fraktur),
- betroffene Extremität hochlagern, um das Einbluten zu reduzieren (bei geschlossener Fraktur),
- Kühlen an der vermuteten Bruchstelle (bei geschlossener Fraktur),
- Ruhigstellung der Fraktur.

Ruhigstellung der Fraktur   Nachdem die Maßnahmen zur Kreislaufstabilisierung und Wundversorgung durchgeführt worden sind, muss der Bruch ruhig gestellt werden. Die Schienung des Bruches beugt weiteren Gewebsschäden vor und reduziert die Schmerzen des Verunfallten. Dabei **sollte die gebrochene Extremität in der normalen anatomischen Grundhaltung fixiert** werden.
Zum Schienen eignen sich alle Materialien, die für den Zweck dienlich sind (z.B. Wander-, Skistöcke, Äste, Plastik-

Bergwandern

Bei einer Unterarm-Fraktur fixiert man den Arm z.B. mittels einer Binde auf einem Brett. Zur Unterstützung der natürlichen Handhaltung gibt man dem Betroffenen eine Binde in die Hand.

Bei einem Schulter- oder Oberarmbruch wird der Arm am Oberkörper sowie in einer Schlinge um den Hals fixiert. Dadurch werden Arm- und Schulterbereich des Betroffenen ruhig gestellt.

Anlegen einer provisorischen Extensionsschiene zur Streckung eines gebrochenen Beines mit Hilfe von zwei Wanderstöcken. Angewandt wird diese Methode bei knienahen Oberschenkelfrakturen und Unterschenkelfrakturen.

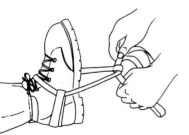

Zur Vollendung der Streckung wird der Fuß an den Stocken den fixiert.

kanister, Isomatten, Kartons, Bänder, Tücher, Binden u.Ä.). Die einfachste Form der Schienung ist das Fixieren der gebrochenen Extremität an die gesunde (z.B. Mittelfinger an Ringfinger, rechtes Bein an linkes Bein, Oberarm an den Rumpf, siehe Abb.) Bei allen **Schienungen eines Bruches** einer Extremität gibt es eine Reihe von Prinzipien, die einzuhalten sind:

- Die Schienung muss immer über das jeweils benachbarte Gelenk reichen, um eine Ruhigstellung zu gewährleisten.
- Die Schiene muss solide sein, um eine ausreichende Stabilität zu gewährleisten.

Verletzungen des Bewegungsapparates

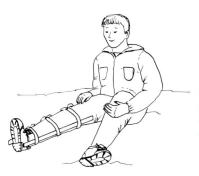

Einfache Schienung eines Beinbruches, wobei die Schiene immer über die zwei benachbarten Gelenke (Knie- und Fußgelenk) reichen muss.

- Die Schiene ist <u>nicht zu fest</u> anzulegen, da die Blutzirkulation nicht behindert sein darf.
- Zwischen Schiene und Extremität gehört eine Polsterung.
- Die Durchblutung (warme oder kalte Haut), die Sensibilität (Berührungsempfindlichkeit) und die Motorik (Bewegen der Finger oder Zehen) sollten ständig überprüft werden.
- Bei kalter Umgebung ist die betroffene Extremität vor Kälte zu schützen (sonst droht Erfrierung).
- Bei warmer Umgebung ist die betroffene Extremität weiterhin zu kühlen.
- Schienen sollte man immer vor und hinter dem Bruch fixieren, nie direkt über der Bruchstelle.

> **Zusammenfassung:** Knochenbrüche bergen in der Freilandsituation eine Reihe von Komplikationen. Der hohe Blutverlust, die große Infektionsgefahr und/oder die mögliche Durchtrennung von Nerven und Gefäßen stellen an den Ersthelfer hohe Ansprüche. Doch auch hier gilt es in erster Linie, Ruhe zu bewahren und nach den Richtlinien der »ersten Hilfe« zu handeln. Blutstillung, Wundversorgung, Kreislaufstabilisierung und Schienung des Bruches sind die vorrangigen Maßnahmen. Dann sollte für einen schnellen Abtransport gesorgt werden.

Bergwandern

Reiseapotheke

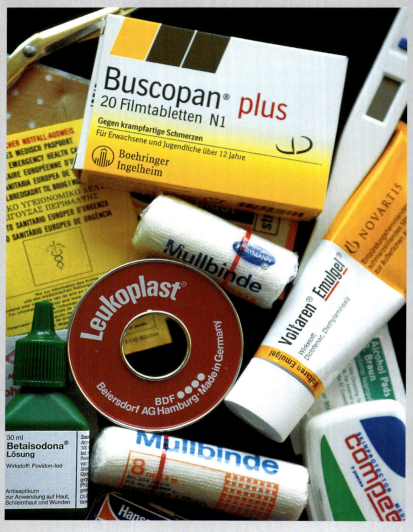

Reiseapotheke

1. »Notfallapotheke« für Bergsteiger

Sie sollte fester Bestandteil der Tourenausrüstung sein und sich immer im Rucksack befinden, egal, ob eine Halbtagestour oder eine Wochen dauernde Unternehmung geplant ist.

Grundausstattung
(nach Dr. med. Walter Treibel)
- 1 Allzweck-Taschenmesser mit Schere
- 1 steriles Verbandspäckchen (8 cm breit)
- 3 Heftpflasterstreifen (1 x schmal, 2 x breit, je 12 cm lang)
- 2 steril verpackte (Rundum-)Pflaster (außen 7 x 5 cm)
- 3 Steristrips (6 x 75 mm: sterile (Klammer-)Pflasterstreifen für größere Wunden
- 1 Rolle Tapeverband (2,5 cm breit, 5 m lang)
- 10 Schmerztabletten
- 5 starke Schmerztabletten (rezeptpflichtig)
- 1 Wunddesinfektionsmittel: Jodlösung 10 ml mit zwei Wattestäbchen
- 1 sterile Kompresse (7 x 7 cm)
- 1 Paar (Gummi-)Schutzhandschuhe (groß)
- 1 sterile, nichtklebende Wundauflage (6 x 7 cm) für blutende bzw. nässende Wunden
- 1 Dreiecktuch (kein billiges Fliestuch, sondern stabiles Viskose-Dreiecktuch aus robustem Textilstoff zum Ruhigstellen/Verbinden, auch als Ersatz-Hals- bzw. Kopftuch verwendbar)
- 1 Aluminium-Rettungsfolie (210 x 160 cm): zur Wärmeerhaltung des Körpers
- 1 elastische Verbandsbinde (8 cm): für Kompressenfixierung oder Salbenverbände
- 1 elastische (Acrylklebe-)Binde (8 cm): stabil, selbsthaftend, hautfreudlich (gut und teuer!)

Linke Seite: Aus dem Inhalt einer Reiseapotheke

2. Standard-Reiseapotheke

Deren Zusammenstellung hängt ab von den Grunderkrankungen der Reisenden, der Größe der Reisegruppe, der Reisedauer, dem Reiseland, der Art der Fortbewegung, den Reiseaktivitäten und den Bedingungen der Unterkunft.

Verbandsmaterial
Man unterscheidet:
- Verschiedene elastische Binden: Breite 8 cm und 10 cm für Verstauchungen bei Wanderungen, Trekking, Bergsteigen
- Verschiedene elastische Mullbinden: Breite 8 cm und 10 cm für Verletzungen und Wunden
- Sterile Kompressen: 5 x 5 cm oder 10 x 10 cm für Wunden und Verbrennungen
- Fettgaze-Kompressen: Diese legt man zwischen die Salbe und die Kompressen oder Binden, damit sie nicht so stark auf der Wunde kleben.
- Wundpflaster: Breite 4 cm und 8 cm zur Abdeckung von kleinen Wunden und Blasen
- Blasenpflaster: speziell zur Behandlung (Austrocknung) von »Marschblasen«
- Leukoplast® in Rollen: zur Fixierung von Kompressen und Verbänden
- Sprühverband (nicht oberste Priorität): zur Versorgung kleinerer Verletzungen
- Desinfektionsmittel: wie z.B. Betaisodona® (flüssige Form) zum Spülen und Baden von Wunden
- Wund- und Heilsalben: »Sport«-Salben für unspezifische Hautentzündungen, Prellungen, Verstauchungen

Bergwandern

- Alkoholtupfer: nur für Wundranddesinfektion anzuwenden
- Sicherheitsnadeln: zum Fixieren der Verbände oder aber Aufstechen einer »Marschblase« nach Desinfektion der Nadel (Ausglühen)

Medikamente
Man unterscheidet:
- Schmerz- und Fiebermedikamente: wie z.B. Aspirin® oder Paracetamol
- Hustenmedikamente
- Krampflösende Medikamente: wie z.B Buscopan®
- Durchfallmedikamente: wie z.B Immodium®
- Medikamente gegen Übelkeit und Erbrechen: wie z.B Paspertin®
- Medikamente gegen Reisekrankheit: wie z.B Vomex®, Psyquil®
- Medikamente gegen Magenschmerzen: wie z.B Antra® MUPS
- Leichtes Medikament gegen Schlafstörungen/Flugangst
- Augen- und Nasentropfen
- Antihistaminikum (Allergiemedikament): wie z.B Tavegil®, Telfast®
- Salbe/Gel gegen Sonnenbrand und Insektenstiche
- Antibiotikum: wie z.B Ciprobay®
- Traubenzucker

Spezielle Medikamente
Man unterscheidet:
- Zusätzliche Schmerzmittel: gegen starke Schmerzen, wie z.B. Novalgin®, Tramal®
- Zusätzliche Schmerzmittel: gegen Schmerzen in Gelenken, wie z.B. Voltaren®
- Medikamente gegen Höhenkrankheiten: wie z.B. Diamox®, Nifedipin® oder Dexamethason®
- Antiparasitäre Medikamente: z.B. gegen Würmer usw.
- Medikamente gegen Hautallergien: z.B. Kortisonpräparate usw.

Hilfszubehör
Dazu wird Folgendes gezählt:
- Mehrere Paar Einmal-Handschuhe
- Fieberthermometer in schlagfester Hülle
- Verbandsschere
- Anatomische Pinzette (ohne Zinken)
- Einmal-Skalpellklingen und sterile Kanülen zum Öffnen von Marschblasen
- Dreieckstuch aus Viskose
- Rettungsdecke (gold/silber)
- Sonnenschutzmittel
- Insektenschutzmittel
- Sonnen- und Ersatzbrille
- Taschenlampe
- Wasserdichter Schutzbeutel für das Erste-Hilfe-Set

Spezielles Hilfszubehör
Man unterscheidet:
- Stethoskop und Blutdruckmessgerät
- Tragetuch oder eine Trage zum Transport von Patienten
- »Sam-Splints« (formbares Schienungshilfsmittel) zur Schienung von Frakturen
- Beatmungshilfe
- Sauerstoffflaschen
- Chemische Eisbeutel (ca. 20 Minuten Kühlung)
- Stabilisierungskragen bei Halswirbelsäulen-Verletzungen
- Kleiderschere
- Isomatte
- Schlafsack

Rechte Abbildung:
Im obersten Abschnitt des 2003 eröffneten »Pidinger Klettersteigs«

Kletter-steig-gehen

von Eugen E. Hüsler

Klettersteiggehen

Mit 16 hatte ich zu klettern begonnen und meinen ersten »Klettersteig« mit 17 »gemacht«: den Widauersteig auf den Scheffauer. Als nächstes kam die Zugspitze dran – in einem Non-stop-Nachtgang vom Garmischer Bahnhof (wir hatten den letzten Zug ab München gewählt) über Kreuzeck – Hupfleitenjoch – Höllentalangerhütte – Leiter – Brett – Höllentalferner – Irmerscharte. Selbstsicherung? Nie gehört. Ein Jahr darauf das gleiche, nur dass wir diesmal den Weg durch die Höllentalklamm wählten. Es war erst Anfang Juni. Die Sicherungen oberhalb des Höllentalferners waren teils unter Schnee verborgen und wenn sie frei lagen und wir uns gut festhalten konnten, machte es uns überhaupt nichts aus, wenn die Schneetritte unter uns wegbrachen und wir bisweilen mit gestreckten Armen an den Drahtseilen hingen. Dafür gab es sie ja! Die Gipfelwand entpuppte sich als einzige, steile Schneeflanke – die Drahtseile tief darunter. Wir gingen mit dem Kletterseil, sicherten an Felsköpfln. Das war vielleicht ein Trip!

Via delle Bocchette Centrali; ohne Sicherung, ohne Helm 1970

1970 kamen wir zum ersten Mal in die Brenta: von Molveno aus zur Pedrottihütte und anderntags auf die Cima Tosa, den höchsten Gipfel der Gruppe. Am Nachmittag kletterten wir noch auf dem Croz del Rifugio herum, indes uns ein Pfarrer zuguckte, um uns hinterher zu sagen: »I hob' euch die ganze Zeit zuag'schaut. Mei, des is a ganz andere Welt.« Dabei ist die Normalroute am Croz nur ein Dreier ...

Am nächsten Morgen begaben wir uns auf die »Via delle Bocchette Centrali«. Natürlich ohne Selbstsicherungen, wir gingen halt einfach so dahin. Dass es uns an den langen Leitern ungesichert et-

Klettersteiggehen

was mulmig wurde, war nur ein Gerücht. Seilzeug – das taugte fürs Klettern, aber an einem Klettersteig, warum sollte man sich da sichern? Doch gab es zu jener Zeit in der Brenta bereits Infotafeln, auf denen zu sehen war, wie man sich an diesen Steigen festzuhaken habe, und das machte nun doch etwas nachdenklich.

Via ferrata Merlone; vormittags waren die Leitern mit Blankeis überzogen.

Wenige Jahre später Rieserfernergruppe, dann Sextener Dolomiten. Herbst, kalte Nächte. Die »Via ferrata Merlone« auf die Nordöstliche Cadinspitze sollte es sein. Ich wollte in die erste dieser durchgehenden »Feuerwehrleitern« greifen, da zuckte ich zurück: Eis! Die Leitern waren mit dünnem Wassereis überzogen. Selbstsicherung? Fehlanzeige. Dafür fand ich einen Metallstab, der noch vom Klettersteigbau herrührte. Mit dem klopfte ich Sprosse für Sprosse eisfrei. Weiter oben waren die Leitern zwar nass, aber nicht mehr mit Eisglasur garniert. Was soll man sagen? So nach und nach lernten wir's. Die »Via Tomaselli« – dazumal der schwierigste Dolomiten-Klettersteig – gingen wir beim ersten Mal zwar noch am langen (Kletter)Seil, aber endlich knüpften wir doch eine Reepschnur in unsere Anseilgurte, schlugen zwei Schlingen an den Enden und hängen unsere Karabiner mit den weitesten Öffnungen hinein. Dass diese »Sicherung« allenfalls an horizontalem Drahtseilverlauf taugte, lasen wir bei Pit Schubert. So bedienten wir uns halt auch eines »Fallenergiedämpfers« (so hieß das damals!). Und heute? Ein Klettersteigset in Y-Form ist obligat, egal ob am »Pidinger«, am »Che Guevara« oder an sonst welcher Via ferrata.

Fazit: Dieser Weg war kein leichter, dieser Weg war steinig und schwer. Wer die folgenden Seiten liest, erspart sich eine Menge Lehrgeld!   *hh*

Klettersteiggehen

Was ist ein Klettersteig?

Was ist ein Klettersteig?

Klettersteige heute

Längst sind Klettersteige von der großen Alpinistengemeinde angenommen worden – kein Mauerblümchendasein mehr, keine Marginalie mehr, über die »richtige« Bergsteiger die Nase rümpfen könnten. Waren gesicherte Steige wie die «Via delle Bocchette Centrali» als bequeme Zugänge zu Kletterrouten gedacht, so gelten sie seit einigen Jahren als eigenständige alpine Disziplin wie Klettern, Hoch- oder Skitourengehen. Eisenwege sind ein Aspekt im touristischen Angebot, auf den so mancher Ferienort nicht mehr verzichten mag. Die Suche nach dem kleinen Abenteuer ist »in« – ob mit oder ohne Bergführer. »Outdoor adventure« heißt das auf gut Neudeutsch, und es passt bestens ins Marketingkonzept vieler Fremdenverkehrsorte zwischen Bad Gastein und Grenoble, die auf ein jüngeres Publikum setzen. Nicht mehr die Alpenvereine oder ein rühriger Hüttenwirt behämmern den alpinen Fels, um eine Via ferrata anzulegen. Mittlerweile sind es vor allem touristische Organisationen oder Unternehmen, die mit Blick aufs (etwas verstaubte) Ferienimage, auf Seilbahnfrequenzen und Bettenauslastung aktiv werden. Nicht selten helfen sogar Gelder aus EU-Strukturfonds. In der Maurienne (Savoyen) hat die SFTRF, eigentlich zuständig für den Bau der Autoroute zum Fréjus-Tunnel, die Errichtung zweier Vie ferrate finanziert! In Engelberg arbeiten Gemeinde, Tourismusverband und Bergführer eng zusammen, und ähnlich geschieht das im Saastal. Rund um Engelberg gibt es mittlerweile vier Klettersteige ganz unterschiedlicher Art, im Saastal sogar ein halbes Dutzend! Einer konstruktiven Zusammenarbeit verdankt auch der tolle Klettersteig an den Eggstöcken – der »Braunwalder« – seine Entstehung. Die erste echte Via ferrata der Schweiz geht schließlich auf eine Initiative der Haslitaler Bergführer zurück: Sie brachten für ihren »Tälli« 100 000 Fränkli durch freiwillige Beiträge und Spenden auf.

Geografische Verteilung Zurzeit (2009) gibt es im Alpenraum rund 1000 gesicherte Steige. Das scheint auf den ersten Blick recht viel; verteilt auf den gesamten Alpenraum

*Linke Seite:
Fast schon historisch:
Sicherungen am Dachstein*

Klettersteiggehen

(rund 240 000 Quadratkilometer) ergibt das einen Klettersteig auf 240 Quadratkilometer – was ungefähr der Fläche des Ötztals oder jener des Schweizer Kantons Schaffhausen entspricht. Allerdings ist die Verteilung sehr unterschiedlich: Als klassische Klettersteigreviere gelten vor allem die Dolomiten und der Gardasee, das Stubai und die Wiener Hausberge. In jüngster Zeit sind allerdings erhebliche Verschiebungen zu verzeichnen, denn es haben sich neue regionale Zentren herausgebildet wie beispielsweise das Gesäuse oder die Dachsteinregion. Selbst im Berchtesgadener Land gibt es mittlerweile zwei »echte« Klettersteige, und einen sogar im Wilden Kaiser. Und in den Französischen Alpen und in der Schweiz ist enorm viel gebaut worden.

Ob sich eine Region für die Anlage von Klettersteigen eignet, hängt vor allem von der Geologie ab: Markant geschichteter Kalkfels (z. B. Hauptdolomit) bildet eine ideale »Unterlage« für Eisenwege; gut geeignet ist auch Granit.

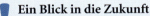

❗ Ein Blick in die Zukunft

Haben Klettersteige denn überhaupt eine Zukunft? Und wie mag sie aussehen? Wird bald jeder Fels zwischen der Rax und den Calanques ans Drahtseil geheftet sein? Oder droht uns gar die ultimative »Mords-Ferrata« an der Eiger-Nordwand?
Keine Angst, für solche Horrorszenarien fehlen so ziemlich alle Voraussetzungen. Denn auch in der verdrahteten Wand zwischen Tal und Gipfel gelten die Gesetze des Marktes, reagiert das Angebot auf die Nachfrage. Attraktive Steige (aber nur solche, wie die Erfahrung zeigt!) ziehen das Publikum an und sind Werbefaktoren für eine Hütte, eine Seilbahn oder einen Ort. Ein Überangebot dagegen wirkt kontraproduktiv. Auch hier zeigt sich der immer gleiche Widerspruch: Das sensible Ökosystem der Alpen braucht Schutz, aber gleichzeitig brauchen die Einheimischen den Tourismus. Den Millionen Besuchern auf Zeit gehören die sommerlichen wie die winterlichen Alpen samt der Wände und Gipfel – und das bedeutet: Riesenumsätze, ein Milliardengeschäft. Da können alpine Vereine, auch mitgliederstarke wie der DAV, nur noch korrigierend eingreifen und

Was ist ein Klettersteig?

die Öffentlichkeit im Einzelfall mobilisieren. Klettersteige sind lediglich Marginalien im großen Tourismus-Monopoly. Trotzdem: Planung ist wichtig, kann Fehlentwicklungen verhindern. Nicht jedes Gebiet, jeder Berg eignet sich zur Anlage eines Klettersteigs. Unberührte Regionen sollten grundsätzlich ausgespart bleiben, Naturparks sowieso. Wo eine Ferrata die touristische Infrastruktur aber sinnvoll ergänzen könnte, etwa im Umfeld einer Bergbahn, im Bereich eines Klettergartens oder in Siedlungsnähe, ist gegen Neubauten kaum etwas einzuwenden. Neben der Finanzierung müssen aber vorab auch Fragen der Instandhaltung und Haftung verbindlich geklärt werden. Zudem sind Anlagen so zu konzipieren, dass sie sich für ein breiteres Publikum eignen (Extremrouten mit leichteren Varianten).

Schließlich ist zu überlegen, ob Steige, die in ökologisch sensiblen Regionen liegen, abgebaut werden sollten (z. B. der »Sentiero alto del Prescudin« in den Karnischen Alpen oder die »Via dei Camosci« in der Marmarole). Schlecht angelegte Routen müssen saniert oder abgebaut werden (»Panoramablick« hinten im Kaunertal oder »Glungezer-Klettersteig«).

Ob Klettersteige eine Zukunft haben? Natürlich, wie die Berge auch.

Klettersteigtypen

Mit den Klettersteigen verhält es sich wie mit so manchen menschlichen Errungenschaften: Aus den Anfängen entwickeln sich bald verschiedene Varianten, manches verschwindet wieder, anderes bewährt sich. Und so gibt es heute nicht bloß etwa 1000 gesicherte Routen in den Alpen, man begegnet zwischen dem Wienerwald und der Riviera auch Steigen ganz unterschiedlichen Typs. Wer den »Jubiläumsweg« im Wettersteinmassiv mit einem französischen Sportklettersteig oder den »Heilbronner Weg« mit der »Ferrata Segata« bei Trento vergleicht, erkennt gleich die Unterschiede: Das Prinzip ist zwar dasselbe, die Umsetzung ist allerdings, auch bedingt durch die topografischen Gegebenheiten, sehr unterschiedlich. Entsprechend verschieden sind auch die Anforderungen: Während der »Segata-Steig« vor allem einen starken

Klettersteiggehen

Bizeps verlangt, braucht es für die große Tour von der Zugspitze zur Alpspitze – den »Jubiläumsweg« – entschieden mehr: einen kompletten Bergsteiger.

Das wiederum zwingt zu Unterscheidungen, denn was im einen Fall (an Können) ausreicht, kann im anderen zu fatalen Fehleinschätzungen führen. Wer problemlos auf Eisenkrampen herumturnt, muss keineswegs ein guter Bergsteiger sein! Den sehr unterschiedlichen Anforderungen entsprechen vier verschiedene, im folgenden charakterisierte Steigtypen: **Gesicherte Steige, Klettersteige, Alpine Routen, Sportklettersteige**.

Gesicherte Steige Sie werden als Wege und Steige definiert, die in der Regel nur kürzere gesicherte Passagen aufweisen, markiert und zumindest teilweise trassiert sind. Es gibt keine Kletterstellen, die den Schwierigkeitsgrad I überschreiten. In diese Kategorie gehören viele Normalwege auf Gipfel, auch Übergänge von Hütte zu Hütte und Gratrouten. Für erfahrene Bergwanderer sind diese Wege geeignet, Selbstsicherung ist nur bei anspruchsvolleren Routen erforderlich.

Beispiele
Heilbronner Weg (Allgäuer Alpen): Klassische Gratüberschreitung mit einigen gesicherten Passagen, gebahnter Pfad. Der »Heilbronner« verläuft über mehrere Scharten und Gipfel im Grenzkamm zwischen Deutschland und Österreich.
Freiungen-Höhenweg (Karwendel): Markierter und auf kürzeren Abschnitten gesicherter Höhenweg zwischen Reither Spitze und dem Solsteinhaus.
Günther-Messner-Steig (Aferer Geisler/Dolomiten): Aussichtsreiche Höhenwanderung über dem Villnößtal mit gesicherten Passagen.
Lichtenfelser Steig (Sellagruppe): Landschaftlich sehr schöner Anstieg zum Piz Boè mit einigen Sicherungen und viel Aussicht.
Sentiero Orsi (Brentagruppe): Landschaftlich einmaliger Höhenweg unter dem Brenta-Hauptkamm mit Sicherungen am »Oberen Band«.
Schreckhornhütte (Berner Alpen): Hüttenweg ins eisige Herz der Berner Hochalpen mit mehreren gesicherten Passagen.

Was ist ein Klettersteig?

Unter südlicher Sonne: am »Sentiero Pojesi« in den Monti Lessini

Gesicherte Steige eignen sich besonders gut für Einsteiger. Viele dieser Routen sind wenig schwierig, bieten aber ein schönes Bergerlebnis.

Klettersteige   Die klassische Via ferrata ist in der Regel eine mehr oder weniger »aufgerüstete« Kletterroute. Sie verläuft meistens in alpinem Felsgelände, weshalb man nicht nur den Umgang mit der Klettersteigausrüstung beherrschen muss, sondern auch über Bergerfahrung verfügen sollte: Man sollte die Wetterentwicklung beurteilen und das Gelände bzw. sein Gefahrenpotential (Schrofen, Schneerinnen usw.) einschätzen können. Auch das Gehen in ungesichertem Schrofen- und leichtem Felsgelände (bis Schwierigkeitsgrad I-II) gehört vielfach zur Tour, eine gute Kondition ist unerlässlich. Manche dieser Vie ferrate sind – bedingt durch Länge und anhaltende Steilheit – sehr anstrengend.
Beispiele
Mindelheimer Klettersteig (Allgäuer Alpen): Lange, aussichtsreiche Gratüberschreitung an den Schafalpenköpfen, bei der man ausgiebig ins Eisen fassen darf. Genussroute mittlerer Schwierigkeit.

Klettersteiggehen

Fast schon ein Klassiker: der »Bernd-Rinesch-Steig« am Großen Priel

Alpspitz-Ferrata (Wetterstein): Üppig gesicherte Einsteigerroute an der Nordflanke der Alpspitze mit verschiedenen Abstiegsmöglichkeiten.

Ilmspitz-Klettersteig (Stubaier Alpen): Steile Route an der Ilmspitze mit spektakulären Passagen, aber ohne Höchstschwierigkeiten.

Masarè-Rotwand-Klettersteig (Dolomiten): Genussroute am Hauptkamm des Rosengartens mit originellen Stellen und mehreren Zu- und Ausstiegsvarianten.

Pisciadù-Klettersteig (Dolomiten): Unbestritten die Nummer eins (was die Popularität betrifft) unter den Vie ferrate der Dolomiten. Gelegentliche Staus mindern allerdings das Klettervergnügen im Steilfels des Sellastocks.

Via ferrata Costantini (Dolomiten): Die anspruchsvollste gesicherte Route in den »Bleichen Bergen« mit knackiger Schlüsselstelle, traumhaft schöner Querung und Gipfel.

Via ferrata Che Guevara (Gardaseeberge): Traumroute über dem Sarcatal, verläuft durch die gut tausend Meter hohe Ostwand des Monte Casale. Mäßig schwierig, aber sehr lang (und trocken)!

Braunwalder Klettersteig (Glarner Alpen): Aus drei Abschnitten bestehende Route oberhalb von Braunwald, perfekt angelegt mit Zwischenabstiegen, mäßig bis sehr schwierig.

Was ist ein Klettersteig?

Leukerbadner Klettersteig (Berner Alpen): Eine Route der Superlative über dem Rhônetal, rund 900 Meter hoch, teilweise atemberaubend ausgesetzt und extrem anstrengend – klar die schwierigste Ferrata der Schweiz.

Klassische Klettersteige verbinden in idealer Weise Landschaftserlebnis und Klettergenuss. Etwa die Hälfte aller Anlagen wird mit »mittel« bzw. »ziemlich schwierig« eingestuft.

Alpine Routen Sie sind mit den »Gesicherten Steigen« vergleichbar, verlaufen aber zumindest abschnittsweise in anspruchsvollerem Gelände: Leichte bis mäßig schwierige Kletterstellen (maximal Schwierigkeitsgrad II), Passagen im Eis (Gletscherausrüstung evtl. notwendig), heikles Schrofengelände und steile, ungesicherte Grashänge können auftreten. Die alpinen Routen sind erst in zweiter Linie »Eisenwege« und nur für Bergsteiger mit entsprechender Erfahrung (und Ausrüstung) geeignet.

Beispiele

Augsburger Höhenweg (Lechtaler Alpen): Hochalpine, stark von den äußeren Verhältnissen abhängige Route über dem Stanzer Tal, von der Augsburger zur Ansbacher Hütte.
Jubiläumsweg (Wettersteinmassiv): Klassische Gratüberschreitung mit recht viel Eisen, aber auch längeren unge-

Eine richtige Bergtour: im Anstieg zum Salbit-Biwak in den Urner Alpen

Klettersteiggehen

sicherten Passagen in Schrofen- und Felsgelände (bis II). Nur bei besten Verhältnissen und Topkondition.
Detmolder Grat (Ankogelgruppe): Großzügige Überschreitung der Hochalmspitze – Eis, Fels und dazu ein paar Sicherungen am Detmolder Grat sowie bei den Steinernen Mannln.
Strada Sanmarchi (Dolomiten): Grandiose Route quer durch die Mondlandschaft der Marmarole mit zahlreichen gesicherten Passagen, teilweise weglos. Die Hochkare sind (fast) so menschenleer wie der Erdtrabant …
Salbit-Kettenweg (Urner Alpen): Mit dem Aufstieg aus dem Voralptal zum Salbit-Biwak eine abenteuerliche Runde in der Granitwelt des Salbitschijen.
Mer-de-Glace-Höhenweg (Mont-Blanc-Massiv): Schauwandern auf den Balkonen über dem »Eismeer«, das es zuerst zu queren gilt.

Alpine Routen sind deshalb als anspruchsvoll einzustufen, weil hier ein vielseitiger Bergsteiger verlangt wird, der sich in ungesichertem Felsgelände ebenso souverän zu bewegen weiß wie am Drahtseil oder auf Gletschereis.

Sportklettersteige

Sie befinden sich meistens in Tal- oder Ortsnähe, gelegentlich auch im Bereich einer Seilbahn. Bei den Sportklettersteigen geht es mehr um den Nervenkitzel und das Spektakel als um den Berg. Die leichteren Anlagen eignen sich gut für Einsteiger zum Hineinschnuppern in diese Sportart. Mit steigenden Anforderungen werden viel Armkraft und/oder eine stabile Psyche verlangt. In jüngster Zeit finden vermehrt artistische Elemente Eingang beim Bau solcher Steige: Hängebrücken, Zwei-, Dreiseilbrücken, Tyroliennes, Stahlnetze. Manche Sportklettersteige weisen Klettergarten-Charakter auf.

Beispiele
Kaiser-Max-Klettersteig (Karwendel): Berühmte, extrem schwierige Route an der Martinswand bei Zirl. Der zweite Abschnitt ist nur für wirkliche Könner geeignet.
Schiestl-Klettersteig (Stubaier Alpen): Sehr luftige, aber bestens gesicherte Route über dem mittleren Ötztal.

Was ist ein Klettersteig?

Seiltänzer: typisch westalpiner Sportklettersteig

Via attrezzata Monte Albano (Gardaseeberge): Einer der ältesten Sportklettersteige, mittlerweile ein echter Klassiker. Berühmt sind vor allem die maximal ausgesetzten Querungen.
San-Salvatore-Klettersteig (Tessiner Voralpen): Anspruchsvolle Ferrata an einem der Hausberge von Lugano; Tiefblick auf den See und die vielen Banken der Tessiner Stadt.
Via ferrata d'Evolène Région (Walliser Alpen): Luftiger Kraxelspaß in drei Etappen vor der Kulisse der Walliser Hochalpen.
Via ferrata de l'Adret (Vanoise-Massiv): Talnahe Route, auf dem ersten Abschnitt mit bizarren Eisenkonstruktionen, am Bastion dann mit knackigen Überhängen.

Sportklettersteige sind mit Klettergärten zu vergleichen: Das Landschaftserlebnis tritt zurück, Action ist gefragt. In jüngster Zeit werden zunehmend artistische Elemente eingebaut. Über die Hälfte aller Sportklettersteige gehört in die Kategorien »schwierig/sehr schwierig«.

Klettersteiggehen

Bauelemente der Steiganlagen

Eisen, darum dreht sich (fast) alles auf Klettersteigen. Nicht umsonst nennt man sie ja »Vie ferrate« – Eisenwege. Das dort am häufigsten verwendete Metall hat ein spezifisches Gewicht von fast acht Gramm pro Kubikzentimeter und es schmilzt bei 1535° Celsius. So heiß wird's auf Klettersteigen höchstens, wenn der Blitz einschlägt (siehe Kapitel »Gefahren« ab Seite 204).
Wer auf Klettersteigen unterwegs ist, kommt zwangsläufig mit Eisen in Berührung (wie die Kletterer übrigens auch): das Drahtseil sichert eine exponierte Querung, eine solide Leiter hilft über die senkrechte Felsstufe hinweg, Eisenstifte ersetzen die fehlenden Tritte in einer glatten Wandstufe.
Art und Dichte der montierten Eisenteile sind – in Relation zur Geländebeschaffenheit – entscheidend für den Schwierigkeitsgrad einer Via ferrata. Mit entsprechendem Aufwand lässt sich eine extreme Kletterroute in einen vergleichsweise harm-

Leitern begegnet man auf vielen Klettersteigen.

Was ist ein Klettersteig?

losen Klettersteig verwandeln. Hängt an der senkrechten, griffarmen Wand aber bloß ein Drahtseil, ist einerseits viel (Arm-)Kraft, andererseits auch eine solide Psyche notwendig, will man hier bestehen.

Während dem Drahtseil primär die Sicherungsfunktion zukommt (Ausnahme: schwierige bis sehr schwierige ostalpine Routen), erleichtern die übrigen Eisenteile die Fortbewegung im Felsgelände. Es sind zahlreiche Varianten möglich: Leitern mit parallel geführtem Sicherungsseil, Eisenkrampen, Eisenstifte oder – sozusagen als Minimalausrüstung einer Via ferrata – lediglich ein Drahtseil. Zu beobachten sind auch regionale Besonderheiten in der Klettersteigarchitektur. So kennt man beispielsweise nur in der Wiener Gegend Steigbäume (eine Eisenstange mit Tritten rechts und links), während in der Comer-See-Region besonders gerne Ketten (statt Drahtseile) installiert werden und in Frankreich bis vor kurzem ausschließlich mit Plastik überzogene Drahtseile Verwendung fanden.
Mit Kunststoff ummantelte Drahtseile bergen besondere Gefahren: Beschädigungen sind grundsätzlich nicht zu erkennen, ein Seilbruch so wenig wie Korrosion!

Drahtseile Sie werden am häufigsten eingesetzt. In leichterem (aber ausgesetztem) Gelände kommt ihnen lediglich eine Sicherungsfunktion zu. Im Steilgelände kommen Haken oder Leitern hinzu. Oft haben Drahtseile eine Doppelfunktion als Sicherung und Fortbewegungshilfe. Erstaunlich ist allerdings, was den Steigbauern so alles gelegen kommt, um ihre Wege »sicher« zu machen. Die Palette reicht vom verschlissenen Kletterseil bis zum dicken Tau. Am Zustieg zum Klettersteig auf die Hohe Ponza (Julische Alpen) ist ein Seilstück montiert, das wohl beim Seilbahnbau übrig blieb. An der Rocciamelone (Grajische Alpen) sichert ein mächtiges Tau den Gipfelstürmer. Mancherorts muss man sich (und sein Leben) allerdings auch viel zu dünnen Stahl- oder Aluseilen anvertrauen.

Grundsätzlich entscheidet die Verwendung des Drahtseils über den notwendigen Durchmesser. Für Querungen, bei denen man sich am Seil festhält (niedriger Sturzfaktor) sind

Klettersteiggehen

Drahtseile sind das häufigste Sicherungsmittel auf Klettersteigen.

bereits 10 Millimeter ausreichend, bei steilen bis senkrechten Passagen sollte der Durchmesser 12 bis 14 Millimeter betragen. Empfehlenswert sind Litzenseile (keine Spiralseile); die Bruchkraft liegt bei einem Seil mit 12 Millimeter Durchmesser (DIN 3060) bei etwa 6800 kp.

Mit Kunststoff ummantelte Seile eignen sich **nicht** für Klettersteige! Der Kunststoff weist bald nach der Montage Beschädigungen auf (Brüche, Risse), was das Eindringen von Feuchtigkeit ermöglicht. Schäden am Drahtseil selbst (Korrosion, gebrochene Drähte) sind überdies kaum zu erkennen. In Frankreich werden die bis vor kurzem üblichen Seile mit

> **Klebebänder – die (un)heimliche Gefahr**
> Sicherungsmittel auf Klettersteigen sind in der Regel nicht aus rostfreiem Stahl (etwa dreimal teurer) und unterliegen deshalb der Korrosion. Drahtseile können also durchrosten; oft brechen auch einzelne Drähte. Diese Stellen werden nicht selten mit einem Klebeband umwickelt, um einer Verletzungsgefahr vorzubeugen: gut gemeint – aber leider sehr gefährlich. Denn während Feuchtigkeit am frei liegenden Drahtseil relativ rasch abtrocknet, hält sich unter dem Klebeband die Feuchtigkeit viel länger. Es bildet sich ein Mikroklima, das zu einer wesentlich intensiveren (und nicht sichtbaren!) Korrosion führt. Das hat schon zu tödlichen Unfällen geführt.

Was ist ein Klettersteig?

VC-Mantel sukzessive ausgetauscht! Drahtseilenden sollten mit einer Kappe gegen Aufspleißen bzw. Aufdrehen gesichert werden. Auf **französischen Klettersteigen** dient das Drahtseil grundsätzlich nur der Sicherung. Um bei einem Sturz den (sehr gefährlichen) Fangstoß abzumindern, sind sie bei Steilpassagen nicht straff gespannt, sondern durchhängend montiert. So besteht keine Gefahr, dass der Karabiner beim Aufprall auf die (scharfkantige) Verankerung bricht.
Drahtseile bilden das häufigste Sicherungsmittel auf Klettersteigen; sie sind allerdings auch am stärksten dem Verschleiß ausgesetzt (Steinschlag, Blitz, Schneedruck usw.).

Ketten Vor allem in den Bergen rund um den Comer See werden oft Ketten anstelle von Drahtseilen zur Sicherung verwendet. Sie halten in der Regel ganz erheblichen Belastungen stand, doch gilt hier: Jede Kette ist nur so stark wie ihr schwächstes Glied! Beschädigungen – etwa durch Steinschlag – sind kaum zu erkennen. Ihr Vorteil: Man kann sich (auch bei Nässe) gut festhalten. Dafür laufen die Karabiner nur schlecht über die Kettenglieder. Mancherorts findet sich auch eine Kombination von Ketten- und Drahtseilsicherungen: Man zieht sich an der Kette hoch und hängt die Karabiner ins mitlaufende Drahtseil, das die Sicherungsfunktion übernimmt.
In den Ostalpen sind Ketten als Sicherungsmittel nur selten anzutreffen.

Vor allem in der Comer-See-Region üblich: Kettensicherungen

Klettersteiggehen

Künstliche Tritte und Griffe Eisenbügel, Trittstifte, Tritteisen – da gibt es eine ganze Palette von Konstruktionen, die einem auf Klettersteigen immer wieder begegnen. Guten Komfort bieten vor allem Eisenbügel; sie müssen aber breit genug sein, damit man mit beiden Füßen auftreten kann. Ideal ist eine nicht rostende aufgeraute Oberfläche (geringere Rutschgefahr). Durchaus gefährlich sind nicht abgerundete oder schräg montierte Eisenstifte, da bei einem Ausrutscher oder Sturz ganz erhebliche Verletzungsgefahr besteht. Tritteisen mit profilierter Platte sind hier besser, sofern die Kanten abgerundet bzw. abgedreht sind. Auf französischen Vie ferrate sind – vor allem bei Querungen und Diagonalanstiegen – längere Griffbügel üblich, die in ausgesetztem Gelände zuverlässigen Halt garantieren.

Achtung!
Nach oben gerichtete, scharfkantige Eisenteile bedeuten im Fall eines Ausrutschers oder gar Sturzes ein erhebliches Verletzungsrisiko. Beim Bau von Klettersteigen sollte dieser Aspekt vermehrt berücksichtigt werden.

Verankerungen Besonders wichtig für die Qualität einer gesicherten Route sind die Seilverankerungen. Bei Klettersteigen jüngeren Datums werden in der Regel Sicherheitsaspekte ausreichend berücksichtigt, ältere Anlagen weisen da oft erhebliche Mängel auf. So werden beispielsweise Seilklemmen oft falsch angebracht (im Steilgelände *unter* der Verankerung) oder einfach weggelassen. Gefährlich sind auch nach oben stehende, scharfkantige Schraubenenden. Hier empfiehlt sich grundsätzlich die Verwendung von Hutmuttern. Eine optimale Lösung bieten die meisten französischen Vie ferrate: Seilklemmen sind stets von unten fixiert und finden sich an allen Verankerungen. Zusätzlich ist meist ein »Sauschwänzchen« montiert, das beim Gehen in Seilschaft (z. B. Bergführer mit Urlaubern) ein problemloses Ein- und Aushängen des Seiles erlaubt.

Perfekte Seilverankerung

Was ist ein Klettersteig?

Endverankerungen sollten grundsätzlich Kauschen und mindestens drei Klemmen aufweisen; Spannschlösser eignen sich nur in offener Ausführung mit Gabelbefestigung.

Beim Begehen von Klettersteigen sollte man sich stets bewusst sein, dass diese Anlagen einem erheblichen Verschleiß ausgesetzt sind – also den Eisenteilen nicht blindlings vertrauen. In Zonen, die durch Steinschlag gefährdet sind, ist besondere Vorsicht geboten!

Leitern, Treppen Auf gesicherten Steigen begegnet man Holz-, Eisen- und Aluleitern – mitunter sogar Treppen – recht häufig. In ihren verschiedenen Ausführungen finden sie sich vor allem an Hüttenzustiegen oder Wanderwegen mit kurzen Steilaufschwüngen. Auf echten Klettersteigen sind lange Leitern, wie sie beispielsweise an der »Via dell'Amicizia« (Gardasee) oder an der berühmten »Via delle Bocchette« (Brenta) montiert wurden, eher etwas aus der Mode gekommen. Französische Sportklettersteigbauer setzen sie ab und zu als Gag ein: nach außen geneigte Leitern, die mit dem Rücken zum (überhängenden) Fels zu besteigen sind. Eine Wiener

Steil und luftig: Einstiegsleiter am »Burrone-Klettersteig« im Etschtal

Klettersteiggehen

Spezialität sind die Steigbäume, bei denen an einer Eisenstange abwechselnd links und rechts Tritteisen befestigt sind. Zwei spektakuläre Beispiele dieser Art von Steighilfe weist der »Hans-von-Haid-Steig« an der Preiner Wand (Rax) auf.

Eisenleitern sollten grundsätzlich mit einem parallel verlaufenden Drahtseil installiert werden, um eine problemlose Selbstsicherung zu ermöglichen. Fehlt das Sicherungsseil, wird man sich eventuell (je nach Länge und Steilheit der Leiter) an den Sprossen sichern.

Brücken Was einem früher auf Klettersteigen nur selten begegnete, ist längst zu einem »Stilmittel« bei Anlagen mit sportlicher Ausrichtung geworden: Brücken. Es gibt sie mittlerweile in diversen Varianten, von der soliden klassischen Konstruktion bis zur Tyrolienne, also von komfortabel bis atemberaubend. Fünfzig Meter weit an einem Drahtseil über den Abgrund zu schweben, ist nicht jedermanns Sache, und auch gute Bergsteiger fühlen sich angesichts einer zwischen Felszacken gespannten Zweiseilbrücke (»pont de singe«) im falschen Film: Bergsteigen?

Natürlich geht's hier längst nicht mehr darum, auf einen Gipfel zu gelangen: Der Weg ist das Ziel – Action und Nervenkitzel sind gefragt. So warten Sportklettersteige – vor

Solide Konstruktion über dem Abgrund: eine Hängebrücke

Was ist ein Klettersteig?

allem in den Westalpen – mit einigen Gags auf. Vergleichsweise komfortabel sind Hängebrücken (die zurzeit längste am Gibidum-Stausee im Oberwallis hat eine Spannweite von 86 Metern!). Weit mehr Luft unter den Sohlen bietet hingegen eine »pont népalais« (Dreiseilbrücke). Ihr Urahn hängt übrigens in den Ausläufern des Monte Grappa (Vicentiner Voralpen), an der »Ferrata Sass Brusai« – Baujahr 1976.

> **! Ein leidiges Thema: Wartung**
> Außerordentlich wichtig bei Klettersteigen ist die regelmäßige und sorgfältige Wartung, denn die Anlagen sind ständigem Verschleiß durch Steinschlag, Muren und Witterungseinflüsse (vor allem Gewitter = Blitzableitereffekt) ausgesetzt. Gefrierender Regen (Eis) kann Verankerungen lockern, Schneebretter und Muren können Drahtseile mitreißen usw.
>
> Im Prinzip ist der Erbauer für die Wartung und den Unterhalt seiner Anlage(n) verantwortlich. Da vor allem im Bereich der Alpenvereine viele Tätigkeiten ehrenamtlich durchgeführt werden (müssen), befinden sich manche, vor allem ältere Klettersteige in einem wenig einladenden Zustand. Wo Tourismusverbände, Gemeinden, Seilbahnbetreiber oder private Interessengemeinschaften für den Bau einer Via ferrata verantwortlich zeichnen, sind Wartung und Unterhalt meistens besser geregelt. In Frankreich werden mit dem Bau zumeist auch Wartungsverträge abgeschlossen. Diese Klettersteige werden zumindest zu Beginn und am Ende der Saison kontrolliert sowie Beschädigungen umgehend beseitigt. Während der sommerlichen Hauptreisezeit sind wöchentliche Kontrollgänge keine Seltenheit. Manche Betreiber bauen am Saisonende Teile der Anlage ab (z. B. Drahtseile, Brücken), wenn über den Winter mit erheblichen Schäden gerechnet werden muss.
>
>
> Im Herbst abgebaut: Drahtseile
>
> Klettersteigler, die bei ihren Begehungen Schäden feststellen, sollten diese im Tourismus- oder Bergführerbüro bzw. bei der Polizei melden – im Interesse aller.

Klettersteiggehen

Die richtige Ausrüstung

Die richtige Ausrüstung

Das Klettersteigset

Wichtigster Ausrüstungsgegenstand des Klettersteiglers ist sein Set! An ihm hängt er – und damit im Falle eines Sturzes auch sein Leben. Moderne Qualitätssets sind nicht billig, garantieren aber ein hohes Maß an Sicherheit. In jüngerer Zeit – eine Folge des Ferrata-Booms – sind die Klettersteigsets in einigen entscheidenden Punkten weiterentwickelt und verbessert worden: Es gibt keine Knoten mehr (die aufgehen können), das Einfädeln am Gurt erfolgt kinderleicht mittels Ankerstich, die Gesamtarchitektur des Sets garantiert durch die Y-Form doppelte Sicherheit, die Schnappkarabiner haben ausgeklügelte Sicherheitsvorrichtungen und Sturzenergieabsorber reduzieren den Fangstoß.

Bei modernen Sets sind alle Verbindungsstellen vernäht. Bei einigen Produkten werden die Nahtstellen sogar eingeschweißt, um sie vor Feuchtigkeit und mechanischen Beschädigungen zu schützen. Die Verbindung mit den Karabinern wird durch Klammern oder Ösen fixiert.

Camp und *AustriAlpin* verwenden – eine originelle Idee – elastische Bänder zwischen Karabiner und Seilbremse. So kann man nicht mehr mit dem Knie in ein durchhängendes Seil steigen. Andere Hersteller verpacken das Nachlaufseil gleich in ein Säckchen, bei manchen Produkten findet man am Seilende eine Befestigungsvorrichtung (Schnapper).

Linke Seite: Alles dabei? Ausrüstungscheck vor dem Einstieg

Vielfalt im Angebot: Klettersteigsets

Klettersteiggehen

In vielen Ferienorten kann man die Klettersteigausrüstung auch mieten. Das ist ideal für all jene, die erst einmal ausprobieren wollen, ob sie sich für diese Art des Bergsports auch begeistern können.

Der Sturzenergieabsorber (Seilbremse) Auf Klettersteigen geht man »am kurzen Seil«: Bei einem Sturz ist kaum (elastisches) Seil vorhanden, das die Fallenergie abfedern bzw. aufnehmen kann. Klettersteigstürze sind entsprechend wesentlich »härter« als Stürze beim Klettern in Seilschaft. Deshalb sind die Klettersteigsets mit einer so genannten Seilbremse ausgerüstet. Sie übernimmt die Funktion des langen Seils: Bei einem Sturz läuft ein Seilstück (gebremst) durch ihre Öffnungen, sodass der Fall nicht abrupt, sondern mit Verzögerung zum Stillstand gebracht wird und der Fangstoß auf Körper und Material verträglicher ausfällt.
Keinesfalls ein Klettersteigset ohne Seilbremse kaufen – auch wenn's deutlich billiger ist! Es geht hier um Sicherheit, im Fall eines Sturzes möglicherweise um's Überleben.
Das Bremsseil ist so unterzubringen, dass es beim Klettern nicht stört. Dabei darf auf keinen Fall der Bremsweg (etwa durch Knoten) verkürzt werden!

Praktisch: elastische Bänder, Seilstück im Beutel

Y-Form Heute werden Klettersteigsets praktisch nur noch in der Y-Form angeboten. Sie bietet höhere Sicherheit, weil zwei Karabiner eingehängt werden und man auch beim Umhängen (mit einem Karabiner) gesichert ist. Bei der alten V-Form kommt ein Karabiner ans Seil, das zum zweiten Karabiner führende Seilstück dient als Bremsseil im Falle eines Falles. Werden beide Karabiner eingehängt, verliert die Seilbremse ihre Funktion und ein Sturz wäre extrem gefährlich. Vor allem in Steilpassagen bieten zwei eingeklinkte Karabiner wesentlich mehr Sicherheit, weil bei einem Sturz immer die Gefahr besteht, dass ein Karabiner beim Kontakt mit der eisernen – und möglicherweise scharfkantigen – Verankerung bricht.

Die richtige Ausrüstung

Wer ein neues Klettersteigset erwirbt, sollte auf jeden Fall eines in Y-Form wählen: Es bietet wesentlich mehr Sicherheit.

Karabiner Zu jedem Set gehören zwei Karabiner. Sie sind heute so konstruiert, dass sie nur über einen Verriegelungsmechanismus zu öffnen sind. Sehr gut gelöst ist das beim Modell *Attac* von *Salewa*. Das Seil bzw. das Band wird durch eine Öse geführt oder mit einer Klammer fixiert, damit es nicht um den Karabiner »wandert«.

Klettersteigkarabiner – alle mit Sicherheitsverriegelung

Kletterkarabiner eignen sich nur sehr eingeschränkt für Klettersteige; sie besitzen keinen speziellen Sicherungsmechanismus.

> **Befestigung** Am Klettergurt wird das Set mittels Ankerstich befestigt. Einige Hersteller fädeln die Bandschlinge bloß in die Seilbremse ein, bei den meisten ist sie allerdings eingenäht und kann sich also nicht lösen (oder vielleicht sogar verloren gehen).

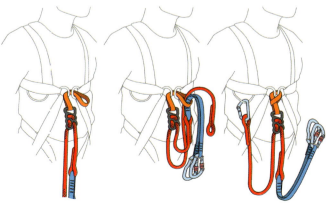

Ganz einfach: der Ankerstich

Klettersteiggehen

Weitere wichtige Ausrüstungsteile für Klettersteigler

Natürlich gehört zur Ausstattung des Klettersteiglers mehr als nur sein Set: Neben Klettergurt und Helm ist also auf eine der jeweiligen Unternehmung angepasste Ausrüstung zu achten. Dabei handelt es sich aber (mit Ausnahme der Handschuhe) nicht um Teile, die speziell für diese besondere Art des Alpinismus entwickelt wurden. Entsprechend vielfältig ist das Angebot im Sportgeschäft.

Info!
Beim Kauf eines Klettersteigsets lohnt es sich durchaus, Preise zu vergleichen. Große Sportgeschäfte bieten die meisten gängigen Produkte an und beraten in der Regel auch zufrieden stellend.

Anseilgurte Da scheiden sich die Geister! Grundsätzlich gibt es drei Möglichkeiten: **Kombigurt** oder **Hüftgurt** oder **Hüftgurt** in Verbindung mit einem **Brustgurt**. Kombigurte lassen sich oft nicht sehr gut anpassen und das »Einsteigen« ist recht umständlich. Ein Höchstmaß an Sicherheit und Komfort bietet die Verbindung von Hüft- und Brustgurt; zunehmend populär wird jedoch auch die alleinige Verwendung eines Hüftgurtes (in Frankreich die Regel), was bequemer ist und Gewicht spart. Es ist dabei aber zu bedenken, dass im Fall eines unkontrollierten Sturzes ein größeres Verletzungsrisiko besteht.

Achtung!
Völlig ungeeignet zur Selbstsicherung ist die alleinige Verwendung eines Brustgurtes!

Helm Auf manchen Klettersteigen besteht erhebliche Steinschlaggefahr. Entsprechend wichtig ist deshalb, dass man seinen Kopf schützt. Dazu dient der Helm (aber nur, wenn man ihn aufsetzt!). Er bewahrt auch bei ungeschickten Bewegungen vor schmerzhaftem Kontakt mit hartem Gestein. Moderne Modelle weisen einen hohen Tragekomfort auf und wiegen nur noch ein paar hundert Gramm. Wichtig ist ein guter Sitz: Der Helm darf nicht herumrutschen und der Kinnriemen soll nicht einschneiden. Man überzeuge sich

Die richtige Ausrüstung

Kluge Köpfe schützen sich!

beim Kauf, dass der Steinschlaghelm Belüftungsschlitze aufweist, innen gut gepolstert ist und problemlos der Kopfgröße und -form angepasst werden kann.

Seil Begeht man schwierige Klettersteige als Seilschaft, also mit konventioneller Partnersicherung, gehört ein **30-m-Einfachseil** zur Ausrüstung.
Alles über die richtige Seilanwendung steht in diesem Handbuch ab Seite 245!

Seilrolle Dem Trend zu »Fun und Action« folgend werden zunehmend Artistikelemente in Klettersteige eingebaut – wie etwa **Tyroliennes**. Für die luftige Fahrt am Drahtseil benötigt man eine Seilrolle, die in manchen Fällen auch von den Betreibern gestellt wird (gegen Gebühr, in Frankreich oft der Fall). *Petzl* bietet zwei Modelle an (*Tandem Speed* und *Tandem Cable*).

Schützt vor Spleißen am Drahtseil: der Handschuh

Handschuhe Die Nachfrage bestimmt das Angebot. So gibt es heute spezielle **Klettersteig-Handschuhe**, bei denen – ähnlich den Rennradler-Handschuhen – die Fingerspitzen frei bleiben. Wichtig sind ein guter Sitz mit Handgelenksabschluss und eine ausreichende Polsterung im Bereich der Handfläche. Sie sollte allerdings nicht so dick sein, dass man jedes Gefühl für's Eisen einbüßt.

Klettersteiggehen

Checkliste Klettersteigausrüstung

Grundausrüstung
- ❏ Bergschuhe, je nach Art der Tour Allrounder mit Klettersteigeignung oder leichter Kletterschuh
- ❏ Bergsocken (links-rechts), evtl. ein Paar zum Wechseln
- ❏ Funktionsunterwäsche
- ❏ T-Shirt oder Hemd (schweißableitend)
- ❏ Leichter Fleece-Pulli
- ❏ Tourenhose, evtl. mit abnehmbaren Beinen oder – vor allem bei Sportklettersteigen – kurze Hose
- ❏ Wasserdichte Überhose
- ❏ Regenjacke (Anorak)
- ❏ Stirnband oder Mütze
- ❏ Klettersteigset
- ❏ Anseilgurt (Kombi oder Hüft/Brust)
- ❏ Helm
- ❏ Klettersteig-Handschuhe
- ❏ Teleskopstöcke
- ❏ Rucksack, Größe je nach Tour (30–40 Liter), eher schmales Modell
- ❏ Trinkflasche (1 oder 1,5 Liter) mit zucker- und mineralienreichem Getränk
- ❏ Wasserdichter Überzug für den Rucksack
- ❏ Leicht verdauliche, aber kalorienreiche Verpflegung
- ❏ Armbanduhr
- ❏ Höhenmesser
- ❏ Karte im Maßstab 1:50 000 oder (besser) 1:25 000
- ❏ Klettersteigführer
- ❏ Notizpapier und Schreibstift
- ❏ Taschentuch
- ❏ Feuerzeug
- ❏ Sonnenschutz: Mütze, Brille, Sonnencreme
- ❏ Geld
- ❏ AV-Ausweis
- ❏ Personalausweis (Ausland)
- ❏ Erste-Hilfe-Set
- ❏ Rettungsdecke

Zusatzausrüstung
- ❏ Steigeisen/Grödel
- ❏ Eispickel
- ❏ Biwaksack
- ❏ Kompass
- ❏ Gamaschen
- ❏ Seilrolle
- ❏ Bandschlinge und Karabiner
- ❏ 30-m-Seil, ein paar kurze Bandschlingen und Karabiner
- ❏ Handy

Rechte Seite: Am »Braunwalder Klettersteig«

Klettersteiggehen

Gehen am Klettersteig

Gehen am Klettersteig

Was man vorab beachten muss

Der »richtige« Klettersteig Es soll ja Freaks geben, die sich am liebsten jeden Klettersteig vornehmen würden. Der durchschnittliche »Ferratist« hat – bei dem großen, ständig sich erweiternden Angebot – eher die Qual der Wahl. Und da ist es besonders wichtig, dass Route und Klettersteigler kompatibel sind, also zueinander passen. Es macht wenig Sinn, einen unerfahrenen Partner über eine Ferrata zu quälen, auf der er klar überfordert ist. Besonders wichtig ist vor allem bei Gruppen, dass die Wahl der Tour mit Blick auf schwächere Teilnehmer erfolgt. Vorher sollten also Führer und Landkarten studiert sowie Gehzeiten und Anforderungsprofile abgeschätzt werden - mit einem Wort: Planen! Dabei sind auch Zustieg und Rückweg zu berücksichtigen, also deren Längen und Anforderungen (Steig, weglos, evtl. Schrofen oder leichtes Felsgelände, Zustieg über Schnee oder Firn).

Nach einer längeren Winterpause tut man gut daran, mit ein paar (leichten) Eingehtouren zu beginnen, ehe man sich wieder an »schwereres Eisen« wagt. Auch die Beweglichkeit im Gelände muss wieder antrainiert bzw. verbessert werden.

Bin nicht schwindelfrei! Der Blick in die bodenlose Tiefe gehört auf vielen Klettersteigen dazu und macht (für manche zumindest) ihren besonderen Reiz aus: sicher am Abgrund, das kleine Abenteuer, wohliges Kribbeln im Bauch. Doch die Vorstellung, hoch über dem Boden auf ein paar Eisenstiften zu stehen und über winzige Absätze zu balancieren kann auch eine ganz andere Reaktion auslösen: Bin ich schwindelfrei?

Natürlich gibt es (selten) organisch bedingte Störungen des Gleichgewichtssinns, doch ungleich häufiger ist ein Schwindelgefühl, dessen Wurzeln psychischer Natur sind: Angst. Und die kann man besiegen (meistens), mit viel Geduld und regelmäßigem Training. Hier ist die allmähliche Gewöhnung an die Höhe (bzw. die Tiefe) sinnvoll, verbunden mit der nach und nach wachsenden Gewissheit: Ich schaff' es!

Linke Seite: Solide Eisen an der »Alpspitz-Ferrata«

Klettersteiggehen

Baujahr 2003: der kleine Klettersteig an der Henne (Kitzbüheler Alpen)

Angst vor der Tiefe ist ein ganz natürlicher, angeborener Reflex. Hochseilgärten – modernen Vie ferrate verwandt – eignen sich bestens als Trainingsgelände. Ein gelegentlicher Abstecher in die Baumwipfel verhilft den meisten bald schon zum locker-selbstbewussten Blick in die Tiefe.

Selbstüberschätzung Bergsteigen lernt man nicht von heute auf morgen, und das gilt auch für's Klettersteiggehen. Es ist ein Irrtum zu glauben, das (sichernde) Eisen sei so etwas wie eine Versicherung gegen menschliche Unzulänglichkeiten, im Gegenteil: Manchmal verleitet es zu gefährlichen Fehleinschätzungen. Deshalb gilt: klein anfangen und nach und nach in höhere Schwierigkeiten einsteigen, nicht zu rasch zu viel Ehrgeiz entwickeln. Und auf keinen Fall sollte man vergessen: Der Spaß an der Sache ist viel wichtiger als ein (vielleicht zu hoch gestecktes) Ziel!

Gehen am Klettersteig

Statistisch ist menschliches Fehlverhalten – weit vor Materialschäden – die Unfallursache Nummer eins im Gebirge. Und bei vielen Unfällen ist verhängnisvolle Selbstüberschätzung mit im Spiel.

Kraft einteilen Klettersteiggehen setzt eine gute körperliche Verfassung voraus. Gefordert sind sowohl Kraft als auch Ausdauer, dazu eine gewisse Beweglichkeit. Bei Müdigkeit oder Erschöpfung sinkt die Fähigkeit, Situationen objektiv einzuschätzen, zudem gerät die Psyche leichter außer

Ruhig Blut!
Am Monte
Albano oberhalb
von Mori

Klettersteiggehen

Gut gesichert – aber dennoch nicht versichert

Kontrolle (Angst, Panik). Wer gut trainiert ist, kann auf schwierige Situationen ungleich kompetenter reagieren. Auch wenn's richtig »brennt« unter den Schuhsohlen, wird man eine Tour eher zurückhaltend beginnen, um nicht zu früh durch hohes Tempo unnötig Kraft zu verbrauchen – vor allem bei größeren Unternehmen. Am Klettersteig selbst ist auf einen möglichst gleichmäßigen Bewegungsablauf zu achten, Hektik ist fehl am Platze. Wo immer möglich, sollte man steigen und gehen, und nur wo es wirklich notwendig ist, sollte man Armkraft einsetzen. Wer erst nach Griffen und Tritten schaut, tut sich wesentlich leichter.

Tipp! *Ein fließender Bewegungsablauf spart auf Klettersteigen jene Kraft, die später vielleicht fehlt.*

Informationen Führt der Anstieg an einer bewirtschafteten Hütte vorbei oder benutzt man eine Seilbahn, empfiehlt es sich, Informationen über den Zustand bzw. die Begehbarkeit des Klettersteigs einzuholen. Bei manchen Steigen werden nach Saisonende Seile (vor allem bei Querungen) demontiert, um Schäden durch Lawinen oder Steinschlag zu

Gehen am Klettersteig

vermeiden. Andere bleiben über den Winter gesperrt, weil eine Wartung erst wieder im Frühling/Frühsommer vorgenommen wird. In den örtlichen Tourismusbüros bekommt man oft Infoblätter zu den Klettersteigen (Flyer). Manche Regionen (z. B. Stubai, Gesäuse, Briançonnais) geben Prospekte heraus, in denen ihre Vie ferrate detailliert beschrieben sind.

Es lohnt sich, vor Antritt der Tour Infos über den Klettersteig einzuholen. Das geht z. B. über das Internet oder (besser, weil aktueller) per Telefon: Hüttenwirt, Seilbahn, Tourismus- oder Bergführerbüro.

Ausrüstung benutzen! Grundsätzlich gilt: Klettersteigausrüstung am Einstieg anlegen. Geht das nur schlecht (kein sicherer Platz, Absturzgelände), tut man das bereits vorher, auch wenn man dazu ein Stück zurückgehen muss. Bei erkennbarer Steinschlaggefahr Gurt, Helm und Set in ausreichendem Abstand zu den Felsen bzw. dem gefährdeten Geländebereich anlegen.

Keinesfalls sollte man die Ausrüstung erst anlegen, wenn die Route es zwingend verlangt – das kann in der Wand oder an

Wichtig: Ausrüstung stets am Einstieg anlegen!

Klettersteiggehen

einem exponierten Grat sehr gefährlich sein (Absturzrisiko). Viele Klettersteige sind allerdings so angelegt, dass die ersten Meter gleich für eine gewisse Selektion sorgen – und Unbedarfte von einem Begehen abhalten.

Die Ausrüstung ist genauso schwer, wenn man sie im Rucksack mitschleppt, statt sie anzulegen.

Vor dem Preis ...

Klettersteige sind eine spezielle Art von alpinen »Wegen« und führen als solche oft bis in die Regionen des ewigen Schnees. Oft sind also längere An- und Zustiege notwendig, bis es (endlich) das erste Eisen zu fassen gibt. Nicht selten haben Klettersteigler gerade da, auf diesen vermeintlich harmlosen Zugangswegen (und den Abstiegen hinterher) so ihre Probleme. Grund: mangelnde Bergerfahrung.

Wer locker-lässig auf Leitern, an Eisenbügeln und an Drahtseilen herumturnt, muss nicht zwangsläufig auch ein guter Alpinist sein. Dazu gehören mehr als zwei starke Arme und eine Portion Unerschrockenheit:

- Wie steht's um meine Kondition?
- Gehe ich sicher in (ungesichertem) Schrofengelände?
- Kann ich Wetterentwicklungen richtig einschätzen, auch in Bezug auf eine eventuelle Gewittergefahr?
- Werde ich mich in weglosem Gelände oder bei aufkommendem Nebel zurechtfinden?
- Bin ich in der Lage, eine Landkarte zu lesen und die Informationen in der Natur entsprechend umzusetzen?
- Bin ich ausreichend ausgerüstet, im Notfall auch für ein Biwak?
- Wie gut ist meine Fähigkeit, Gefahrenpunkte im Gelände zu erkennen – also beispielsweise durch Steinschlag gefährdete Passagen oder abschüssige Hartschneefelder?

Das alles sind Fertigkeiten, die auf Bergtouren und alpinen Klettersteigen nicht nur wichtig, sondern unter Umständen sogar (über-)lebenswichtig sind. Liebhaber von Sportklettersteigen brauchen sich freilich weniger um Wetterkapriolen

Gehen am Klettersteig

zu kümmern – das erste Drahtseil hängt ja mitunter bis zum Parkplatz herunter.

Ein gutes Training (auch) für hochalpine Klettersteige sind ganz leichte Klettertouren (I) oder weglose Anstiege. Dabei werden Trittsicherheit und Beweglichkeit verbessert.

Wege und Markierungen   Zu- und Abstiege sind bei Klettersteigen in aller Regel markiert – allerdings nicht immer und überall. Zudem trifft man alpenweit auf eine Vielzahl unterschiedlicher Markierungsmethoden. In Bayern, Österreich und Italien hat sich ein System mit rot-weiß-rot bezeichneten Wegen samt Nummern durchgesetzt. Die Zustiege zu Klettersteigen sind oft rot (ohne Nummer) markiert. In Slowenien sind rote Kreismarkierungen die Regel, in der Schweiz (und in Vorarlberg) werden je nach Anforderungsprofil die Wege gelb (leichte Wanderwege), weiß-rot-weiß (Bergwege) oder weiß-blau-weiß (Alpinwege) markiert, wobei weiß-blau-weiß oft auch für Klettersteige gilt. Ähnliches versucht man auch in Österreich (allerdings mit anderen Farben) durchzusetzen. Im französischen Alpenraum be-

Vorbildliche Markierung an der Alpspitze

Klettersteiggehen

gegnen einem rot-weiß-rote Markierungen (Sentiers de grande randonnée = Fernwanderwege) und gelbe Bezeichnungen (regionale Wege).

Lässt die Wegmarkierung keine eindeutige Interpretation zu, kann ein Vergleich mit der Landkarte helfen. Wer aufs Geratewohl weitergeht, riskiert einen zeitraubenden Verhauer.

Orientierungshilfen

Landkarten Wichtigste Orientierungshilfe bei Bergwanderungen und alpinen Klettersteigen ist eine Landkarte im Maßstab 1:50 000 oder (besser) 1:25 000. Am genauesten sind die topografischen Karten der nationalen Vermessungsämter, einsame Spitze dabei die »Kunstwerke« der Schweizer Landestopographie im Maßstab 1:25 000. Vor allem im Ostalpenraum weit verbreitet sind Blätter privater Kartenverlage (*Kompass*, *Freytag&Berndt*, *Tabacco*).

Landkarten sind Abstraktionen der Landschaft, sie geben die dreidimensionale Realität in zwei Dimensionen wieder. Symbole stehen für die verschiedensten Objekte (z. B. Straßen, Siedlungsflächen, Wege, Felsen), Höhenlinien und Schattierungen ersetzen die fehlende dritte Dimension. Ganz wichtig

Immer dabei auf alpinen Touren: eine gute Landkarte

Gehen am Klettersteig

beim Kartenlesen sind zwei Dinge: der eigene Standort und ein wichtiger Bezugspunkt, beispielsweise ein markanter Gipfel oder die Nordrichtung. Auf diese Weise lässt sich das Kartenblatt nach der Natur ausrichten, was das Zurechtfinden erheblich erleichtert.

Da man sich bei Klettersteigtouren in der Regel auf markierten (oder gesicherten) Pfaden bewegt, ist die Orientierung anhand einer Karte verhältnismäßig einfach. Wegverzweigungen, Brücken, allein stehende Häuser, Almhütten usw. – alles auf dem Kartenblatt verzeichnet – dienen als Referenzpunkte. Über die Geländeneigung informieren die Höhenlinien: Je dichter sie stehen, umso steiler ist der Hang. Damit man eine zuverlässige Aussage erhält, ist allerdings eine Äquidistanz (Abstand) der Höhenkurven von maximal 20 Metern notwendig. Wanderkarten privater Anbieter weisen oft nur ein rudimentäres Netz von Höhenlinien auf (Abstand bis zu 100 Meter!).

Beispiel: Bei einer Äquidistanz von 20 Metern stehen die Höhenlinien in einer 50 000er Karte einen Millimeter auseinander. Dann beträgt die Hangneigung 18 Grad.

Klettersteigführer Ein aktueller Führer informiert umfassend über alle relevanten Aspekte einer Tour: Ausgangspunkt, Zugang, Routenverlauf, Charakter, Schwierigkeit usw. In mehreren Verlagen sind entsprechende Publikationen erschienen.

Höhenmesser Er hat eine Doppelfunktion und ist deshalb auf allen Bergtouren wichtig. Da Höhenmesser wie Luftdruckmessgeräte funktionieren, geben sie nicht nur die jeweilige Seehöhe (Meter über Normalnull) an. Sie lassen sich darüber hinaus (z. B. über Nacht auf einer Hütte) leicht als »Wetterfrosch« einsetzen: steigender Luftdruck (Rückgang der angezeigten Höhe) = gute Aussichten; sinkender Luftdruck (Zunahme der angezeigten Höhe) = schlechte Aussichten (oder Föhn). Unterwegs sollte man seinen Höhenmesser an Vermessungspunkten jeweils abgleichen und gegebenenfalls die Angabe korrigieren.

Kompass Er zeigt die Himmelsrichtungen an. Zusammen mit der Karte ist es leichter möglich, sich in unübersichtli-

Klettersteiggehen

chem, weglosem Gelände oder bei schlechter Sicht (Nebel, Schneetreiben) zu orientieren.

GPS Was bei einer Antarktis-Expedition oder in der Wüste Gobi überlebenswichtig sein kann, nämlich das Wissen um die exakte Position, erschließt sich dem Wanderer und Klettersteigler in der Regel auch ohne GPS-Gerät. Das (sehr exakte) Verfahren ist im Gebirge ohnehin nur beschränkt, nämlich bei freier Sicht nach oben, einsetzbar. Im Felsgelände können 20 Meter Horizontaltoleranz zudem einem Höhenunterschied von 100 Metern und mehr entsprechen.

Gehen in weglosem Gelände
Auf Karrenfeldern (Karst), in Bergsturzzonen oder in leichtem Felsgelände sind Farbtupfer bzw. Steinmänner oft die einzigen Orientierungspunkte. Bei Nebel kann man sich da leicht verlaufen – also gut auf die Markierungen achten, notfalls auch zum letzten Fixpunkt zurückgehen. Bei Schneefall ist es unter Umständen ratsam, umzudrehen (natürlich nicht im Abstieg). Besser noch: durch gute Planung und Wetterbeobachtung unterwegs solche Situationen vermeiden!

Bei Orientierungsproblemen sollte man nicht in Panik verfallen oder gar Abstiege in weglosem Gelände versuchen!

Geröll, Schutt
Anstiege über Geröllhänge und durch »bewegliche« Steilrinnen sind bei Bergsteigern nicht unbedingt beliebt, oft aber unvermeidlich. So ein Aufstieg kann ganz schön mühsam sein und hat so manchem Bergwanderer schon ganze Unternehmungen verleidet. Wer größere Blöcke als Tritte sucht, tut sich leichter. Besondere Vorsicht ist bei schrägen Felsplatten mit Kiesauflage geboten: Die kleinen Steine wirken wie Kugellager!
Stöcke können zur Wahrung des Gleichgewichts und zum Anschieben durchaus nützlich sein.
Beim Abstieg geht man breitbeinig, sucht eher feinen Schutt und drückt die Absätze ins Geröll. Der Oberkörper ist leicht talwärts geneigt, um einen Sturz durch Rücklage zu vermeiden. In tiefem, nicht zu grobem Geröll kann man auch »abfahren«, was viel Zeit und Kraft spart. Auf diese Weise ist es

Gehen am Klettersteig

möglich, zwei-, dreihundert Höhenmeter in wenigen Minuten hinter sich zu bringen. Die »Abfahrt« im Laufschritt muss aber so kontrolliert erfolgen, dass man jederzeit anhalten kann. Keinesfalls sollte man über Geröllhänge abfahren, unter denen Felsabbrüche lauern!
Auch wenn eine gute Geröllspur vorhanden ist, kann man manchmal beim Abstieg »abfahren« (Spuren beachten).

Auf abschüssigen Geröllbändern ganz wichtig: ein sicherer Tritt

Blockwerk »Blockhüpfen« kann eine ganz lustige Sache sein, verlangt aber eine gewisse Geschicklichkeit. Bergsturzzonen im Granit oder Gneis (nicht im Kalkfels) setzen sich meistens aus mehr oder weniger großen, miteinander verkeilten Blöcken zusammen. Man springt von Stein zu Stein, immer mit Blick auf den übernächsten Landepunkt. Die Felsblöcke müssen allerdings trocken sein – ein Ausrutscher kann zu schmerzhaften Verletzungen führen! Bergstöcke sind beim »Blockhüpfen« eher hinderlich.
Vorsicht: Auch große Blöcke können wackeln, wenn man auf sie tritt.

Klettersteiggehen

Schrofen Weder Fisch noch Vogel – so lassen sich Schrofen charakterisieren: Felsen ja, dazwischen aber immer wieder Gras, auch loses Gestein. Schrofen können so steil sein, dass akute Absturzgefahr besteht; bei Nässe sind sie überaus gefährlich. Man begeht Schrofen vorsichtig, stets bemüht, keine Steine loszutreten. Gruppen bleiben nahe zusammen, um die Steinschlaggefahr durch Voraussteigende zu minimieren. Übrigens: Die Art, wie jemand sich in diesem heiklen Gelände bewegt, lässt Rückschlüsse auf seine Bergerfahrung zu. Übung macht's halt…

Ähnlich heikel wie Schrofen sind auch steile Grashänge (Höfats!); hier passieren immer wieder Unfälle, vor allem natürlich bei Nässe. Unter Umständen kann sogar der Einsatz von Steigeisen bzw. Grödeln sinnvoll sein.

Leichtes Felsgelände Der Zustieg zu alpinen Klettersteigen führt oft über (ungesichertes) leichtes Felsgelände. Dabei gelten die Grundregeln: immer gute Tritte suchen, dabei möglichst viel Schuhsohle auf den Boden bringen (Reibung), die Steigarbeit den Beinen überlassen. Mit den Armen sorgt man in steilerem Gelände fürs Gleichgewicht, wobei

Gestuftes Felsgelände ist auf Klettersteigen oft nicht gesichert.

Gehen am Klettersteig

die Griffe nicht zu hoch gefasst werden. Der Körperschwerpunkt sollte sich stets über der Standfläche (Füße) befinden. Abklettern kann man in gut gestuftem, leichtem Felsgelände mit dem Gesicht zum Tal, schwierigere Stellen meistert man am besten mit dem Gesicht zum Berg.
Bei leichteren gesicherten Passagen wird man »frei« klettern und das Drahtseil nur zur Sicherung benutzen.

Schnee- und Firnfelder
Vor allem im Frühsommer muss man auch auf Klettersteigen (oder am Zustieg) mit Altschneefeldern rechnen. In Hochlagen halten sich Firnfelder nach schneereichen Wintern oft sogar das ganze Jahr über. Auf viel begangenen Routen besteht meistens eine ausgetretene Spur. Wo sie fehlt, muss eine geeignete Spur angelegt werden: Den Anstieg bewältigt man am besten in Serpentinen, wenn es sehr steil wird aber auch in der Falllinie. Dabei erweisen sich – wie beim Abstieg – Teleskopstöcke als sehr nützlich. Ganz wichtig sind ordentliche Tritte mit möglichst großer (Fußsohlen-)Auflage. Ist der Schnee zu hart, helfen nur Steigeisen und/oder ein Pickel. Hat man weder das eine noch das andere dabei, heißt es: umkehren!
Auch für das »Abfahren« im weichen Schnee gilt: Der Auslauf muss unbedingt im Blickfeld sein! Bei einem Sturz dreht man sich auf den Bauch und versucht, mit gespreizten Armen und Beinen die Fahrt abzubremsen.
Viele Unfälle im Gebirge haben ihre Ursache im Abgleiten auf Firn- und Schneefeldern. Im Spätsommer ist die Schneedecke an ihren Rändern und im Bereich von Bächen oft unterspült – man kann leicht einbrechen.

Ganz wichtig: gutes Wetter!
Vom Wetter hängt oft mehr ab als nur das, was später auf Dias blau-grün leuchtet oder ödgrau erscheint. Wer sein Bergerlebnis an großen alpinen Blitzableitern sucht, tut gut daran, dem Geschehen in der Atmosphäre besondere Beachtung zu schenken. Natürlich geht es dabei nicht bloß um Blitz und Donner. Wer wird schon gerne verregnet, nur weil er am Abend zuvor keinen Wetterbericht gehört hat?

Klettersteiggehen

Wetterprognosen bieten allerdings – wer wüsste es nicht? – keine Garantie, und vor allem bei Föhn oder geringen Druckunterschieden in der Atmosphäre hat unser Alpenklima oft Überraschungen auf Lager. Die Prognosen (Radio, TV, Telefon, Internet) informieren über die Aussichten, die Wetterbeobachtung unterwegs hilft, sich unangenehme Überraschungen zu ersparen. Wer schon einmal auf einem hochalpinen Klettersteig in ein Gewitter geraten oder bei Schneetreiben an vereisten Eisenteilen entlang über einen Grat abgestiegen ist, wird das nicht so rasch vergessen und in Zukunft bestimmt vorsichtiger sein.

Ein Risikofaktor beim Bergsteigen: das Wetter

Gehen am Klettersteig

Ein strahlend schöner Morgen bietet keinerlei Gewähr, dass es den ganzen Tag über sonnig bleibt und weder Gewitter noch Regen oder Schnee drohen. Als Vorboten einer Wetterverschlechterung gelten Morgenrot, fallender Luftdruck (lässt sich am Höhenmesser ablesen) und bestimmte Wolkenbilder (z. B. Schäfchenwolken nach längerem Schönwetter, Föhnfische und von Westen aufziehende Federwolken). Bilden sich bereits am Vormittag Haufenwolken, die rasch zu mächtigen Türmen anwachsen, sind Schauer, Blitz und Donner bereits am frühen Nachmittag möglich (leicht instabile Wetterlage, nicht zwingend durchgreifende Verschlechterung).

Vor jeder Bergtour informiert man sich über die Wetteraussichten, unterwegs behält man den Himmel im Auge. Wer mehrere Tage unterwegs ist, kann auch über's Handy die aktuelle Prognose einholen.

Einige Wetterphänomene

Altocumulus Schäfchenwolken leiten nach Regen oft eine längere Schönwetterphase ein. Erscheinen sie nach einer mehrtägigen Hochdrucklage am Himmel, ist ein Wetterumschwung meist nicht mehr fern.

Azorenhoch Dehnt sich dieses Hochdruckgebiet gegen die Alpen aus, bedeutet das Schönwetter, meistens für ein paar Tage.

Cumulus Haufenwolken, sehr häufig in den Bergen, vor allem während der warmen Jahreszeit.

Fernsicht Sie ist in der kalten Jahreszeit viel häufiger als im Sommer. Vor allem am Alpenrand ist eine Abnahme der Tage mit perfekter Fernsicht zu registrieren – eine Folge der Luftverschmutzung.

Föhn Macht Kopfweh im Tal und klare Sicht auf den Gipfeln. Der Föhn ist ein Fallwind, der mit wandernden Tiefdruckgebieten auftritt, in den Nordalpentälern für hohe Temperaturen sorgt und meistens mit heftigen Niederschlägen (Staulage) auf der Alpensüdseite einhergeht.

Halo Weiter, leuchtender Ring um die Sonne, oft nur punktuell sichtbar – deutet auf eine Wetterverschlechterung hin.

Klettersteiggehen

Inversionslage Temperaturumkehr in der Luft: kalt und meistens neblig in den Tälern, verhältnismäßig mild bei bester Fernsicht auf den Höhen; tritt vor allem im Herbst/Winter auf.
Luftdruck Hoher Luftdruck bedeutet in der Regel Schönwetter, tiefer Luftdruck Schlechtwetter.
Relative Luftfeuchtigkeit Sie gibt den Sättigungsgrad (in Prozent) der Luft an. Je wärmer die Luft, desto mehr Feuchtigkeit kann sie aufnehmen.
Schall Wenn's kracht in den Bergen, lässt sich die Entfernung des Blitzeinschlags bestimmen, denn der Schall breitet sich mit 330 Metern pro Sekunde aus: Drei Sekunden zwischen dem (sichtbaren) Blitz und dem (hörbaren) Donner entsprechen einem Abstand von einem Kilometer.

Unterwegs am Klettersteig

Ein paar Verhaltensregeln Grundsätzlich gilt auf Klettersteigen: Es bewegt sich jeweils nur eine Person zwischen zwei Seilverankerungen! Wo das Drahtseil bloß durch eine Öse gezogen, aber nicht befestigt ist (keine Klemme), sollte der Abstand entsprechend vergrößert werden. Das gilt sowohl im Steilgelände als auch bei Querungen.

Passiert auch erfahrenen Klettersteiglern: umhängen vergessen

Gehen am Klettersteig

Der Klettersteigler ist über das Set mit dem Sicherungsseil verbunden. Auf leichteren Passagen reicht es bisweilen, einen Karabiner einzuhängen, ansonsten sind beide Karabiner des Y-Sets zu verwenden. Auf diese Weise ist man auch beim Umhängen an einer Seilverankerung ständig gesichert. Dabei ist zu beachten, dass man während dieses Vorgangs einen möglichst sicheren Stand hat. Bei Steilpassagen (aufsteigend) umhängen, sobald die Verankerung in bequemer Griffweite ist: Die Sturzhöhe entspricht dem Abstand zur nächsten unteren Verankerung plus etwa ein Meter (Set).

In Steilpassagen ist es vorteilhaft, die Karabiner mit einer Hand am Drahtseil mitzuschieben. Beim Umhängen hat man sie dann gleich in Griffweite. Vor allem Anfänger steigen oft an Verankerungen vorbei, ohne umzuhängen. Das führt dann oft zu (nicht ungefährlichen) Verrenkungen beim Nachholen bzw. Aus- und Einklicken der Karabiner.

Nicht ganz problemlos ist das Überholen am Klettersteig – immer wieder passieren dabei Unfälle. Grundsätzlich überholt man nur an Stellen, wo das gefahrlos möglich ist; auch sollte sich keiner der Beteiligten bei dem Manöver ausklinken. »Drängler« sind übrigens auf dem Klettersteig mindestens so unbeliebt wie auf der Autobahn.

Sicherheits-Check Wohl und Wehe des Klettersteiglers hängen (buchstäblich) an einem »Faden« – dem Drahtseil. Es ist seine Lebensversicherung, an ihm hangelt er sich entlang und zieht sich hoch. Doch Seile können durch Steinschlag beschädigt oder durch Witterungseinflüsse angerostet sein, Verankerungen können sich lösen. Zumeist hat der Begeher keine Möglichkeit, die Zuverlässigkeit seiner eisernen Sicherung zu testen: Die beschädigte Stelle liegt vielleicht außerhalb seines Sichtfeldes, das Plastikband verrät nicht, wie weit die Korrosion darunter bereits fortgeschritten ist. Vor einer Prüfung nach dem Prinzip »Versuch und Irrtum«, wie sie früher in manchen Führern empfohlen wurde, ist dringend abzuraten, da man bei einem Bruch in aller Regel das Gleichgewicht verlieren würde. Und das bedeutet am Klettersteig: extreme Absturzgefahr. Selbst ein kräftiger Arm-

Klettersteiggehen

zug (etwa 50 kp) ist keinesfalls ein ernsthafter Test für die Sicherungen bzw. das Drahtseil.

Bei leichteren Steigen lässt sich das Risiko dadurch verringern, dass man die Sicherungen wenig belastet, nach Möglichkeit überall frei klettert. In Steilpassagen bzw. senkrechten Stellen, bei denen das Drahtseil gleichzeitig als Sicherung und Fortbewegungshilfe dient (Armzug), ist ein Restrisiko (Seilbruch) nur zu minimieren, indem man als Seilschaft mit konventioneller Partnersicherung geht.

Tipp! *Ob ein Klettersteig ordentlich gewartet ist, lässt sich vielfach schon nach wenigen Seillängen abschätzen. Entdeckt man Sicherheitsmängel und beschädigte Teile, ist besondere Vorsicht geboten; bei schwierigen Routen kann in so einem Fall eine Umkehr sinnvoll sein.*

Grashänge   Auf Klettersteigen sind manchmal auch Querungen oder An- bzw. Abstiege in steilen Grashängen gesichert, was durchaus sinnvoll ist – man muss sich das Gelände nur nach einem Gewitter (rutschig!) oder bei Schneelage vorstellen. Allerdings ist zu bedenken, dass eine zuverlässige Verankerung der Seile oft sehr schwierig ist. Liegen sie praktisch auf dem Boden, steigt (insbesondere im Abstieg) beim Umhängen durch die ungünstige Verlagerung des Körperschwerpunkts die Abrutschgefahr.

Info! *Auch wenn das Sicherungsseil bei guten äußeren Bedingungen an manchen Passagen überflüssig erscheint – bei Regen oder Eis kann es hochwillkommen sein.*

Rinnen, Schluchten   Immer wieder sind auf Klettersteigen Steilrinnen oder Felsschluchten zu durchsteigen. Dabei ist mit erhöhter Steinschlaggefahr und – als Folge – auch mit beschädigten Sicherungen zu rechnen. Für gefährlichen »Beschuss« sorgen mitunter unfreundliche »Bergkameraden«, die leichtsinnig Steine lostreten. Sicherheitshalber wird man deshalb eine Steilrinne erst betreten, wenn sie frei ist. Beim Abstieg wartet man mit dem Einsteigen, bis sich niemand mehr in dem gefährdeten Bereich aufhält.

Gehen am Klettersteig

Vorsicht in Rinnen: Steinschlaggefahr!

Steinschlag wird oft von Bergsteigern (gelegentlich auch von Gämsen) ausgelöst – das lässt sich nicht immer vermeiden. Also Helm auf in kritischen Zonen!

Gehen auf Felsbändern Typisch für die meisten Sedimentgesteine ist ihre ausgeprägte Schichtung, die mal schräg, mal horizontal, bei extremen Verwerfungen auch vertikal sein kann. Diese Schichtbänder sind oft richtige »Straßen« – man denke nur an die »Strada degli Alpini« in den Sextener Dolomiten, an die »Ferrata Lipella« an der Tofana di Rozes oder an den legendären »Via delle Bocchette« in der Brenta. Technisch ist das Begehen von Felsbändern in der Regel problemlos, extrem ausgesetzte Passagen (z. B. am Monte Albano bei Mori) verlangen aber gute Nerven. Begleitende Drahtseile dienen der Sicherung, über Unterbrechungsstellen helfen in der Regel künstliche Tritte.
Auf schmalen und ausgesetzten Felsbändern sichert man stets mit beiden Karabinern.

Querung von Steilrinnen Neuralgische Punkte an manchen gesicherten Routen sind Steilrinnen, die es zu queren gilt. Hier halten sich oft bis in den Hochsommer hinein Altschneeflecken, später im Jahr muss man auch mit Blankeis

Klettersteiggehen

Gehen am Klettersteig

rechnen. An solchen Stellen sind die (Seil-)Sicherungen durch den Schneedruck im Winter und durch Steinschlag einem extremen Verschleiß ausgesetzt. Deshalb wird man diese Passagen mit besonderer Vorsicht angehen: Sind die Sicherungen beschädigt, Verankerungen möglicherweise locker oder gar ausgerissen? Besteht eine sichere Spur im Hartschnee?
In manchen Fällen sollte man umdrehen (auch wenn's noch so schwer fällt …), sofern eine gefahrlose Traversierung nur mit zusätzlicher Seilsicherung möglich ist, aber kein Seil zur Verfügung steht.

Linke Seite: Wege in den Alpen folgen oft natürlichen Felsbändern.

Sind die Sicherungen im Bereich einer Steilrinne beschädigt, ist gefahrloses Queren nur noch mit Partnersicherung möglich.

Wichtig!

Steigen in gestuftem Felsgelände Bei vielen Klettersteigen sind längere Abschnitte in gestuftem, also nicht extremem Felsgelände zurückzulegen – etwa an einem Wandvorbau, an einem Grat oder im Zustieg zu einer Scharte. Vielfach finden sich genügend Tritte und Griffe, sodass das begleitende Sicherungsseil ausreicht und zusätzliche künstliche Haltegriffe nicht erforderlich sind. Das hängt allerdings vor allem vom Anforderungsprofil der Ferrata ab. Ein leichter Klettersteig weist auch in diesem Gelände noch zusätzliche Fixpunkte auf, bei einer schwierigen Ferrata können auch jegliche Sicherungen fehlen.

Klettersteigler sollten über ausreichend Bergerfahrung verfügen, um wenig ausgesetzte, kurze IIer-Stellen problemlos zu meistern.

Info!

Klettern mit Drahtseilsicherung Gesicherte Passagen können natürlich auch »frei« geklettert werden: Man sichert sich am mitlaufenden Drahtseil, benutzt es aber nicht zur Fortbewegung. Leichtere Steige in gestuftem, nicht allzu steilem Fels eignen sich dazu natürlich eher. Der Vorteil: Das Gefühl fürs Gelände wird geschult, man übt das richtige Klettern.

Die berühmte »Dreipunktregel« des Kletterns hat auch beim Klettersteiggehen Gültigkeit: Von den vier Extremitäten ist immer nur ein Arm oder ein Bein in Bewegung.

Wichtig!

Klettersteiggehen

Leitern helfen über trittarme Felsstufen hinweg.

Steigen auf Leitern Die einfachste Variante der Fortbewegung im Steilgelände ist das Ersteigen von Leitern. Probleme können bisweilen deren Höhe oder Steilheit bereiten. Bei überhängenden Leitern ist ein erheblicher Krafteinsatz (Arme) erforderlich. Gesichert wird dabei in der Regel am parallel verlaufenden Drahtseil (falls vorhanden), notfalls an den Sprossen. Auf sehr langen Leitern hängt man bei einer Steigpause einen Karabiner in eine Eisensprosse. Das Steigen geschieht im Wechselschritt (eine Sprosse mit der Hand, gleichzeitig eine mit dem Fuß). Wer Kraft sparen will, steigt mit beiden Füßen auf eine Sprosse, bevor er weiterklettert.

Das Gleiche gilt für längere Klammerreihen. Hier ist besonders darauf zu achten, dass man die Schuhsohle sauber aufsetzt.

Info! *Längere, steile Leitern sind in der Regel mit einem begleitenden Drahtseil ausgestattet, an dem man sich sichern kann.*

Gehen am Klettersteig

Steigen in sehr steilem bis senkrechtem Fels

Senkrechte Passagen können – je nach Ausstattung – ganz unterschiedlich schwierige Hindernisse darstellen. Kaum größere Probleme bereiten vertikale Leitern oder Klammerreihen. Ist allerdings lediglich ein Drahtseil montiert und fehlen Tritte und Griffe weitgehend, helfen nur Kraft und die richtige Technik: Um den Körperschwerpunkt vom Fels weg zu verlagern, lehnt man sich nach außen. Auf diese Art entsteht ausreichend Druck auf den Schuhsohlen, sodass man nicht abrutscht. Im Bereich der Seilverankerungen sollte man allerdings gut stehen, denn hier ist eine freie Hand zum Umhängen nötig.

Längere senkrechte Passagen, über die bloß ein Drahtseil läuft, sind natürlich sehr kraftraubend. Man wird unter

Eine Ferrata der Spitzenklasse: die »Via Pisetta«

Klettersteiggehen

Umständen Pausen einlegen müssen. Fehlen einigermaßen bequeme Standplätze, kann man sich an einer Verankerung auch »ins Set hängen«.

Auf sehr schwierigen Klettersteigen empfiehlt sich zusätzlich die Mitnahme einer kurzen Bandschlinge und eines Karabiners. Die Schlinge wird per Ankerstich mit dem Gurt verbunden, der Karabiner bei Bedarf an einer Verankerung eingeklinkt – Rast in der Vertikale.

Bei schwierigen Passagen heißt die Devise »Ruhig Blut!« – also erst einmal schauen, Tritt- und Griffmöglichkeiten abschätzen, nach dem nächsten guten Stand suchen.

Partnersicherung   Bei schwierigen Passagen empfiehlt sich unter Umständen zusätzliche Partnersicherung – wie beim richtigen Klettern. Das geht bei französischen Klettersteigen oftmals ganz leicht, weil in der Regel alle Seilverankerungen mit »Sauschwänzchen« ausgestattet sind, die ein problemloses Ein- und Ausfädeln des Seils erlauben. Grundsätzlich eignen sich aber die meisten Verankerungen als Zwischensicherung bzw. zur Einrichtung eines Standplatzes.

An besonders schwierigen Klettersteigen kann zusätzliche Partnersicherung angezeigt sein.

Gehen am Klettersteig

Bei Routen, die bloß mit einem Drahtseil ausgestattet sind, lässt sich auf diese Weise die (im Grunde problematische) Zusammenlegung von Sicherung und Fortbewegungshilfe ausschalten. Bei einem Drahtseilbruch endet der Sturz im Seil.

Partnersicherung auf Klettersteigen ist die Ausnahme. Wer sie trotzdem anwendet, muss einen erheblich größeren Zeitaufwand für die Route einplanen (mindestens das Doppelte). Auf viel begangenen Routen macht man sich als Stauverursacher unter Umständen nicht besonders beliebt.
Die heute übliche Sicherungstechnik ist in diesem Handbuch ab Seite 245 beschrieben.

Überhänge Hier gilt grundsätzlich das Gleiche wie im senkrechten Fels. Der Kraftaufwand und die psychische Belastung sind allerdings erheblich größer. Überhängende Passagen sind aber meistens mit künstlichen Tritten und Griffen ausgestattet (Leitern, Klammern, Eisenstifte) und vergleichsweise kurz. Auf Sportklettersteigen sind extreme Passagen dieser Art oft als Varianten angelegt. Bei alpinen Vie ferrate findet man sie in der Regel höchstens im Einstiegsbereich, etwa an der »Tomaselli« in den Dolomiten oder am »Johann« (Dachstein).

Bei den so genannten »Schlüsselstellen« gilt es, sich die Schritt-Griff-Folge nach einem ersten Augenschein möglichst gut einzuprägen. So kommt man leichter über diese Passagen.

Hängebrücken Aus französischen Klettersteigen sind Hängebrücken (»passerelles«) gar nicht mehr wegzudenken. In der Regel handelt es sich dabei um zwar schwankende, aber durchaus solide Konstruktionen. Auf der zurzeit längsten Hängebrücke überquert man den Gibidum-Stausee am »Aletsch-Klettersteig« (Wallis): 86 Meter von einem zu anderen Ufer!

Auf Hängebrücken geht man vorsichtig, um die Konstruktion nicht unnötig ins Schwingen zu versetzen. Nach Möglichkeit betritt nur eine Person die Brücke.

Klettersteiggehen

Die älteste Klettersteig-Drahtseilbrücke: am Sass Brusai

Seilbrücken Zum »Gag-Sortiment« insbesondere talnaher Klettersteige im französischsprachigen Alpenraum gehören Ein-, Zwei- und Dreiseilbrücken. Bei Letzteren (»pont népalais« oder »pont himalayen«) geht man auf einem Seil, zwei weitere Drahtseile – jeweils links und rechts in Brusthöhe gespannt – helfen, das Gleichgewicht zu halten. Die Zweiseilbrücke (»pont de singe« = Affenbrücke) wird quer zur Seilrichtung begangen, wobei die Füße nebeneinander stehen und abwechselnd weitergeschoben werden. Meistens ist ein zusätzliches Sicherungsseil angebracht, in das man die Karabiner des Klettersteigsets einhängt. Seit kurzem kann man auf dem einen oder anderen Klettersteig auch abfahren: an einer **Tyrolienne**. Die erforderliche zusätzliche Ausrüstung (Seilrolle, Schraubkarabiner und Bandschlinge) ist in der Regel am Entrée zur Ferrata zu mieten.
Das Begehen von Seilbrücken kostet oft eine gewisse Überwindung; technische Schwierigkeiten bieten sie kaum.

Gehen am Klettersteig

Leicht zu merken – 10 Regeln für Klettersteigler

- Vor der Tour: Sich über die Wetteraussichten informieren; bei Gewitterneigung möglichst früh starten, besser die Tour verschieben.
- Tourenplanung dem eigenen Können und Konditionsstand anpassen; im Frühling nicht gleich mit der schwierigsten Ferrata beginnen.
- Rucksack sorgfältig packen: Nichts vergessen?
- Ausrüstung nicht nur mitnehmen, sondern auch benutzen; der Steinschlaghelm im Rucksack schützt bestenfalls die teure Kamera, nicht aber den Kopf!
- Am Klettersteig nach Möglichkeit klettern; das Drahtseil dient in erster Linie der Sicherung; darauf achten, dass ein Seilabschnitt jeweils nur von einem Bergsteiger benutzt wird (Mitreißgefahr bei Sturz).
- Sorgfältig gehen, Steinschlag vermeiden; in Rinnen und Schluchten nach Möglichkeit nur einsteigen, wenn sie »frei«, also keine anderen Bergsteiger unterwegs sind.
- Stets aufs Wetter achten; bei Gewitter weg von Graten und Eisenteilen – wer geht schon gerne an einem riesigen Blitzableiter spazieren?
- Bei einem Wettersturz rechtzeitig umkehren! Selbst nur mäßig schwierige Klettersteige verwandeln sich bei Regen, Schneefall oder einem Temperatursturz (Vereisung) rasch in gefährliche Fallen.
- Kein blindes Vertrauen in Drahtseile, Haken und Verankerungen; sie können beschädigt oder locker sein; Drahtseile nicht unnötig auf Zug belasten.
- Defekte Sicherungen stets in der Hütte oder im Tal (bei der Polizei oder im Verkehrsbüro) melden!

Klettersteiggehen

Auf Klettersteige mit Kindern

Kinder lieben das Abenteuer. Das wissen Eltern, und sie wissen natürlich auch, dass man den Nachwuchs leichter für die Erstürmung einer verwunschenen Burgruine oder eine Schluchten-Expedition als für eine Almwanderung begeistern kann. Dann schon eher für einen Klettersteig! Voraussetzung ist natürlich, dass die Eltern als Verantwortliche über ausreichend Berg- und Klettersteigerfahrung verfügen und die Familie bereits öfter zwischen Tal und Gipfel unterwegs war. Kinder besitzen in der Regel ausgezeichnete motorische Fähigkeiten, ein günstiges Kraft-Gewicht-Verhältnis (am Klettersteig vorteilhaft) und – sofern sie regelmäßig etwas Sport treiben – auch genügend Ausdauer. Es empfiehlt sich aber, die Kinder erst einmal an dem neuen Abenteuer schnuppern zu lassen – auf einem Übungsklettersteig oder am Einstieg zu einer leichten Ferrata.

Ob Eltern ihre Kinder auf Klettersteige mitnehmen oder nicht, liegt allein in ihrem Ermessen. Verbindliche Empfehlungen sind nicht möglich, denn zu unterschiedlich sind die bergsteigerischen Fertigkeiten bei Jung und Alt – und auch die Ansichten: Wann und wie ist Klettersteiggehen mit Kindern ungefährlich, wo liegen die Grenzen?

Ein paar Punkte sind auf jeden Fall zu beachten, wenn man mit Kindern auf Klettersteige geht.

- Kinder agieren auch in den Bergen spielerisch, lassen dabei aber oft die notwendige Vorsicht missen. Deshalb nimmt man kleinere Kinder in abschüssigem Gelände an ein kurzes Seil.
- Eine komplette Klettersteigausrüstung samt Helm ist selbstverständlich.
- Die Handhabung des Klettersteigsets muss vorher geübt werden.
- Kinder weder unter- noch überfordern! Wenn ein Kind Angst bekommt oder nicht weitergehen mag, sollte man auf jeden Fall umkehren. Andernfalls besteht die Gefahr, dass die Freude am Kraxeln für lange Zeit dahin ist.

Gehen am Klettersteig

- Zu lange und anstrengende Touren sind nicht ratsam.
- Klettersteige sind für Erwachsene angelegt (Ausnahme: einige Vie ferrate in den französischen Alpen); weit auseinander liegende Tritte oder Griffe können für Kinder ein Problem sein.
- Bei der Planung ist zu berücksichtigen, dass Kinder ein anderes Zeitgefühl haben als Erwachsene; entsprechend sind mehr Pausen erforderlich.
- Eine leckere Brotzeit oder (noch besser) eine bewirtschaftete Hütte heben die Moral (und Motivation) des Nachwuchses.
- Mit etwas Fantasie kann man durchaus für Abwechslung sorgen – Beispiel: Die Kinder testen den Klettersteigführer, den die Eltern dabei haben. Stimmt auch alles?
- Bei einer Wetterverschlechterung sollte man unbedingt rechtzeitig umdrehen. Vor allem bei Gewittergefahr ist eine zusätzliche Zeitreserve einzuplanen, damit man die Kinder beim Rückweg/Abstieg nicht unnötig antreiben muss.

Mitmachen! Über die großen Belastungen, denen die Alpen als »Playground Europas« ausgesetzt sind, muss an dieser Stelle wohl kaum noch ein Wort verloren werden. Von den Besuchermassen darf wahrscheinlich auch nur bedingt erwartet werden, dass sie das Naturwunder der Alpen ganzheitlich und aktiv erleben, statt es lediglich zu konsumieren. Diese traurige Erkenntnis entbindet aber gerade die BergsteigerInnen keineswegs von der Mitverantwortung gegenüber »ihren« Bergen.

Sie sollten wenigstens dafür sorgen, dass der Müllberg nicht weiter anwächst! Was bereits herumliegt, braucht nicht ansteckend zu wirken, im Gegenteil: Ich habe es mir zur Gewohnheit gemacht, nicht nur die eigenen Abfälle, sondern auf jeder Tour ein zurückgebliebenes Exponat unserer Wegwerfgesellschaft wieder hinab ins Tal mitzunehmen. Die kleine »Mühe«, von all jenen praktiziert, die sich als Berg- und Naturfreunde fühlen, ließe unsere Berge (und Wege) wieder viel sauberer aussehen.

Klettersteiggehen

Schwierigkeits-bewertung

Schwierigkeitsbewertung

Die Schwierigkeit mit den Schwierigkeiten

Es ist fast wie in der Schule: Noten müssen her, Bewertungen, ein System also, das den Klettersteigler über das informiert, was ihn zwischen Ein- und Ausstieg, zwischen Tal und Gipfel erwartet: leicht, mittel oder schwierig?

Das hört sich ganz einfach an – zunächst –, ist in Wirklichkeit aber ziemlich schwierig (siehe Schule). Ein Beispiel: Was hat der »Jubiläumsweg« mit dem Klettersteig am Monte Albano gemeinsam? Die Eisenteile, richtig – und natürlich die steinige »Unterlage«. Aber das ist dann auch schon fast alles. Beim »Jubweg« handelt es sich um eine hochalpine, sehr lange und nur teilweise gesicherte Gratüberschreitung, während am Monte Albano – Gipfelhöhe gerade 580 Meter – vor allem ein kräftiger Bizeps und ein solides Nervenkostüm an den maximal ausgesetzten Querungen wichtig sind. Die Begehung des berühmten Grates im Wettersteingebirge setzt alpine Erfahrung voraus, sicheres Gehen in ungesichertem Gelände (Schrofen), etwas Kletterkönnen (Passagen bis Schwierigkeitsgrad II) sowie eine tadellose Kondition. All das ist auf der »Ferrata Monte Albano« weitgehend überflüssig, ebenso wie auf den vielen Sportklettersteigen in den Französischen Alpen, die sich jeder angehende Feuerwehrmann zutrauen darf. Doch spätestens an der »passage de plein gaz«, einer leicht überhängenden Bügelreihe der »Via ferrata St-Pierre«, stellt sich mit Blick ins Bodenlose wieder die Frage: schwierig oder gar sehr schwierig?

Angst vor der Tiefe, vor dem (gedachten) Sturz. Wer kennt es nicht, das leichte Kribbeln, das einen auf ausgesetzten Passagen beschleicht, das bei manchen dann panische Reaktionen auslösen kann, während es andere als emotionales Highlight empfinden – das kalkulierte Risiko, das vermeintlich sichere Abenteuer. Wer's ganz extrem mag, springt gleich am Gummiseil von der Brücke. Alles subjektiv, sagt uns die Logik – doch das individuelle Empfinden?

Klettersteigler sind in der Regel Hobbybergsteiger, keine Profis also, seltener gute Kletterer. Ihr alpines Rüstzeug variiert

Linke Seite: Eine Super-Ferrata: der »Klettersteig Jägihorn« im Wallis

Klettersteiggehen

Optimal gesichert: französische Via ferrata

mindestens so stark wie die Qualität des Frühstückskaffees auf Berghütten: von ungenügend bis vorzüglich. Manche, die sich am Drahtseil oder auf der Leiter völlig sicher fühlen und keinen Überhang scheuen, bekommen in ungesichertem Schrofengelände oder auf einem abschüssigen Schneefeld leicht zittrige Knie.

Trotzdem, eine Skala muss natürlich sein. Definiert man eine Via ferrata als Kletterroute mit zusätzlich angebrachten Steighilfen, dann hängt ihre Bewertung vor allem von zwei Faktoren ab: vom Schwierigkeitsgrad der naturbelassenen Route (nach der Alpenskala) und von der Art und dem Umfang der installierten Eisenteile (Drahtseile, Haken, Leitern usw.). Anhand von zwei Bewertungsdimensionen müsste sich demzufolge ein Klettersteig klassifizieren lassen – beispielsweise mit V/D (Route im V. Grad mit Drahtseilsicherungen) oder mit III/DL (ein »Dreier«, ausgerüstet mit Drahtseilen und Leitern). Nicht berücksichtigt sind dann allerdings Länge und Ausgesetztheit einer Route, also die konditionellen und psychischen Anforderungen.

Zu kompliziert? Also doch: leicht, mittel, schwierig …

Die objektiven Anforderungen

Die Anforderungen jeder Via ferrata setzen sich also aus vielen, sehr unterschiedlichen Faktoren zusammen. Wer eine Route erschöpfend bewerten will, muss sie alle ins Kalkül

Schwierigkeitsbewertung

ziehen. Aus der Summe ergibt sich dann der Schwierigkeitsgrad.
- Höhenlage: Tal, Mittelgebirge, Alpen, Hochalpen
- An- und Abstiegsleistung
- Geländebeschaffenheit und Steilheit: Wald, Gras, Schrofen, Fels, Schnee, Eis
- Streckenlänge
- Wegverhältnisse an Zu- und Abstieg: gebahnte Wege, Spur, weglos
- Orientierung: markiert?
- Routenbeschaffenheit: Art und Umfang der Anlage
- Ausgesetztheit der Route
- Aktueller Zustand der Ferrata

Schwierig oder nicht?

Klettersteiggehen

Aus einer Beurteilung dieser Faktoren ergibt sich die Einstufung. Ihnen stehen bestimmte Fähigkeiten gegenüber, die ein Begeher mitbringen sollte: **Bergerfahrung, Kraft, Ausdauer und psychische Belastbarkeit**. Die Koordinaten jedes Klettersteigs lassen sich grafisch sehr schön mit **Hüslers Klettersteigkreuz (HKK)** darstellen.

Die vier Arme entsprechen den genannten Aspekten: Der nach links zeigende Arm verweist auf die erforderliche Bergerfahrung, der nach oben zeigende auf die Kraft, der nach rechts auf die Kondition und der nach unten zeigende verweist auf die nötige Psyche. Unterteilt man jeden Arm in vier gleich lange Abschnitte (1 bis 4 = leicht bis sehr schwierig), entsteht ein exaktes Anforderungsprofil, aus dem sich der Klettersteigler die auf sein Können zugeschnittenen Touren herauspicken kann. Je länger ein Arm, umso größer die speziellen Anforderungen.

Die Schwierigkeitsskalen

Bis dato gibt es in den (Klettersteig-)Alpen keine einheitliche Schwierigkeitsbewertung – leider. Das mag zum Teil daran liegen, dass Vie ferrate lange Zeit als Randerscheinung des Alpinismus behandelt wurden. Angesichts der ständig wachsenden Zahl von gesicherten Routen wäre eine verbindliche Skala, die vom Wienerwald bis zur Côte d'Azur Gültigkeit hat, nur von Vorteil.

Die Hüsler-Schwierigkeitsskala Sie ist sechsstufig, reicht von (**K 1**) »leicht« bis (**K 6**) »extrem schwierig« und erlaubt eine erste Einordnung. Detaillierter über die zu erwartenden Schwierigkeiten informiert »Hüslers Klettersteigkreuz« (HKK).

K 1 Hier handelt es sich zwar nicht mehr um einen simplen Wanderweg, doch ist der Steig in aller Regel trassiert, die Sicherungen sind in Relation zur Geländebeschaffenheit komfortabel. Es finden sich durchweg große natürliche Tritte; wo sie fehlen, sind sie durch Stege, kurze Leitern und Eisenbügel ersetzt. Ausgesetztere Passagen weisen durchge-

Schwierigkeitsbewertung

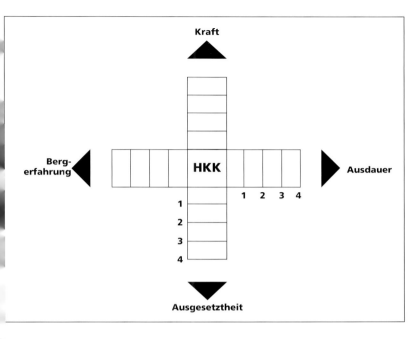

hend Seil- oder Kettensicherungen (auch Seilgeländer) auf. Für erfahrene Bergsteiger ist keine Selbstsicherung erforderlich.

K 2 Man bewegt sich abschnittsweise bereits in steilerem Felsgelände, die Routen sind aber recht aufwändig gesichert. Sehr steile und senkrechte Passagen werden durch Leitern und/oder Eisenbügel entschärft. Auch in weniger schwierigem Gelände sichern Drahtseile und Ketten den Klettersteigler. Selbstsicherung ist auch für Geübtere ratsam!

K 3 Die Route verläuft teilweise in steilem, auch ausgesetztem Felsgelände (entspräche ungesichert etwa dem III. Schwierigkeitsgrad), ist aber eher üppig gesichert. Es gibt keine Passagen, bei denen kräftiger Armzug eingesetzt werden muss. Selbstsicherung ist notwendig.

K 4 Steiles Felsgelände mit senkrechten Stellen dominiert, es finden sich auch kleine Überhänge. Oft verläuft die Route in beträchtlicher Ausgesetztheit, natürliche Tritte bzw. Griffe sind klein. Auch an exponierten oder sehr steilen Passagen ist

Klettersteiggehen

Ein leichter Klettersteig: die »Alpspitz-Ferrata«

nur Drahtseilsicherung vorhanden (Armkraft). Künstliche Haltepunkte wie Haken oder Eisenbügel finden sich bloß an den schwierigeren Stellen.

Eine Ausnahme bilden die französischen Sportklettersteige, die in der Regel weit aufwändiger gesichert sind, aber auch exponiertere Abschnitte aufweisen. Hier fließt verstärkt der Faktor »Mut/Angst« ein.

K 5 Darunter fallen Klettersteige in extremem Felsgelände. Sie sind vielfach lang und deshalb sehr anstrengend. Senkrechte bis leicht überhängende (oder abdrängende) Passagen sind oft nur mit Drahtseilen versehen; künstliche Haltepunkte finden sich lediglich an trittlosen oder maximal ausgesetzten Stellen – nur für erfahrene Klettersteigler, die gut in Form sind!

K 6 Hier sind die wenigen echten »Gänsehautrouten« versammelt: Klettersteige für die Extremen der Zunft mit starken Oberarmen und solidem Nervenkostüm. Sie sind überwiegend nur mit Drahtseilen versehen und verlaufen in sehr steilem bis überhängendem Felsgelände. Für die sehr krafttraubenden Klettersteige ist selbstverständlich eine komplette Klettersteigausrüstung erforderlich, evtl. auch Kletterschuhe (Reibung) und zusätzlich Partnersicherung.

Schwierigkeitsbewertung

Weitere Schwierigkeitsskalen   Die Skala nach **Paul Werner** setzt sich aus klettersteigtechnischen Anforderungen (KS 1 bis KS 6) und den alpinen Rahmenbedingungen zusammen (A bis E, dazu S). In Österreich hat sich die von **Kurt Schall** entwickelte Skala weitgehend durchgesetzt; sie reicht von A (leicht) bis E (extrem schwierig). In der **Schweiz** wird zurzeit eine neue **Wanderskala** etabliert, die von T1 (Wandern) bis T6 (schwieriges Alpinwandern) geht und auch gesicherte Steige und Vie ferrate beinhaltet.
In Italien reicht die Skala von F (facile) bis ED (estrema difficoltà), in Frankreich von F (facile) bis ED (extrêmement difficile). Neuerdings unterscheiden die Franzosen verschiedene Typen von Klettersteigen: Via ferrata école (Übungsklettersteig), Via ferrata sportive (Sportklettersteig), Via ferrata sportive/montagne (Sportklettersteig im Gebirge) und Via ferrata aventure (Abenteuer-Klettersteig). Dazu kommen vier Anforderungsaspekte, die jeweils mit den Ziffern 1 bis 4 (maximal) bewertet werden: ATH (körperliche Anforderungen), CIM (psychologischer Aspekt – Angstfaktor), EQU (Sicherungen an der Route) und TER (Gelände).
Mit diesem System – »Hüslers Klettersteigkreuz« in Verbindung mit vier unterschiedlichen Steigtypen (vgl. S 143ff., Kapitel »Klettersteigtypen«) nicht unähnlich – lassen sich die Anforderungen jeder Route exakt definieren.

> **Zusammenfassung:** Solange im Alpenraum keine einheitliche Bewertungsskala besteht, wird man sich mit den verschiedenen Schwierigkeitsskalen in Führern und Prospekten behelfen müssen. Im Kern sind sie sich durchaus ähnlich: Dass ein Klettersteig in Frankreich »difficile«, in Bayern »schwierig« und in Italien »difficoltà« ist, versteht jede/r. Eine alpenweit einheitliche Bewertung (mit festgeschriebenen Kriterien) wäre allerdings schon zu begrüßen. Eine Aufgabe für die Alpenvereine?

Klettersteiggehen

Gefahren

Gefahren

Worauf man besonders achten muss

Klettersteiggehen ist grundsätzlich eine vergleichsweise sichere (aber nicht »ver-sicherte«) alpine Spielart, doch dürfen auch hier die Risiken nicht unterschätzt werden. Wie bei allen alpinen Unternehmungen ist mangelnde Bergerfahrung die Unfallursache Nummer eins. Eine spezifische Gefahr bei »Eisenwegen« bildet jedoch – nomen est omen! – der Blitzschlag bei Gewitter.
Ganz wichtig auf Bergtouren ist die Fähigkeit, Risiken rechtzeitig zu erkennen und einzuschätzen.

Linke Seite:
Das Drahtseil, die (vermeintliche) Sicherung des Klettersteiglers

Steinschlag

Eine erhebliche Gefahrenquelle auf gesicherten Steigen ist der Steinschlag; er steht in der Liste der Unfallursachen auch ganz oben. Schuld daran ist aber nicht nur der instabile Berg. Oft sorgen »Bergkameraden« durch unsauberes Gehen dafür, dass man in Deckung gehen muss. Und da fühlt sich, wer einen Helm aufhat, entschieden sicherer. Steilrinnen und Geröllschluchten wird man nach Möglichkeit ohnehin nur betreten, wenn niemand im kritischen Bereich unterwegs ist. Und natürlich versucht jede/r, selbst keine Steine loszutreten …

Grundsätzlich gilt: Lieber einmal zu oft den Helm aufsetzen. Nur, in der Praxis sieht das manchmal etwas anders aus. Da ist es furchtbar heiß und man schwitzt schon am Zustieg. Oder wie macht man seiner Freundin klar, dass Sicherheit vor Schönheit kommt, wo sie den »Kübel« doch so furchtbar hässlich findet?

»Helm auf!« ist eine Devise, die man auf Klettersteigen unbedingt beachten sollte – im Interesse der eigenen Sicherheit.

Klettersteiggehen

Blitz und Donner Schönes Wetter – schlechtes Wetter. Das kennt jeder Bergsteiger, und wie viele Wochenendtouren sind schon buchstäblich ins Wasser gefallen? Da bleibt's dann bei der Hüttenwanderung, während der Gipfel nicht zu sehen ist. Oder man »spult« einfach ein paar hundert Höhenmeter ab – nach dem Motto: frische Luft tut gut. Wer auf eine alpine Via ferrata will, sollte einigermaßen ordentliches Wetter abwarten – nicht nur der Aussicht wegen, sondern auch aus Gründen der Sicherheit. Denn – und das darf trotz all der Sicherungen nicht unterschätzt werden – Klettersteige und oft auch die Zu- und Abstiege verlaufen im Steilgelände. Da genügt manchmal ein kurzer, heftiger Regenguss, und schon ist etwa die Querung eines vermeintlich harmlosen Wiesenhanges oberhalb von Felsabbrüchen ein sehr gefährliches Unterfangen. Feuchte oder nasse Drahtseile sind dann schlecht zu fassen und Schieferplatten werden ebenso rutschig wie mit Flechten überzogener Gneisfels. Bereits leichter Schneefall lässt die bunten Farbmarkierungen verschwinden und aufziehender Nebel kann die Orientierung erheblich erschweren, wenn nicht gar unmöglich machen.

Nicht ganz zufällig bestehen Blitzableiter aus Eisen, und das sollten sich Klettersteigler besonders gut merken. Denn ihr liebstes Sportgerät ist (auch) ein riesiger Blitzableiter und zudem vielfach besonders exponiert platziert: an Graten und Gipfeln. Besonders gefährlich sind »eiserne« Überschreitungen, bei denen man auch den Abstieg über eine Ferrata nehmen muss. Bei manchen Klettersteigen (z. B. »Innsbrucker«, »Arlberger«) sind eigens Fluchtwege bzw. Zwischenabstiegsmöglichkeiten angelegt worden.

Wichtig ist deshalb, dass man unterwegs vor lauter Freude am Kraxeln die Wetterentwicklung (vor allem im Hochsommer!) nicht aus den Augen verliert, um im Zweifelsfall rechtzeitig umkehren bzw. absteigen zu können. Wird man dennoch von einem Gewitter überrascht, heißt die Devise: weg von Eisenteilen und Drahtseilen – aber natürlich nur, wenn das ohne Absturzgefahr möglich ist! Zu meiden sind neben wasserführenden Gräben auch herausragende Gelände-

Gefahren

punkte wie Gipfel, Grate oder isoliert stehende Bäume. Felsnischen bieten zwar Schutz vor dem Regen, aber nicht vor Blitzschlag (so genannte Kurzschlussbrücke). Im freien Gelände setzt man sich nach Möglichkeit auf eine isolierende Unterlage (z. B. Rucksack) und legt sich nicht hin.
Etwa drei Viertel aller Blitze entladen sich in der Atmosphäre, ein Viertel zur Erdoberfläche. Höchste Blitzschlaggefahr wird durch so genannte »stille« Entladungen signalisiert, also durch das so genannte »Elmsfeuer« (bläuliches Schimmern an Metallgegenständen) und durch das Sträuben der Kopf- und Körperhaare.

Beschädigte Sicherungen Nicht ungefährlich auf Klettersteigen sind defekte Sicherungen, besonders gravierend kann sich das bei Drahtseilen auswirken. Eine wackelige Leiter oder eine ausgerissene Verankerung führen in der

Arg durch Steinschlag ramponierte Leiter an der »Ferrata Viali«

Klettersteiggehen

Gefahren

Regel nicht zu Unfällen (weil leicht zu erkennen). Beschädigte Drahtseile vor allem im Steilgelände oder auf schmalen, exponierten Felsbändern sind hingegen eine sehr reale Gefahr. Verankerungen werden oft in so großen Abständen gesetzt und auch nur teilweise mit Seilklemmen versehen, dass es unmöglich ist, Beschädigungen zu erkennen. Noch problematischer ist das bei Seilen, die mit Plastik ummantelt sind.

Ausrüstungsmängel – eine echte Gefahr! Ganz wichtig auf Klettersteigen – man kann es nicht oft genug betonen – ist die richtige Ausrüstung. Bei Steinschlag oder einem Ausrutscher bzw. Sturz im Steilgelände kann sie schwere bis tödliche Verletzungen verhindern. Das hat sich allerdings noch nicht überall herumgesprochen. Wer auf einem viel begangenen Klettersteig unterwegs ist, staunt nicht schlecht über all die abenteuerlichen Sicherungsmodelle, die teilweise heute noch verkauft werden: uralte Klettergurte, Klettersteigsets ohne Seilbremse, Sets »Marke Eigenbau«, schlichte Schnappkarabiner usw. Ein Unfall mit tödlichem Ausgang auf einem Schweizer Klettersteig (im Sommer 2002) demonstrierte, wie brutal sich mangelnde Vorsorge rächen kann: An einer leicht überhängenden Stelle stürzte ein Klettersteigler, seine – selbst gebastelte – Sicherung riss und er fiel rund 80 Meter tief.
Eine Ausrüstung, die aktuellsten Sicherheitsstandards genügt, ist für den Klettersteigler so wichtig wie funktionierende Bremsen beim Auto.

Fehlverhalten Hauptrisikofaktor im Gebirge – darüber gibt es gar keine Zweifel – ist der bergsteigende Mensch bzw. sein Verhalten. Wie bereits eingangs erwähnt, besteht in der Natur zwar ein Gefahrenpotenzial, zum echten Risiko wird es aber erst durch menschliches Fehlverhalten. Unfälle, die gewissermaßen »unvermeidlich« sind, muss man in der Statistik mit der Lupe suchen. Leichtsinn allerdings wird gelegentlich brutal bestraft. Deshalb ist das Wissen um die Gefahren im Gebirge, gepaart mit dem Wissen um das eigene Können, auch so wichtig.

Wichtig!

Linke Seite: Kein gutes Beispiel! Hier fehlt der Helm.

Klettersteiggehen

Zeittafel Klettersteigbau	
1843	Am Normalweg auf den Hohen Dachstein werden die ersten Sicherungen angebracht.
1869	Der Stüdlgrat am Großglockner wird gesichert.
1879	Bergführer steigen in die Dachstein-Südwand ein, mit dem Auftrag, die Möglichkeiten für den Bau eines gesicherten Steiges (der nie gebaut wurde) abzuklären.
1899	Der »Heilbronner Weg« wird eingeweiht.
1903	Der Westgrat der Marmolada erhält seinen Klettersteig.
1915	Italien tritt in den Krieg ein; im Bereich der Alpenfront entstehen zahlreiche (gesicherte) Felssteige.
1932	Baubeginn am »Bocchette-Weg« in der Brenta.
1938	Die »Via ferrata Tissi« an der Civetta wird eröffnet.
1952	Der erste Schiara-Klettersteig wird eingeweiht: die »Ferrata Zacchi«.
1973	Eröffnung des »Mittenwalder Klettersteigs«.
1976	Eine neue Ära beginnt mit dem Bau des Sportklettersteigs am Monte Albano.
1986	Mit der »Ferrata de Freissinières« bekommt Frankreich seinen ersten Klettersteig.
1987	Die Ferrata an der Cima dell'Uomo in den Dolomiten wird nach Unfällen abgebaut – zu gefährlich.
1987	Der »Jubiläumsweg« von der Alpspitze zur Zugspitze wird (endlich) fertig gestellt – auch am Westabschnitt gibt's nun Sicherungen.
1991	Mit der Eröffnung der beiden Klettersteige von Les Vigneaux bei Briançon setzt in den Französischen Alpen der Klettersteig-Boom ein.
1993	Die Schweiz bekommt ihre erste Via ferrata, den »Tälli«.
1996	»Hüslers Klettersteigatlas Alpen« erscheint – mit 481 gesicherten Routen (Stand Sommer 2007: 1004!)
1998	Mit der »Via ferrata de Tovière« wird der bislang schwierigste Klettersteig in den Französischen Alpen eingeweiht.
2002	Der »Königsjodler« ist die neue Super-Ferrata am Hochkönig.
2003	Auch Bayern bekommt einen neuen Klettersteig, den »Pidinger«.
2007	Am Clap Varmost wird der erste Sportklettersteig des Friauls eröffnet.
2008	Der Wilde Kaiser erhält seinen ersten (und hoffentlich einzigen) »echten« Klettersteig: den »Kufsteiner« am Unteren Gamskarköpfl (Sonneckmassiv)

Berg-steigen

von Georg Sojer und Pepi Stückl

Bergsteigen

Vorhergehende Abbildung: Abstieg vom Tocclaraja (6034 m)

Eine Eistour stand an. Außer mir hatte von uns Fünfen noch keiner eine gewagt, deshalb galt es einer sogenannten »leichten« Eiswand, nämlich der Nordwand des Fuscherkarkopfs in der Großglocknergruppe, die heute vollständig ausgeapert ist. Aber damals, 1973, prangte sie noch als stolze Eisflanke, 450 Meter hoch und 48 bis 52° steil. Anfang Juni, die Schutzhütten der Zentralalpen waren noch geschlossen. Wir nisteten uns im Winterraum der Hofmannshütte ein. Hans-Peter, Gottfried und ich gingen sogleich bis zum Einstieg, um uns die Sache mal aus der Nähe anzusehen, während die beiden Mädchen sich mühten, um den Winterraum etwas gemütlich zu gestalten. Wir stiegen zwar bis zum Bergschrund, doch viel sahen wir von »unserer« Wand nicht. Der steile Schneehang oberhalb des Schrunds – nach wenigen Metern von einer Nebelwaschküche verschluckt.

Als die Eiswände ihren Namen noch verdienten ... (Nordwestwand des Großen Wiesbachhorns/ Hohe Tauern)

Anderntags in der Früh' hatte Inge keine Lust mehr, Gottfried – ganz Kavalier – erklärte sich bereit, bei ihr zu bleiben und auf die Tour zu verzichten. Das war schon was bei der Bergbesessenheit, die der hatte! Also brachen wir zu dritt auf, banden unterhalb des Schrunds die Steigeisen an die Stiefel, nahmen die Eispickel in unsere rechten Hände, während wir die linken behandschuht an der Schneefläche auflegten. Die Sicht war so gut bzw. schlecht wie am Vortag. Aber wenn wir ganz einfach stangengerade hinaufsteigen würden, dachten wir, müssten wir eigentlich direkt am Gipfel rauskommen. So übel war das gar nicht gedacht, und wir stiegen zügig – im harten, griffigen Schnee gleichzeitig gehend – in Falllinie hoch.

Die Schneeauflage aber wurde dünner und dünner und auf einmal sah ich mich im Blankeis. O.k., es sollte ja eine Eis- und keine Schneewand werden. Jetzt hieß es ordentlich sichern. Ich ging jeweils die 40 Meter Seil aus, schlug mit dem Pickel eine Standstufe, drehte zwei

Bergsteigen

Marwa-Eisspiralen ein und sicherte meine Beiden, die gleichzeitig hintereinander am Seil kletterten, nach. Wie aus dem Lehrbuch. Dass diese Marwa-Spiralen keinem ernsthaften Sturz standhalten würden, war uns noch nicht bekannt.
Weiter. Nächste Seillänge. Wunderbar griffen die Eisen, es war eine Lust, hier hochzusteigen. Ich blickte zwischen den Beinen zu meinen Nachsteigern hinunter, sah sie auch guter Dinge am Standplatz, aber ich sah noch etwas anderes: ein Seil, das sich langsam über die Eisfläche hinabschlängelte. Eisiger Schreck: das war ja mein Seil! Der Anseilknoten hatte sich gelöst und ich stand ungesichert an der steilsten Stelle im Blankeis. Gut, bei dieser Steilheit abzuklettern und das Seilende wieder zu holen, war nicht allzu problematisch. Was mich aber nachhaltig beschäftigte war die Frage: wie hatte sich der exakt geknüpfte Bulinknoten – das war zu jener Zeit der allgemein übliche Anseilknoten – lösen können? Ich war beileibe nicht der einzige, dem ein solches Malheur unterlief. Toni Hiebeler passierte es, als er mit Royal Robbins die El-Capitan-Ostwand kletterte, und der Toni geriet da in eine echt wilde Situation. Wie bei vielen Fehlern, Fehleinschätzungen, Unbekümmertheit und Beinahe-Unfällen auch hier wieder die Erkenntnis: Der Bulinknoten konnte sich tatsächlich unter unglücklichen Umständen lösen und die damalige Lehrmeinung empfahl, diesen Knoten zusätzlich mit einem weiteren abzusichern. Da dies aber nur eine schlechte Lösung ist, wenn man einen Anseilknoten mit einem zusätzlichen Knoten absichern muss, erdachte man bessere Knoten – heutzutage ist es der gesteckte Sackstich oder der Achterknoten.

Fazit: Richtig anseilen – möglichst mit Partnercheck! – und überhaupt das Seilzeug sicher zu bedienen: davon kann Wohl oder Wehe einer Seilschaft abhängen. Wie's geht? Auf den folgenden Seiten steht's.   *hh*

Am Bergschrund der Fuscherkarkopf-Nordwand 1973

Bergsteigen

Gehtechniken im Gebirge

Gehtechniken im Gebirge

Klettern im Fels

Die meisten so genannten »Normalanstiege« auf interessante Berge führen in den höheren Bereichen und in den Gipfelregionen durch felsiges Gelände.

Während man im weichen Untergrund die Sohlenkante einsetzt, versucht man auf felsigem Untergrund mit möglichst viel Sohlenfläche aufzutreten. Wird das Felsgelände steiler, muss man auch hier jegliche Hanglage vermeiden, um das Körpergewicht optimal über die Standfläche zu bekommen. Die Arme sind nur dazu da, sich vom Hang abzustützen und das Gleichgewicht zu halten. Die Fortbewegung und die Hubarbeit erfolgt ausschließlich mit den Beinen.

Leichte Kletterei am Normalweg auf die Törlwand im Wilden Kaiser

Bergsteigen

Die Schwierigkeitsbewertung im Fels Um anspruchsvolle Anstiege im Fels und klettertechnische Schwierigkeiten beurteilen und vergleichen zu können, gibt es die international gültige Schwierigkeitsskala nach UIAA:

Schwierigkeitsbewertung

1 **Geringe Schwierigkeiten**
Einfachste Form der Felskletterei, kein leichtes Gehgelände!
Hände sind zum Halten des Gleichgewichts erforderlich, ebenso Schwindelfreiheit. Oft Absturzgelände, Anfänger sollten am Seil gesichert werden. Viele anspruchsvolle Gipfelanstiege weisen auf den Normalwegen ganz oder stellenweise diesen Schwierigkeitsgrad auf.

2 **Mäßige Schwierigkeiten**
Hier beginnt die »richtige« Kletterei, welche die Drei-Haltepunkte-Regel erforderlich macht.

3 **Mittlere Schwierigkeiten**
Senkrechter Fels oder gar griffige Überhänge erfordern den geübten Kletterer, der die Seil- und Sicherungstechniken beherrscht.

4 **Große Schwierigkeiten**
Hier beginnt die Kletterei schärferer Richtung. Erhebliche Kletter-Erfahrung notwendig.

5 **Sehr große Schwierigkeiten**
Erhöhte Anforderungen an körperliche Voraussetzungen, Klettertechnik und Erfahrung. Spezifizierte Seiltechnik erforderlich.
Lange hochalpine Routen in diesem Schwierigkeitsgrad zählen bereits mit zu den ganz großen Unternehmungen in den Alpen.

6 **Überaus große Schwierigkeiten**
Die Kletterei erfordert überdurchschnittliches Können und besten Trainingsstand. Große Ausgesetztheit und oft überhängende Wände prägen den sechsten Grad.

7 bis 11 Für Kletterein ab dem siebten Grad ist spezielles Leistungstraining und akrobatisches Kletterkönnen nötig, ebenso ausgefeilteste Sicherungstechnik. Derzeit wird von wenigen Spitzenkletterern der elfte Grad bewältigt.

Mit dem dritten Schwierigkeitsgrad beginnt die nochmalige Unterteilung der Grade mit plus (+) für die obere und minus (-) für die untere Abgrenzung.

Die Schwierigkeitsgrade bezeichnen die Schwierigkeit der Felskletterei bei guten Verhältnissen, das ist trockener Fels, normale Temperatur usw. Bei Sportkletterern hat sich in vielen Klettergebieten die anders lautende »französische Skala« eingebürgert. Darüber hinaus gibt es noch gebiets- oder länderspezifische Schwierigkeitsskalen wie z. B. die »Elbsandstein-« oder die »Amerikanische Skala«.

Gehtechniken im Gebirge

Sportklettern und technisches Klettern   Das klassische Freiklettern ist das Klettern im Fels, wobei die Schwierigkeiten ohne Zuhilfenahme technischer Hilfsmittel bewältigt werden. Das Ziel wird nur durch den Einsatz von Füßen und Händen erreicht. Technische Ausrüstung wie Haken, Klemmkeile, Schlingen usw., wird beim Freiklettern ausschließlich zur Sicherung verwendet, also weder zur Fortbewegung noch als Haltepunkte.

Dieses Freiklettern wird in höheren Schwierigkeitsgraden auch als Sportklettern bezeichnet. Dahinter steckt die sportliche Einstellung, die Route nur aus eigener Kraft mit den von der Natur vorgegebenen Felsstrukturen zu bewältigen. Klettern in Klettergärten und an künstlichen Kletterwänden bezeichnet man ebenfalls als Sportklettern, wobei auch hier die Regel gilt, sich nicht an Haken oder Fixpunkten festzuhalten. Ist es dem Kletterer nicht möglich, eine Kletterstelle »frei« zu klettern, nimmt er künstliche Griffe oder Tritte (Haken, Klemmkeile, Trittleitern) zu Hilfe, so spricht man vom »technischen Klettern«.

Eine technische Kletterstelle wird mit einem »A« (von artificiel = künstlich) bezeichnet. Je nachdem, wie schwierig dieses technische Klettern bzw. das Anbringen der technischen Hilfsmittel ist, steigert sich die Bewertung von A 0 bis A 5. Ist z. B. eine Kletterstelle mit dem Schwierigkeitsgrad 4+/A 0 (6) bewertet, weist diese Stelle mit dem Hineingreifen in einen Haken den oberen vierten Grad auf. Wird die Kletterstelle jedoch frei geklettert, also ohne den Haken als Griff zu benützen, ist der sechste Schwierigkeitsgrad zu bewältigen.

Sportklettern an der Falkensteinwand, Wolfgangsee

Bergsteigen

Ist dagegen eine Kletterroute mit 4+/A 2 bewertet, so wird zur technischen Bewältigung dieser Stelle eine Trittleiter erforderlich sein.

Es gibt große berühmte Wände, die so genannten »Bigwalls«, die mehr oder weniger in künstlicher, technischer Kletterei bezwungen werden. Das sind extrem aufwändige und schwere Unternehmungen, die viel Erfahrung, eine gehörige Portion Unternehmungsgeist und vor allem eine stabile Psyche erfordern. Der Materialaufwand ist hier beträchtlich und nicht selten wird in diesen Bigwalls eine oder mehrere Nächte im Hängebiwak (»Portaledge) zugebracht.

Klettertechnik im Fels Beim Klettern gilt es, sich mit möglichst wenig Kraft fortzubewegen, was eine entsprechend ausgebildete und trainierte Klettertechnik voraussetzt. Gerade in langen alpinen Routen ist Kraft sparendes Klettern angesagt, um nicht nur die vielen Seillängen gut bewältigen zu können, sondern auch einen langen Abstieg durchzustehen. Grundsätzlich gilt – je nach Steilheit bis etwa zum Schwierigkeitsgrad 7: Die Beine verrichten die Hubarbeit und die Arme die Haltearbeit, Letzte müssen also das Gleichgewicht bewahren. Man geht hier von der klassischen »Dreipunktregel« aus, die besagt, dass der Kletterer stets über drei Haltepunkte verfügen sollte: Es sind also jeweils zwei Hände und ein Fuß oder zwei Füße und eine Hand am Fels, während sich das freie Teil weiterbewegt.

Dieses Prinzip, das durchaus einen dynamisch-übergreifenden Ablauf haben kann und auch haben sollte, ist in den unteren Schwierigkeitsgraden problemlos einzuhalten und garantiert einen reversiblen Kletterstil. Das bedeutet, eine bereits vollzogene Kletterbewegung wieder rückgängig machen zu können. In alpinen Routen mit weniger steilem und deshalb verletzungsträchtigem Gelände trägt dies wesentlich zur Erhöhung der Sicherheit bei.

Der Körperschwerpunkt (KSP) Wenn ein Kletterer sich beklagt, dass der Schuh vom Tritt rutscht, die Sohle nicht hält, oder ein anderer Bergsteiger an einer blanken Gletschereisstelle Schwierigkeiten mit dem Setzen seiner Steigeisenza-

Gehtechniken im Gebirge

cken hat, so ist die Ursache höchstwahrscheinlich in beiden Fällen im gleichen Fehler zu suchen: Der Körperschwerpunkt wurde nicht korrekt über das Standbein gebracht. Dieser befindet sich bei aufrechtem Stand etwa auf Höhe des Bauchnabels im Körperzentrum, kann sich jedoch bei Veränderung der Körperhaltung auch außerhalb des Körpers befinden. Mit der exakten Platzierung des Körperschwerpunktes über der Trittfläche des Standbeins erreicht man, dass das maximale Gewicht des Kletterers/Bergsteigers auf der Standfläche lastet und dieser Druck auf die Sohle des Berg- oder Kletterschuhs die notwendige Haftung erzeugt oder auch die Steigeisenzacken ins Eis drückt.

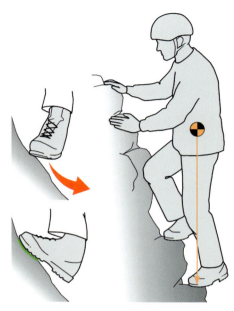

Richtiger Einsatz der Schuhsohle auf Felsplatten und Körperstellung beim Klettern (Körperschwerpunkt über der Standfläche)

Zur Fortbewegung muss der Körperschwerpunkt auf das Standbein verlagert werden, um das andere Bein zu entlasten und höher zu setzen. Danach erfolgt mit dem Wiederbelasten des höher gesetzten Beins die Hubarbeit. Es ist einleuchtend, dass der Kraftaufwand um einiges geringer ausfällt, wenn der Tritt niedriger gewählt wird. Das heißt also: Viele kürzere Trittfolgen sind effektiver als wenige sehr hohe Schritte, da die Verschiebung des Körperschwerpunktes über die Schuhsohle, den Tritt, wesentlich exakter ausgeführt werden kann.

Zum besseren Überblick und um das Trittangebot optimal zu nützen, ist es während des Steigens – genauer gesagt während der Bewegungsphase – günstig, den Körperschwerpunkt nach außen, also vom Fels weg zu verlagern, um ihn anschließend sofort wieder über das jeweilige Standbein zu bringen.

Bergsteigen

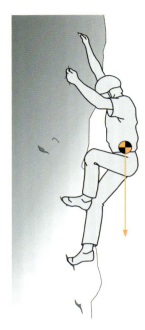

Verlagerung des Körperschwerpunktes während des Kletterns

Je schwieriger die Kletterstellen sind, umso häufiger ist es erforderlich, bestimmte Klettertechniken wie Stützposition, Überkreuzen, Froschstellung, Eindrehen der Hüfte usw. anzuwenden, um ein Auspendeln des Körpers zu verhindern und höher zu kommen. Gerade Kletterstellen, die sich vordergründig problematisch darstellen, sind mittels Stütztechnik oft überraschend leicht zu bewältigen.

Eine spezielle Situation im senkrechten oder überhängenden Gelände stellt die so genannte »offene Tür« dar. Man versteht darunter das Weg-

Stützposition

Gehtechniken im Gebirge

pendeln des Körpers von der Wand während des Weitergreifens aufgrund ungünstiger Lage der gewählten Griffe und Tritte. Häufig hilft hier schon ein einfacher Trittwechsel, um ein Auspendeln zu verhindern. Andere Maßnahmen können Überkreuzen oder seitliches Einhaken der freien Schuhspitze sein. Neben dem steten Ausloten des Körperschwerpunktes gilt es, auf eine saubere Fuß- und Grifftechnik zu achten.

Eindrehen der Hüfte

Der Effekt der »offenen Tür« (ganz links) und die Vermeidung durch seitliches Einhaken oder Überkreuzstellen der Beine

Fußtechnik Eine gute, saubere Fußtechnik zeichnet einen guten Kletterer aus. Sie ist entscheidend für Kraft sparendes, effizientes Klettern, da die Belastung der Arme und Hände erheblich reduziert werden kann.

Gerade in alpinem Gelände mit oft nicht ganz festem Fels sollte vor der Belastung eines Tritts dieser durch leichtes Antippen mit der Fußspitze auf seine Festigkeit geprüft werden. Auf ausgeprägten Tritten wird normalerweise mit der Balleninnenseite des Kletterschuhs angetreten. Auf glatten Platten

Bergsteigen

Antreten auf Reibungstritt

und Reibungsdellen tritt man mit der ganzen Fläche des Vorfußes an, die Schuhspitze steht dabei rechtwinklig zum Fels. Durch leichtes Heben der Ferse kann der Druck auf den Tritt verstärkt und somit die Reibung erhöht werden. Bei Quergängen kann es auch durchaus vorteilhaft sein, mit der Ballenaußenseite anzutreten, in Löchern dagegen kommt die Schuhspitze zum Einsatz.

Man achte darauf, riesige Hubbewegungen zu augenscheinlich ausgeprägten Tritten zu vermeiden. Kurze Zwischenschritte an weniger ausgeprägten Trittmöglichkeiten wie kleinen Dellen oder Unebenheiten führen genauso zum Ziel und haben nicht den Nachteil einer ungünstigen Schwerpunktverlagerung.

Grifftechnik Man unterscheidet grundsätzlich zwischen Zug- und Stützgriffen. Speziell im weniger steilen, also nicht senkrechten oder überhängenden Gelände haben Griffe vornehmlich die Aufgabe, den Körper im Gleichgewicht zu halten, während die Beine die Hubarbeit übernehmen. Um ein Überstrecken des Körpers und damit eine ungünstige Belastung der Tritte zu vermeiden, darf man die Griffe nicht zu hoch wählen.

Untergriff

Durch so genanntes »weiches Greifen« wird der Griff optimal belastet und der Kraftverbrauch reduziert. Man umschließt den Griff unbelastet, bringt die Hand bzw. die Finger in die günstigste Form und bringt dann erst zunehmend die benötigte Kraft ein.

Kleine und schmale Griffe oder Griffleisten sind besser mit hängenden Fingern zu halten. Mit aufgestellten Fingern erzeugt man extreme Belastungen der Sehnen und Fingergelenke mit entsprechend hoher Verletzungsgefahr.

Gehtechniken im Gebirge

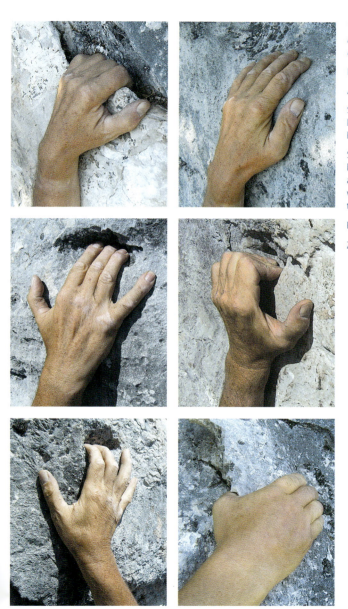

Von links oben nach rechts unten:

Henkelgriff

Aufleger

Schmale Griffleiste (Finger hängend)

Schmale Griffleiste (Finger aufgestellt, verletzungsträchtig!)

Fingerloch

Zangengriff

Bergsteigen

Ausspreizen eines Kaminüberhanges (Koppenkarstein SO-Pfeiler, Dachsteingebiet)

Günstige Verlagerung der Stand-/Trittfläche unter den Körperschwerpunkt durch Spreizen

Spreizen Eine oft und sehr vorteilhaft anwendbare Technik ist das Spreizen. Es dient besonders in Verschneidungen und sehr breiten Kaminen als Grundklettertechnik. Da mit dem Spreizen häufig auch eine günstige Verlagerung des Körperschwerpunkts möglich ist, ist diese Klettertechnik auch bei der Überwindung von steilen, abdrängenden Wandstellen und Überhängen vorteilhaft.

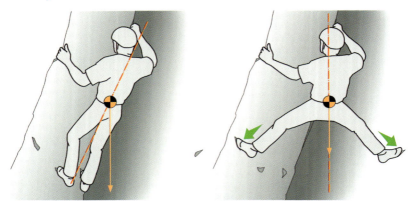

Stemmen Breite Risse und Kamine überwindet man mittels der Stemmtechnik, d. h. mit dem Rücken an der einen Kaminseite und den Beinen an der anderen Seite wird Gegendruck ausgeübt. Zur Fortbewegung schiebt man sich dann einer Raupe ähnlich in die Höhe. Man achte darauf, möglichst weit außen zu bleiben und nie zu tief in den Kamingrund zu geraten.

Gehtechniken im Gebirge

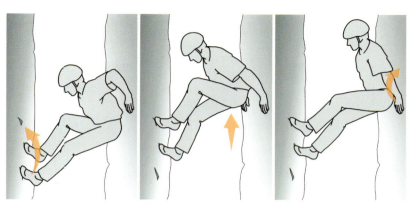

Stemmtechnik

Ein Problem können hier in alpinen Touren die mitgeführten Rucksäcke bereiten. Unter Umständen müssen diese beim Klettern abgelegt und separat aufgeseilt werden.

Piazen (Gegendrucktechnik) An senkrecht verlaufenden glatten Rissen oder Schuppen kann die Anwendung der sehr kraftraubenden Piaztechnik erforderlich sein, bei der durch Zug mit den Armen ein Gegendruck auf die Beine aufgebaut wird. Sie wird auch dort angewandt, wo zwar gute Griffe, jedoch keine ausgeprägten Tritte vorhanden sind. Das Queren an horizontal verlaufenden Griffleisten mit den Sohlen auf Gegendruck nennt man »Hangeln« bzw. »Hangelquergang«.

Piazen

Bergsteigen

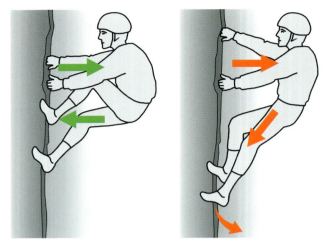

Gegendrucktechnik. Optimaler Winkel zwischen Armen und Beinen (links) und Gefahr des Abrutschens bei zu offener Winkelstellung

Rissklettern Das Rissklettern – die Bandbreite reicht hier vom breiten Körperriss bis zum feinen Fingerriss – fordert vom Kletterer die unterschiedlichsten Klettertechniken. Abhängig von der Felsstruktur ist es oft vorteilhafter, außen zu bleiben bzw. so wenig tief wie möglich in den Riss zu schlüpfen. Ist man einmal im Riss drinnen, hat man weniger Überblick und übersieht so leicht die außerhalb des Risses liegenden Stellen, die eventuell besser kletterbar wären. Sind keine ausgeprägten Griffe vorhanden und ist der Riss schmal, benutzt man die Klemmtechnik. Ähnlich einem Klemmkeil werden je nach Rissbreite die Finger, die Hand oder die Faust so im Riss platziert, dass sie auf Zug von unten nicht mehr herausrutschen können und so den Halte-

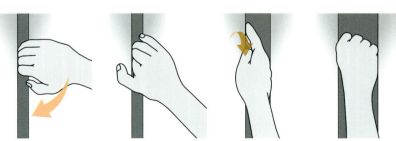

Handstellungen in verschiedenen Rissbreiten. Fingerriss, Handriss und Faustriss (v. l.)

Gehtechniken im Gebirge

punkt ergeben. Durch optimales Ausnützen von Rissverengungen kann die Klemmwirkung noch erhöht werden.

Die Klemmtechniken im Einzelnen:

- Beim Fingerriss führt man die Finger mit dem Daumen nach unten in den Riss. Durch Drehen des Unterarms wird die Klemmwirkung erzeugt.
- Beim Handriss kommt die ganze Hand in den Riss und wird angewinkelt, worauf der Daumen in die Handfläche gedrückt wird. In Handrissen kann man darüber hinaus hervorragend die

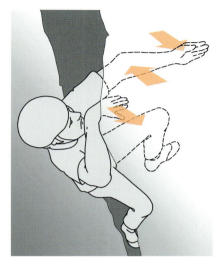

Kletterstellung im Schulterriss

Schuhspitzen verklemmen. Dabei wird die zur Seite gedrehte Schuhspitze im Riss platziert und mit einer anschließenden Drehung zurück in die Normalstellung gebracht. Man erzielt so eine ausgezeichnete Klemmwirkung, sodass das Lösen der Schuhspitze aus dem Riss mitunter Schwierigkeiten bereiten kann.

Schulterriss in der Schüsselkarspitze-SO-Wand (Wetterstein)

Bergsteigen

- Im noch breiteren Faustriss erzielt man die Klemmwirkung, indem man die Hand in waagrechter Stellung im Riss platziert und dann kräftig zur Faust ballt.
Das Verklemmen von Faust und Schuhspitzen ist häufig auch in glatten Wasserrillen gut anzuwenden.

Quergang »Wenn es nach oben nicht mehr weitergeht, machst du einen Quergang, dann geht es wieder weiter!« Diese alte Bergsteiger-Regel gilt auch heute noch uneingeschränkt. Oft findet sich an schwierigsten oder unmöglichen Kletterstellen der gangbare Ausweg mit einem Quergang um die Ecke. In vielen der berühmtesten alpinen Klassiker gehören die Quergänge zu den legendären Kletterstellen: das schaurige Oppelband der Predigtstuhl-Nordkante, der 27-Meter-Quergang am Ausstieg der Großen-Zinne-Nordwand mit 500 Meter Luft unter den Sohlen oder das originelle Steinerband der Dachstein-Südwand.
Quergänge können völlig unterschiedlich beschaffen sein: das unangenehme Kriechband, das wurmartig fortbewegend überlistet wird, der Quergang über steile Wandpassagen mit unterschiedlichem Griff und Trittangebot oder der klar einschätzbare Hangelquergang mit deutlich vorgezeichnetem, waagrechtem Handriss.
Bei nicht ganz einsehbaren Quergängen über Wandstellen gilt die Regel, so tief wie möglich zu beginnen, da es leichter ist hinaufzuklettern, als im schwierigen Gelände abzuklettern, falls man zu hoch geraten ist.

Abklettern Manche Kletterstellen, die im Aufstieg relativ leicht bewältigt wurden, können im Abstieg bei weniger Geübten zum Problem werden. Bergauf sieht man den Aufstieg klar vor sich, bergab ist die Sicht auf Griffe und Tritte erschwert. Im leichteren Fels (Grad 1 und 2) klettern man daher am besten mit dem Gesicht zum Tal ab. Bewährt hat sich hier die Vierfüßlertechnik: Mit den Füßen voraus werden die Tritte ertastet und mit den Handballen der Körper abgestützt. Das Gesäß bleibt in der Luft – also nicht absitzen! –, damit der Druck auf die Sohlen nicht verloren geht.

Gehtechniken im Gebirge

Abklettern

Das schräg seitliche Abklettern ist eine vorteilhafte Variante, da man mit dem Gesicht voraus das Gelände voll im Blick hat und sich den bestmöglichen Weg suchen kann. Dabei bleibt nur die bergseitige Hand zum Abstützen am Fels. Wenn der Fels schwieriger und steiler wird, kann es erforderlich sein, mit dem Gesicht zur Wand abzuklettern. Dabei werden die Griffe möglichst tief gefasst. Danach steigt man annähernd bis zur Streckung der Arme tiefer. Zur Vorausplanung der Kletterbewegungen lehnt man sich an unübersichtlichen Stellen am gestreckten Arm möglichst so weit nach außen, bis man die folgenden Kletterstellen einsehen kann. Ist der weitere Abstieg nicht mehr klar einzusehen, wird das Abklettern zu schwierig oder riskant oder fühlt man sich unsicher, so sollte man rechtzeitig einen Standplatz einrichten und abseilen.

Bergsteigen

Gesteinsarten Gebirgsstöcke bestehen aufgrund ihrer Entstehungsgeschichte oft aus völlig unterschiedlichen Gesteinsarten.

Man spricht einerseits von Tiefengesteinen (so genannte Urgesteine), die in der Tiefe verschmolzen und wieder emporgehoben wurden. Darunter fallen Granit (z. B. Bergell, Montblanc-Gebiet, Urner Alpen), Gneise (z. B. Silvretta, Alpenhauptkamm) und vulkanische Gesteine (z. B. am Mt. Kenia).

Die zweite Hauptgruppe besteht aus Sedimentgesteinen, also aus Meeresablagerungen. Dazu zählen vor allem unsere nördlichen Kalkalpen sowie in den Südalpen die Dolomiten. Terrestrische Ablagerungen, die unter großem Druck zustande kamen, sind Nagelfluh und Sandsteinfelsen, wie man sie z. B. im Elbsandsteingebirge oder in den Wüstengebirgen Jordaniens findet.

Diese unterschiedlichen Felsarten verlangen sowohl unterschiedliche Kletterstile wie auch dem Gestein angepasste Sicherungstechniken. Während man im rauen Granit häufig fantastische Reibungsplatten vorfindet, auf denen die Klettersohlen hervorragend haften, zeigt sich der steilere Dolomitenfels gern mit verschwenderischer Griffvielfalt. Die herrlich wasserzerfressenen rauen Steilwände und von tiefen

Typische Wasserrillenkletterei im Kalk des Schoberkopfes (»*Das Leben ist schön*«, 6+, Hochkönig)

Gehtechniken im Gebirge

Wasserrillen durchfurchten Platten findet man dagegen bevorzugt im Rät- oder Dachsteinkalk der Nördlichen Kalkalpen.

Das Anbringen von Zwischensicherungen unterscheidet sich ebenfalls je nach Felsart und ist abhängig von ihren spezifischen Eigenschaften. Zur Absicherung mit Normalhaken, die in vorhandene Felsritzen geschlagen werden, und Bohrhaken kommen die so genannten mobilen Sicherungsmittel wie Schlingen, Klemmkeile und Klemmgeräte hinzu. Im Granit wird man hervorragend mit Klemmgeräten wie den »Friends« arbeiten können. Im Kalkfels dominieren die Klemmkeile (Rocks), Sanduhren und Zackenschlingen. Im Sandstein finden dagegen aufgrund der sehr empfindlichen Felsoberfläche Knotenschlingen am ehesten Verwendung.

Gneiskletterei an den Pflunspitzen (Verwall)

Da die gleiche Gesteinsart in jeder Berggruppe völlig unterschiedlich ausfallen kann, hat dies bemerkenswerte Auswirkungen auf die Festigkeit bzw. Brüchigkeit des Gesteins und somit auf die Klettertauglichkeit.

So gilt z. B. der Kalkfels im Wetterstein als fest und kletterfreundlich, während der benachbarte Karwendelfels als besonders brüchig und gefährlich verschrien ist. Das Urgestein im Glocknergebiet ist teilweise extrem verrottet im Gegensatz zum herrlich festen kletterbaren Gneis gleich nebenan in der Granatspitzgruppe.

Bergsteigen

Gehen und Klettern in Schnee und Eis

Gletscher   Hohe Berge über 3000 Meter, wie z. B. die Gipfel des Alpenhauptkamms, sind meistens von Gletschern bedeckt oder umflossen. Gletschereis bildet sich durch steten Druck auf abgelagerten Schnee. So entsteht aus zehn Metern frisch gefallenem Schnee nach jahrelangem Druck (bis zu acht Jahren) zehn Zentimeter reines Gletschereis.

Ein Gletscher fließt aufgrund seines Gewichts und der Schwerkraft talwärts. Das Gletschereis verhält sich auf Druck plastisch (verformbar) und auf Zug spröde (es bricht). Infolge der Unebenheiten des Untergrunds kommt es daher zur Bildung von Gletscherspalten. Solange diese sichtbar sind, bedeuten sie lediglich eine offenkundige Gefahr, da sie ja einzuschätzen sind. Richtig gefährlich und tückisch sind die verschneiten Gletscher, die so schön weiß und glatt aussehen, denn die Spalten sind darunter unsichtbar verborgen.

Rechte Seite: Die wichtigsten Formen alpiner Vergletscherung

Der Morteratsch-Gletscher in der Bernina, oben die Bellavistaspitzen

Gehtechniken im Gebirge

Bergsteigen

Aus diesem Grund dürfen schneebedeckte Gletscher nur richtig angeseilt betreten werden, um einen Gestürzten mittels entsprechender Technik aus der Spalte bergen zu können.

Unterhalb der Firngrenze apert der Gletscher im Sommer aus und zeigt das blanke Eis, oberhalb dieser Linie bleibt der Gletscher das ganze Jahr über von Firnschnee bedeckt. Diese Firngrenze befindet sich in den Alpen etwa bei 2800 bis 3200 Metern.

Durch die allgemeine Klimaerwärmung sind die Alpengletscher stark geschmolzen. Für den Bergsteiger ist daher bei der Routenplanung unbedingt zu beachten, dass der in den Karten eingezeichnete Gletscherstand nicht mehr stimmt und die vorgegebenen Wege oft in steilen, gefährlichen Moränen verlaufen.

Achtung! *Gletscher, die mit Schnee bedeckt sind, dürfen nur in Seilschaft betreten werden.*

Gehen am Seil Auf Gletschern geht man am leicht gespannten Seil, sodass es zwischen den Seilschaftsmitgliedern etwas durchhängt und leicht den Boden berührt. Am besten betritt man einen Gletscher als Dreier-, Vierer- oder Fünfer-Seilschaft. Gehen in Zweier-Seilschaft ist gefährlich, da es ei-

Seilschaft am Gletscher

Gehtechniken im Gebirge

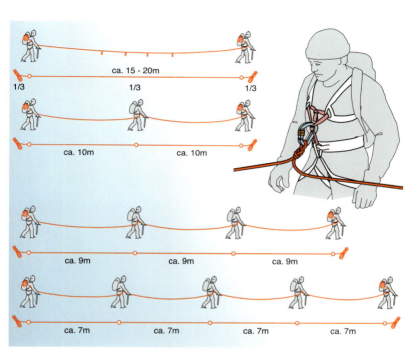

nem Seilpartner allein nicht immer möglich ist, einen Spaltensturz des anderen zu halten, geschweige denn ihn aus der Spalte zu bergen. Der Abstand der Seilpartner zueinander sollte je nach Härte des Schnees so gewählt werden, dass genügend Bremsweg vorhanden ist.
Wer sich auf einen Gletscher begibt, sollte in der Technik der Spaltenbergung ausgebildet sein!

Anseilen und Seilabstände am Gletscher (s. a. Anseilen/Knoten S. 245)

Gehen im Eis   Im hart gefrorenen Firn und natürlich im Blankeis ist der Gebrauch von Steigeisen angesagt. Am zweckmäßigsten sind Zwölfzacker, die Zehnzacker gelten als Leichtausführung, auch für leichtere Touren. Beim Gehen mit Steigeisen sollten möglichst alle vertikalen Zacken in den Untergrund dringen, was in schwach geneigten Hängen problemlos machbar ist, mit zunehmender Steilheit jedoch schwieriger wird, da es ein Abknicken des Sprunggelenks er-

Bergsteigen

fordert. Um auch im Steilen alle senkrecht gestellten Zacken plan aufsetzen zu können, dreht man die Fußspitzen zunehmend zur Seite bis hangabwärts, was beim Schräganstieg ein »Übersetzen« der Füße erfordert.

Eine enorme Gefahrenquelle ist hierbei das Verhaken der Steigeisenzacken an der Wade bzw. am Hosenbein, das unweigerlich zum Straucheln und zum Absturz führt. Eine hüftbreite Beinstellung beim Gehen mit Steigeisen ist daher zwingend.

Wird der Hang schließlich so steil, dass mit der Vertikalzackentechnik ein flüssiges Gehen nicht mehr möglich ist, wird

Hochtour in den Westalpen

Gehtechniken im Gebirge

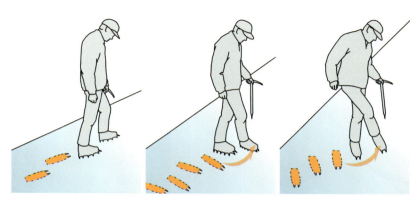

Vertikalzackentechnik: Beinstellung bei zunehmender Steilheit

die Frontalzackentechnik angewandt, d. h. mit den Vorderzacken wird mit dem Gesicht zur Wand angetreten. Auch hier muss die hüftbreite Beinstellung eingehalten werden. Es empfiehlt sich, die Fersen leicht hängen zu lassen, um die Wadenmuskulatur zu entlasten.
In allen Fällen muss eine ausgeprägte Gewichtsverlagerung durch Pendeln des Oberkörpers über das Standbein erfolgen, damit die Zacken ordentlich in den Untergrund eindringen können.

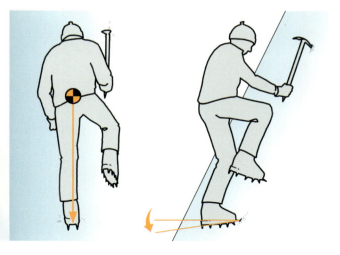

Frontalzackentechnik: hüftbreite Beinstellung und »hängende Fersen«

Bergsteigen

Zum Steigeisen gehört der richtige Schuh und umgekehrt: Eisen mit praktischer Kipphebelbindung erfordern einen steifen »steigeisenfesten« Bergschuh, die weicheren Schuhe benötigen eine ordentliche Riemen-Schalen-Bindung. In jedem Fall muss der Schuh beim Steigeisenkauf mitgenommen werden, damit die Steigeisen exakt angepasst werden können.

Ein abgefallenes oder verrutschtes Steigeisen im Steilhang bedeutet Lebensgefahr!

Klassisches Eisklettern Senkrechte gefrorene Wasserfälle, überhängende Felspartien mit herabhängenden Rieseneiszapfen – diese schwierigsten Spielarten des Bergsteigens erfordern akrobatisches Leistungsvermögen an der Grenze des Machbaren. Im Gegensatz dazu steht das klassische Eisklettern des bergsteigenden »Normalverbrauchers«, womit das Begehen von Eiswänden bis zu immerhin beachtlichen Neigungen von etwa 60 Grad bezeichnet wird. Das Durchsteigen solcher Bergflanken erfordert eine große Portion alpiner Erfahrung, spezielle Ausrüstung (zweites Handgerät) und eine solide Sicherungspraxis.

Aufgrund der unterschiedlichen, stets wechselnden Eisverhältnisse ist eine exakte Schwierigkeitsbewertung nicht möglich. Man orientiert sich hier an der Steilheit, der Länge der Wand und der Gipfelhöhe.

Die Schwierigkeitsbewertung im Eis Für reine Eisanstiege ist es nicht einfach, eine exakte Schwierigkeitsbewertung anzugeben, da die »Verhältnisse«, also die Beschaffenheit von Eis und Firn, durch Witterungseinflüsse einer stetigen Veränderung unterworfen sind. So orientiert man sich grundlegend erst nach der Steilheit des Anstiegs, die ja eine relativ fixe Größe darstellt. Dazu müssen noch die Informationen über den derzeitigen Zustand, die »Verhältnisse« vor Ort, eingeholt werden, um die zu erwartenden Schwierigkeiten, Sicherungsmöglichkeiten und damit auch den Umfang der benötigten Ausrüstung abschätzen zu können.

Rechte Seite: Piz-Bernina-Westwand, seilfreie Begehung bei optimalen Firnverhältnissen

Gehtechniken im Gebirge

Bergsteigen

Das heißt im Klartext:
- Ist die Wand mit weichem oder hartem Schnee oder mit Firn bedeckt?
- Ist die Wand »blank«, also reines Eis?
- Ist dieses Eis »weich«, hart oder gar spröde?
- Wo liegt die Frostgrenze?
- Wie ist die Wetterentwicklung?

Eine grobe Richtlinie für den gemäßigten Steileisbereich bietet folgende Skala:

40°–45°	Mäßige Schwierigkeiten, ein Eispickel ist ausreichend, Zwischensicherungen sind nur bei Blankeis erforderlich.
50°	Beginn des »richtigen« Eiskletterns. Gute Steigeisentechnik sowie Sicherungstechnik erforderlich, Zwischensicherungen notwendig.
60°	Längere Wände in dieser Steilheit erfordern zwei Handgeräte, perfektes Steigeisengehen, große alpine Erfahrung und besten Trainingszustand.
65°	Hier beginnt bereits die extreme Eiskletterei.
70° und mehr	Kraft, Klettertechnik und Psyche spielen mehr und mehr eine entscheidende Rolle.

Neben diesen Angaben gibt es spezielle Bewertungen für die extremen Spielarten des Eiskletterns wie Mixed-Climbing und Dry-Tooling.

Bergsteigen in kombiniertem Gelände

Mit dem Begriff »kombiniert« bezeichnet man Anstiege und Routen, die sowohl Eis- als auch Felspassagen aufweisen. In diesem Gelände ist der alpine Routinier gefragt, der gleichermaßen Fels und Eis beherrscht, denn hier werden alle Register alpinen Könnens verlangt.

Auf anspruchsvollen Hochtouren, besonders aber in den Westalpen, ist es häufig erforderlich, auch schwierigere Felspassagen mit Steigeisen an den Schuhen zu klettern, da ständiges Ablegen und Anschnallen der Eisen auf langen Touren zu viel wertvolle Zeit erfordern würde.

Berühmte schwierige kombinierte Routen in den Alpen sind z. B. der Peutereygrat zum Mont Blanc, der Walkerpfeiler oder die Nordwand des Eigers.

Gehtechniken im Gebirge

Am Biancograt
(Piz Bernina)

Zu den leichteren, auch für Normalbergsteiger machbaren Routen zählen u. a. der Biancograt auf den Piz Bernina oder das »Hängende Seil« auf den Monte della Disgrazia.

Schnee- und Eisgrate Für jeden ernsthaften Bergsteiger ist es ein besonderes Erlebnis, einen hohen Gipfel über einen schmalen ausgesetzten Firngrat zu erreichen. Das Begehen eines schmalen Grates erfordert neben ausgeprägter Trittsicherheit eine hohe Konzentration, da eine ausreichende Sicherung mit dem Bergseil kaum möglich ist. Zu achten ist hier im Besonderen auch auf Wechten. Da die Bruchlinie von Wechten nicht senkrecht, sondern schräg aufwärts in den Gegenhang verläuft, muss die Spur entsprechend tief in der Gegenflanke angelegt werden.

Das Gefährliche und Tückische an Wechten ist, dass man meistens nicht erkennen kann, wie weit man schon auf ihr bzw. noch unterhalb steht, da man nicht auf die andere Seite der Wechte blicken kann. Wenn möglich, sollte man deshalb schon frühzeitig und aus der Entfernung versuchen, sich ein Bild vom Ausmaß der Wechtenbildung zu machen, und sich die Situation möglichst genau einprägen.

Wird ein ausgesetzter Grat angeseilt begangen, muss bei einem Sturz des Seilpartners auf die andere Gratseite gesprungen werden. Um zum Springen genügend Freiraum zu haben, sind mehrere lose Seilschlingen vorsorglich in der Hand aufzunehmen und bei einem Sturz des Seilpartners loszulas-

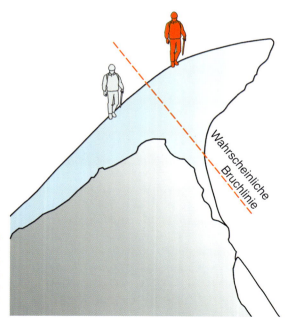

Sicheres Begehen von verwechteten Graten. Die wahrscheinliche Bruchlinie reicht bis in den Gegenhang!

Gehtechniken im Gebirge

Massive Wechtenbildung am Rochefortgrat (Mont-Blanc-Gebiet)

sen. Der dadurch entstehende Freiraum muss sodann genützt werden, um mit einem Schnellspurt die Gratkante zu erreichen und auf die andere Seite zu springen.
Berühmte Firngrate sind z. B. der Weißhorn-Nordgrat (Walliser Alpen), der Rochefortgrat im Mont-Blanc-Gebiet, die Überschreitung des Liskamms ebenfalls in den Walliser Alpen.
Das gleichzeitige angeseilte Gehen im harten Firn oder im Eis führt beim Sturz eines Seilpartners – sofern nicht über einen Standplatz gesichert wird – zum Absturz der ganzen Seilschaft. Es ist ein frommer Wunsch zu glauben, einen solchen Sturz frei stehend halten zu können. Zahlreiche Mitreißunfälle haben das Gegenteil bewiesen.
Auch das so genannte »Gehen am kurzen Seil« ist eine brandgefährliche Angelegenheit, die ausschließlich Berufsbergführern vorbehalten bleibt, die sich der Risiken voll bewusst sind und entsprechend handeln. Es gilt daher:
Kann im Eis nicht optimal gesichert werden, ist es besser, das Seil abzulegen, um keinen Seilschaftssturz zu provozieren. Jeder Partner steigt dann seilfrei auf eigenes Risiko. Wird das Risiko für zu groß erachtet, muss umgekehrt werden.

Wichtig!

Bergsteigen

Sicherungstechnik

Sicherungstechnik im Fels

Anseilen Um beim Klettern einen Absturz zu verhindern, verbinden sich die Kletterpartner mit dem Seil zu einer Seilschaft. Das Anseilen erfolgt mittels eines geeigneten Anseilknotens im Sitzgurt. In einigen Fällen ist es ratsam, zusätzlich zum Sitzgurt noch einen Brustgurt mit zu verwenden: bei Kindern, da diese infolge des noch nicht ausgeprägten Beckens leicht aus dem Sitzgurt rutschen können, sowie bei Schwergewichtigen mit »Hofbräumuskeln«. Bergsteigern mit schweren Rucksäcken am Gletscher ist ebenfalls der zusätzliche Brustgurt anzuraten, um ein Kopfüber-Hängen bei einem Spaltensturz zu vermeiden.

Darüber hinaus kann sich natürlich jeder, der sich »oben mit« einfach sicherer fühlt, mit Brust- und Sitzgurt anseilen. Die Verbindung vom Sitzgurt zum Brustgurt erfolgt mittels Achterband. Den Anseilpunkt, in den das Seil, der Verschlusskarabiner oder das Klettersteigset verankert wird, bildet der Knoten zwischen Sitz- und Brustgurt.

Linke Seite: Franz Stief im »Tauerngold« (7–) am Tauernkogel (Tennengebirge)

Als Anseilknoten dient der gesteckte Sackstich oder der Achterknoten. Um ein ungewolltes Öffnen des Knotens zu verhindern, muss das Seilende, nachdem fertig geknüpft ist, mindestens zehn Zentimeter lang sein. Aus dem Knoten selbst ragen vier Stränge: Man nimmt den Knoten in die Faust und zieht jeden einzelnen

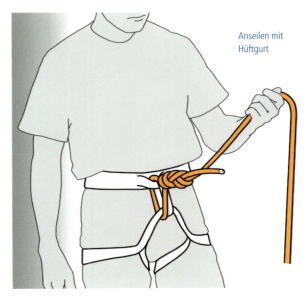

Anseilen mit Hüftgurt

Bergsteigen

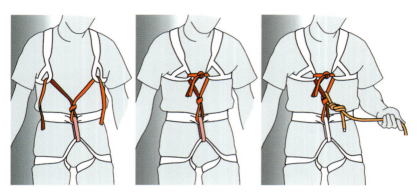

Anseilen mit Hüft- und Brustgurt mittels »Achterband«

dieser vier herausführenden Seilstränge so fest als möglich an. Erst dann ist der Anseilknoten fertig.

Sowohl Sackstich als auch Achterknoten sind sicher, letzterer lässt sich jedoch nach starker Belastung wieder leichter lösen.

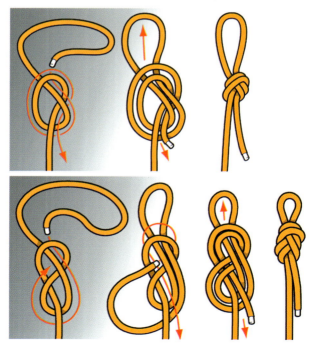

Anseilknoten: Sackstich (oben) und Achterknoten (unten)

Sicherungstechnik

Gebohrter Standplatz mit fixer Kette

Der Standplatz

Beim alpinen Klettern kann man seinen Partner nur dann zuverlässig sichern, wenn man einen sicheren Standplatz hat. Darunter versteht man das Anbringen oder Verwenden eines absolut sicheren Fixpunkts am Fels oder im Eis, an dem der Sichernde seine Selbstsicherung und auch die Partnersicherung anbringt.

Die Qualität des Standplatzes hat absolute Priorität, da ein Versagen des Standplatzes den Absturz der ganzen Seilschaft zur Folge haben würde!

Als sicherer Einzelpunkt gilt ein solider Baum, eine mindestens armdicke stabile Sanduhr oder ein geklebter Sicherheitshaken. In allen anderen Fällen sollten mindestens zwei Fix-

Wichtig!

Standplatzbau an einem Fixpunkt (Sanduhr und Sicherheitsklebehaken) mit Zentralpunktkarabiner

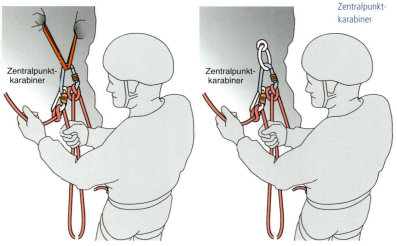

Bergsteigen

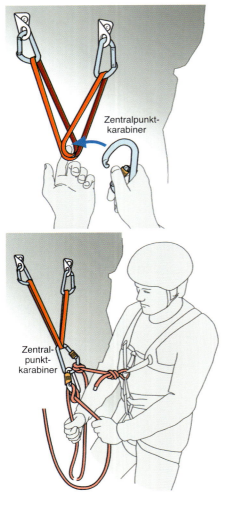

Standplatzbau an zwei Fixpunkten mit Ausgleichsverankerung und Zentralpunktkarabiner

punkte zusammengeschlossen werden, am besten mit der Ausgleichsverankerung (»Kräftedreieck«). Diese verteilt eine auftretende Sturzbelastung gleichmäßig auf die verschiedenen Fixpunkte. Beim Erreichen des Standplatzes wird zuerst die Selbstsicherung mittels Mastwurfknoten im so genannten Zentralpunktkarabiner eingehängt. Danach erfolgt das Einklinken der Sicherung für den Partner. Es gibt verschiedenste Sicherungsgeräte, die jedoch zum Sichern in alpinen Routen mehr oder weniger gut geeignet und mitunter auch kompliziert anzuwenden sind. Solche Geräte brauchen eine eingehende Schulung und ständige Übung.

Am längsten und sichersten hat sich – sowohl für den Vorstieg als auch den Nachstieg – die Sicherung des Partners mittels der Halbmastwurf-Sicherung (HMS) bewährt, für deren Anwendung lediglich der dafür geeignete Halbmastwurf-Karabiner benötigt wird. Dieser HMS-Karabiner ist ein Verschlusskarabiner mit größtmöglicher gerundeter Birnenform, damit der Halbmastwurfknoten nach Bedarf umschlagen kann und beim Seilausgeben nicht klemmt.

Es ist dringend anzuraten, in alpinen Routen nur über einen Fixpunkt, also über den Standplatz zu sichern. Im Notfall

Sicherungstechnik

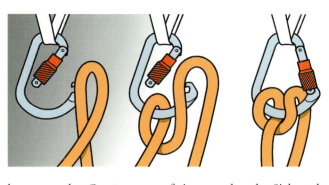

Halbmastwurfknoten

kann man den Gestürzten gut fixieren, sodass der Sichernde für Hilfsmaßnahmen voll und frei beweglich bleibt. Die Körpersicherung, also das Sichern des Partners direkt am Klettergurt, hat sich vor allem in Klettergärten und Kletterhallen eingebürgert und ist hier auch zweckmäßig.

Sicherungstheorie   Der Fangstoß ist jene Kraft, die am Ende des Sturzes auf den Körper des Gestürzten einwirkt. Eine statische (= starre) Sicherung bewirkt einen ungünstigen harten Fangstoß und eine hohe Belastung der gesamten Sicherungskette (= Standplatz, Zwischensicherungen), wo-

Verschiedene Sturzfaktoren beim Klettern und am Klettersteig. Ohne Klettersteigbremse ist aufgrund des hohen Sturzfaktors eine sehr hohe Belastung der Sicherungskette möglich!

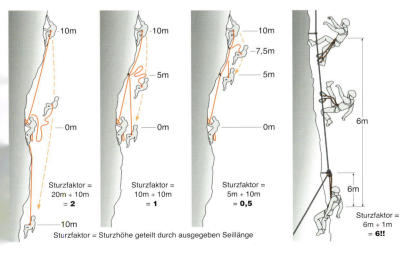

Sturzfaktor = Sturzhöhe geteilt durch ausgegebene Seillänge

Bergsteigen

gegen eine dynamische Sicherungsart ein weiches Abfangen des Gestürzten bewirkt.

Der Sturzfaktor sagt aus, wie hart ein Sturz auf die ganze Sicherungskette wirkt. Er wird folgendermaßen berechnet: Sturzhöhe geteilt durch ausgegebene Seilmeter. So kann beim Klettern in Seilschaft im ungünstigsten Fall – bei Sturz ohne Zwischensicherungen direkt in den Stand – der Sturzfaktor »2« erreicht werden, während er beim Sturz am Klettersteig ein Vielfaches darüber liegen kann!

Zwischensicherungen Um bei einem Sturz des voraus steigenden Kletterers die Fallhöhe und damit das Verletzungsrisiko zu verringern, werden Zwischensicherungen angebracht.

Geeignete Sicherungsmittel im Fels sind Klemmkeile, die man in Rissverengungen legt, die Klemmgeräte »Friends«, die man ebenso in glattwandige Risse wie in Löcher platzieren kann, das Schlagen von Felshaken sowie das Legen von Bandschlingen um natürliche Punkte wie Felszacken und Sanduhren.

Es ist ratsam, dass der Vorauskletternde nach dem Wegklettern bald eine Zwischensicherung anbringt, um im Falle des Falles einen direkten Sturz in den Standplatz zu vermeiden.

Um die Seilreibung am Fels und in den Zwischensicherungen so gering wie möglich zu halten, sollten die Zwischensicherungen so angebracht oder ver-

Friends bieten in Wasserrillen häufig die einzige Möglichkeit zur Zwischensicherung.

Sicherungstechnik

Das gibt's natürlich nur in Amerika: erstklassige Zwischensicherung an »Chickenhead«.

längert werden, dass das Seil möglichst geradlinig verläuft. Außerdem ist darauf zu achten, dass an strategisch wichtigen Stellen auch für den Nachsteiger entsprechende Zwischensicherungen angebracht werden müssen. Dies ist gerade in Quergängen häufig der Fall, wo durch Anbringen von Zwischensicherungen **nach** einer schwierigen Stelle die Gefahr von größeren Pendelstürzen für den Nachsteiger abgewendet wird.

Verschiedene Möglichkeiten zum Anbringen von Zwischensicherungen an Felszacken und an Sanduhren

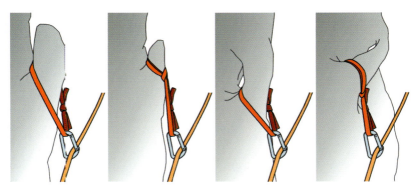

Bergsteigen

Reduzierung der Seilreibung durch Verlängerung der Zwischensicherungen

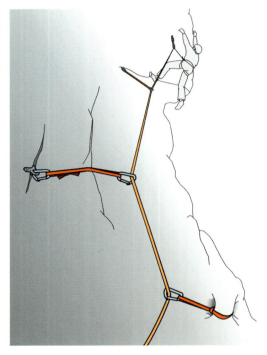

Strategisch wichtige Zwischensicherung im Quergang zur Vermeidung von gefährlichen Pendelstürzen des Nachsteigers

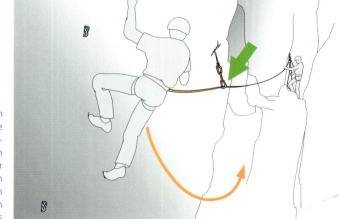

Sicherungstechnik

Seilkommandos Die Ursache mancher Kletterunfälle sind Schwierigkeiten bei der Verständigung der Kletterpartner untereinander. Oft können Zurufe wegen der Entfernung oder wegen des Windes nicht oder nur schlecht gehört werden. So kommt es immer wieder zu Missverständnissen oder missverständlichen Handlungen, die fatale Auswirkungen haben können. Aus diesem Grund ist es zwingend, sich mit allgemein eingeführten, kurzen und knappen Seilkommandos zu verständigen:

Kommando	Bedeutung
Stand!	Der Partner hat den Standplatz erreicht und hat sich bereits selbst gesichert, die Partnersicherung kann jetzt aufgelöst werden.
Seil ein!	Seil einziehen
Seil aus!	Kein Seilvorrat mehr da
(nur) Seil!	Seil nachlassen
Kommen!	Die Partnersicherung ist eingelegt, der Partner kann **jetzt** seine Selbstsicherung lösen und nachkommen.

Miteinander vertraute und erprobte Kletterpartner können sich je nach Situation auch nach Absprache vorteilhaft per Pfiff oder bei Sichtverbindung durch Handzeichen mitteilen. Bei Verwendung von zwei Seilen kann man sich verständigen, indem der Vorsteiger seine Selbstsicherung am Stand immer mit demselben Seilstrang macht. Durch das Einziehen nur dieses Seilstranges bemerkt der Sichernde, dass der Vorsteiger Stand bezogen hat. Das weitere Einziehen beider Seile fordert sodann zum Lösen der Kameradensicherung auf. Ist das Seil restlos eingezogen, nimmt der Vorsteiger den Nachsteiger in die Sicherung, dieser beginnt nach kurzem Warten mit dem Nachsteigen.

In den Klettergärten und in den Kletterhallen, wo Klettern vermeintlich am sichersten ausgeübt werden kann, sind derzeit mehr Unfälle als im Gebirge zu verzeichnen. Die Ursachen sind hier häufig Sicherungs- und Verständigungsfehler, gerade beim Toprope-Klettern, wenn der Partner am Umlenkpunkt wieder abgelassen wird.

Der Grund dafür dürfte darin liegen, dass die Sichernden durch die lockere Atmosphäre, die lärmende Umgebung und

Bergsteigen

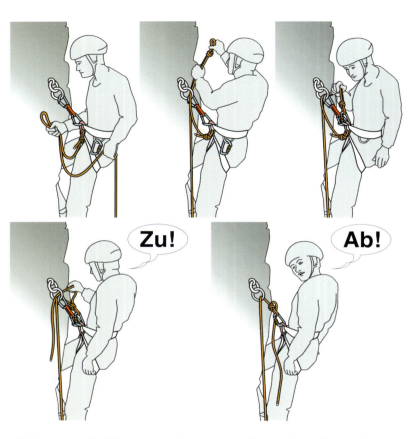

Fädeln der Umlenkung mit den notwendigen Seilkommandos

das Klettergeschehen ringsum abgelenkt sind und sich nicht mehr genügend auf ihren Partner konzentrieren.
So sind im Klettergarten und in der Halle folgende knappe Seilkommandos zu geben:

Kommando	Bedeutung
Zu!	Partnersicherung dicht machen, halten
Ab!	Gezielt ablassen
Seil!	Seil nachlassen

Den Partner jederzeit aufmerksam beobachten. Die Seilkommandos hier immer mit Blick-Kontakt!

Sicherungstechnik

Das Abseilen Beim Abstieg von einem Klettergipfel kann es erforderlich sein, über Steilstufen abzuseilen. Ab und zu verkürzen und erleichtern fix eingerichtete Abseilpisten den Abstieg, der ohne Abseilen unter Umständen langwierig oder gefährlich ist.

Abseilen ist auch beim Rückzug aus einer Kletterroute erforderlich, sei es, weil die Schwierigkeiten zu hoch sind, aus Wettergründen oder bei einem Unfall. Gerade bei einem unfreiwilligen Rückzug aus einem Notfall heraus ist meistens Zeitnot und Stress im Spiel.

Das Abseilen selbst ist nicht schwierig, es erfordert jedoch volle Konzentration und das Beherrschen der Technik.

Exponierte Abseilfahrt an der Waidringer Steinplatte

Bergsteigen

Wichtig!

Die Abseilstelle muss die Qualität eines Standplatzes aufweisen.

In die Abseilstelle wird die Selbstsicherung (lange Bandschlinge oder Daisychain) geklinkt. Das Seil wird an den Enden durch den Fixpunkt (Abseilhaken/-ring oder -schlinge) gezogen, bis die Seilmitte im Fixpunkt zu liegen kommt. Nun wird in jedes Seilende jeweils ein Sackstich geknüpft, um zu verhindern, dass das Seilende übersehen wird. Das Seil wird sodann von den Enden her aufgenommen und mit dem Ruf »Achtung Seil« in weitem Bogen ausgeworfen. Es muss bis zur nächsten Abseilstelle reichen!

Danach legt man das Seil in den Abseilachter (oder ein anderes Abseilgerät) und befestigt diesen mittels Schraubkarabiner hoch im Anseilpunkt. Als Eigensicherung dient eine Kurz-Prusikschlinge, die in der Schenkelschlaufe befestigt wird. Diese verhindert einen Absturz, falls aus irgendeinem Grund das Bremsseil losgelassen wird.

Nach dem Ausklinken der Selbstsicherung beginnt die Abseilfahrt, wobei die Bremshand den locker zu haltenden Kurzprusik mitschiebt. Während des Abseilens stützt man sich mit gegrätschten Beinen von der Wand ab. Man fährt in gleichmäßigem, ruhigem Tempo möglichst ruckfrei ab, um den Abseilfixpunkt nicht stärker als notwendig zu belasten. Erreicht der Abseilende die nächste Abseilstelle, wird die Selbstsicherung wieder eingehängt, durch wechselseitigen Zug geprüft, ob sich das Seil abziehen lässt, und mit dem Ruf »Seil frei« angezeigt, dass der Partner folgen kann.

Info!

Die Seilkommandos beim Abseilen lauten: »Achtung Seil« und »Seil frei«.

Seilquergang   In einigen alpinen Routen (z. B. Fleischbank-Ostwand und Totenkirchl-Westwand im Wilden Kaiser, Hinterstoißer-Quergang in der Eiger-Nordwand) wird mittels eines Seilquergangs, d. h. schräges Abseilen über griff- und trittarme Wandpartien, wieder kletterbarer Fels erreicht, um die Route in homogener Schwierigkeit fortzuführen. Nachdem der Vorsteiger durch schräges Abseilen, das meistens nur mit viel Gegendruck der Beine erfolgreich ist,

Rechte Seite: Seilquergang in der Fleischbank-SO-Wand (Wilder Kaiser)

Sicherungstechnik

den Standplatz erreicht hat, wird das Quergangsseil straff gespannt und fixiert. An diesem hangelt sich nun der Seilzweite – mittels laufendem Karabiner im Quergangsseil eingeklinkt – zum Ende des Quergangs hinüber, woraufhin das Seil abgezogen wird.

Es sei hier darauf hingewiesen, dass nach dem Abziehen des Quergangsseiles in der Regel keine Rückzugsmöglichkeit mehr besteht!

Technische Ausrüstung

Grundausrüstung Fels
- ❏ Bergsteiger-Schutzhelm
- ❏ Sitzgurt, dazu bei Bedarf Brustgurt
- ❏ Bergseil: Einfachseil, 2 Halbseile oder Zwillingsseil
- ❏ 2 Verschlusskarabiner
- ❏ 3 Express-Schlingen
- ❏ 1 Bandschlinge genäht 60 cm
- ❏ 1 Bandschlinge genäht 120 cm
- ❏ 1 Prusikschlinge ca. 4,50 m
- ❏ 1 Kurz-Prusikschlinge 50 cm
- ❏ Abseilgerät/Achter
- ❏ Klemmkeile, Friends

Zusätzliche Ausrüstung für Hochtouren
- ❏ Steigeisenfeste Bergschuhe
- ❏ Steigeisen, an die Schuhe angepasst
- ❏ Eispickel, Eisgerät
- ❏ Rohr-Eisschrauben
- ❏ Seilklemme für Spaltenbergung
- ❏ Für reine Gletschertouren reicht ein Halbseil

Sicherungstechnik in Eis und Firn

Fixpunkte im Firn Beim Durchklettern von steilen harten Firnflanken oder blanken Eiswänden muss wie im Fels der Partner gesichert werden. Das Anbringen von verlässlichen Fixpunkten kann sich hier jedoch manchmal problematischer gestalten.

Im harten Firn halten keine Eisschrauben. Die sicherste, aber auch aufwändigste Methode ist hier das Graben eines T-Ankers. Dazu wird quer zur Zugrichtung in einem Graben von mindestens 30 Zentimeter Tiefe (bei »weichem« Firn entsprechend tiefer) ein Eispickel versenkt, um dessen Schaft am Waagepunkt mittels Mastwurf eine lange Bandschlinge

Sicherungstechnik

befestigt wurde. Diese liegt in einem in der Falllinie verlaufenden schmalen Kabelgraben und darf keine Umlenkung nach oben erfahren.

Der Pickel wird nun fest angezogen und der Schnee von oben-hinten her mit dem Schuh so eingetreten, dass er im Firnschnee fixiert bleibt. Kommt nun die Lastübertragung über die Bandschlinge auf den Pickel, darf dieser sich nicht mehr bewegen.

Je weicher der Firn und je weniger dieser verdichtet werden kann, umso mehr besteht die Gefahr, dass der Pickel bei Ruckbelastung heraus- oder auch nach unten durchgezogen wird. Hier kann

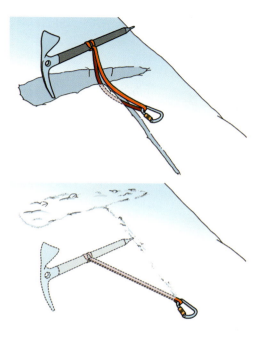

Fixpunkt im Firn mittels »T-Anker«

T-Anker

Bergsteigen

Im steilen Gipfelhang des Tocclaraju (Cordillera Blanca) man sich behelfen, indem man die Belastungsfläche vergrößert, beispielsweise wickelt man Kleidungsstücke um den Pickelschaft oder legt Stöcke dazu. Die schnellste und sicherste Methode ist (speziell auch bei sehr weichen Schneeverhältnissen!), ein großes Loch zu graben und einen gefüllten Rucksack zu platzieren. In einen leeren Rucksack kann man notfalls mit dem eben ausgegrabenen Schnee das nötige Volumen einfüllen.

Achtung! *Die oft angewandte Methode, den Eispickel senkrecht einzurammen und daran zu sichern, ist zwar Zeit sparend, jedoch nicht sicher, da nur ein Bruchteil an Auflage der Ausreißkraft entgegenwirkt.*

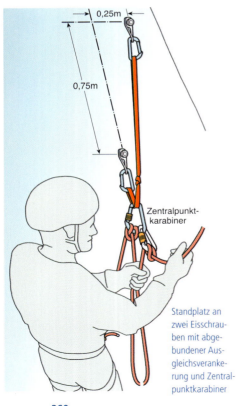

Standplatz an zwei Eisschrauben mit abgebundener Ausgleichsverankerung und Zentralpunktkarabiner

Fixpunkte im Eis Im richtigen Eis wird der Fixpunkt durch eine Rohr-Eisschraube hergestellt. Diese wird etwa im rechten Winkel zur Eisoberfläche eingedreht. Die optimale Haltekraft kann eine Eisschraube jedoch nur im kompakten gesunden Eis erreichen, d. h. es muss das manchmal luftgefüllte oder morsche Oberflächeneis so weit abgetragen werden, bis kompaktes Eis zutage tritt. Errichtet man einen Standplatz im Eis, so wird nach dem Setzen der ersten Eisschraube die Selbstsicherung eingehängt. Daraufhin hackt man die Standstufe aus, um bequem und entlastet stehen zu können, und setzt den zweiten Fixpunkt. Beide Schrauben werden nun mit der Ausgleichsverankerung (abgebun-

Sicherungstechnik

Bergsteigen

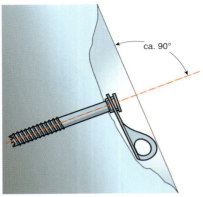

Eisschraube im gefrorenen Wasserfall

Oben links: Setzwinkel der Eisschraube

denes Kräftedreieck) verbunden, in deren Zentralpunktkarabiner die endgültige Selbstsicherung und die Partnersicherung eingehängt wird.

Im Eis ist es besonders wichtig, spätestens zehn Meter über dem Standplatz eine verlässliche Zwischensicherung anzubringen, um bei einem Sturz den Standplatz nicht zu gefährden.

Achtung! *Das Sichern in der Eiswand sollte volldynamisch, mit einkalkuliertem Seildurchlauf erfolgen, um die Fixpunkte im Eis so weich wie möglich zu belasten.*

Wettersturz im Dachsteingebiet

Ski-touren

von Wolfgang Pohl
und Christof Schellhammer

Skitouren

Vorhergehende Abbildung: Abfahrt vom Col du Mont Brulé, links Bouquetins

Faschingszeit. Ein paar aus der Jungmannschaft hatten sich für einen Alpenvereins-Faschingsball in Pertisau am Achensee angemeldet. Faschingszeit ist aber auch Skitourenzeit, und obwohl's nebelig war, wollten wir am Anreisetag noch eine Skitour einbauen, Freund Peter und ich. Unsere Mädchen sagten von vornherein nein und wir vereinbarten, dass sie uns an der Talstation der Rofan-Seilbahn abholen sollten.

Wir beide ließen uns mit der Gondel zur Erfurter Hütte tragen und gingen los. Die Seekarlspitze, so hatte ich vernommen, böte eine lohnende Skitour. Selbstverständlich hatten wir keinerlei weitere Informationen eingeholt und so zogen wir über die »Grubastieg« hinauf zur Rofan-Hochfläche, querten unterhalb der prallen Südwand des Roßkopfs durch und steuerten den Sommerweg der Seekarlspitze an. Die Sichtverhältnisse waren mäßig und die Flanke wurde immer steiler und von Felsen durchsetzt. Endlich war sie derart steil geworden, dass wir keine Spitzkehren mehr zusammenbrachten und vielmehr im Treppenschritt hochsteigen mussten. Der Schnee war knochenhart, die Stahlkanten ritzten ihn nur. Peter stieg ein paar Meter oberhalb von mir – eigentlich hätten wir die Ski abschnallen und zu Fuß gehen sollen. Außerdem bewegten wir uns in der völlig falschen Bergflanke, aber wir gedachten, den Berg zu überschreiten.

Hans-Peter, Tourenfreund meiner Jugend, auf dem Hohen Riffler (Zillertaler Alpen)

Plötzlich verlor Peter den Halt, rutschte auf mich runter und riss mich mit. Nach fünf Metern blieb ich an einem Felsen hängen, doch der Freund stürzte weitere zehn Meter. Ski krachten und wurden fortgeschleudert und zuletzt fiel Peter noch zwei Meter sozusagen »ungespitzt in den Boden«, besser gesagt – in den tiefen Schnee. Das war sein Glück. Zwar hatte er sich – wie sich später herausstellen sollte – an einem Halswirbel verletzt, aber momentan

Skitouren

schien er heil. Er sah blass aus und litt »nur« unter einem Schock, ich brachte ihn sogleich in Schocklage, wozu hatte ich beim Militär die Sanitäts-Vollausbildung genossen? Nach einiger Zeit hatte sich der Spezl wieder erholt und wir stiegen nicht etwa ab, sondern – jetzt die Ski an den Rucksäcken tragend – weiter zum Gipfel. Dann fuhren wir über die »richtige«,

Am Glacier du Brenay, nahe Pigne d'Arolla

die Südflanke, in traumhaftem Pulverschnee ab. In der Erfurter Hütte genehmigten wir uns etliche Gläser Glühwein, sozusagen zur Feier der Tatsache, dass alles gut ausgegangen war. Aber auch mit dem Ergebnis, dass wir die Skiabfahrtspiste nicht fanden und über den normalen Fußweg abfuhren. Bei der Talstation »fuhren« wir vor lauter Übermut und Benebelung der Sinne auch noch über eine Treppe hinunter. Zum hellen Entsetzen unserer Mädchen, die uns ob unseres Zustandes völlig konsterniert betrachteten und um ihr Faschingsballvergnügen fürchteten. Wir aber fürchteten uns an diesem Tag vor gar nichts mehr und so überstanden wir auch die Ballnacht mit Stil. Weniger stilrein war, dass anderntags die Scheibenwischer an unserem alten VW-Käfer nicht mehr funktionierten, und das bei unablässigem Schneegestöber. Mit Schnüren bastelten wir eine Konstruktion, die es uns ermöglichte, die Wischer per Hand zu ziehen. Aber das funktionierte natürlich nur bei geöffnetem Fenster. Es wurde eine Rückfahrt, die diesem »Faschingswochenende« würdig war!

Fazit: Eine Skitour gehört gut vorbereitet, eine ordentliche Planung und das sich informieren über die jeweilige Lawinensituation sind das A und O vor dem Start. Nachfolgend alles, was Sie übers Skitourengehen wissen möchten. hh

Skitouren

Die Ausrüstung

Die Ausrüstung

Ski

Spezielle Touren-, Freeride- und Tiefschneeski sind in ihren Eigenschaften auf den Einsatz abseits der Piste zugeschnitten. Theoretisch sind Skitouren mit jedem Ski möglich, aber die hier vorgestellten Typen erleichtern den Aufstieg (Tourenski) und geben zusätzliche Sicherheit. Außerdem macht die Abfahrt mit ihnen mehr Spaß (Freeride- und Tiefschneeski).
Um den geeigneten Ski für seine individuellen technischen und konditionellen Voraussetzungen und Einsatzbereiche zu finden, muss man die geometrischen und elastischen Eigenschaften und deren Auswirkungen auf unterschiedliche Skitypen kennen.

Unterschiedliche Skitypen für jeden Einsatzbereich

Eigenschaften der Ski

- *Skilänge:* Die Skilänge hat neben der Seitenform entscheidenden Einfluss auf Richtungsstabilität, Spurtreue und Drehbarkeit. Ein kürzerer Ski (Körperlänge minus 5 bis minus 15 cm) dreht leichter und ist damit in manchen Schnee- oder Geländesituationen wendiger. Ein längerer Ski (Körperlänge bis plus 10 cm) ist richtungsstabiler, spurtreuer und insgesamt sportlicher zu fahren.
- *Skibreite:* Die Skibreite ist entscheidend für den Auftrieb im Tiefschnee. Breitere Ski (75–90 mm Breite in Skimitte) lassen sich in allen Schneearten fehlerverzeihend fahren, sind aber auf hartem Schnee oder Eis gewöhnungsbedürftig. Schmalere Ski (um 65 mm Skibreite in Skimitte) bieten durch ihr meist geringeres Gewicht Vorteile im Aufstieg.
- *Taillierung*: Die Taillierung des Ski bewirkt, dass der Ski aufgekantet (über die Taillierung) eine mehr oder weniger enge Kurve fährt. Je taillierter ein Ski ist, desto mehr eignet

Skitouren

Taillierung eines Tourenski

er sich für enge bzw. kurze Radien. Für Skitouren und Variantenabfahrten sind Radien von 14 bis 20 m am besten geeignet.

- *Biegesteifigkeit*: Zum Fahren abseits der Piste haben sich relativ weiche Ski bewährt. Sie schmiegen sich besser den Geländeformen an, schwimmen leichter auf und unterstützen beim Kurvenfahren die Taillierung. Breite Freerideski zeichnen sich oft durch eine sehr weiche Biegelinie aus.

Die folgende Auswahl greift aus dem schier unüberschaubaren Angebot an verschiedenen Skitypen und -modellen zwei bzw. drei besonders für Skitouren und zum Variantenfahren geeignete und empfehlenswerte Skitypen heraus und zeigt deren Einsatzbereiche auf:

Klassischer Tourenski und Freerideski

Klassischer Tourenski Der klassische Tourenski eignet sich für alle Arten von Skitouren. Da hier das Gewicht eine entscheidende Rolle spielt (ca. 1300–1600 g pro Ski) und

der sportliche Aspekt bei der Abfahrt etwas in den Hintergrund rückt, werden eher kürzere Skilängen bevorzugt. Der klassische Tourenski ist unter der Bindung ca. 70 mm breit und hat eine Taillierung von ca. 20 m Radius. Tourenski sind zudem vor allem im Schaufelbereich sehr weich und verfügen über eine geringere Torsionssteifigkeit und eine schwache Dämpfung. Tourenski sind daher sehr drehfreudig und wendig, erreichen aber bei harten, eisigen Verhältnissen und bei einem sportlicheren Fahrtempo schnell ihre Grenzen. Superleichte Wettkampfski (um die 1000 g pro Ski) sind wegen ihrer schwachen Fahreigenschaften und der relativ geringen Robustheit ausschließlich für leichtgewichtige Skitourenwettkämpfer zu empfehlen.

Freeride- und Tiefschneeski Der Freerideski hat von allen Skitypen den breitesten Einsatzbereich. Aufgrund seiner sportlichen Fahreigenschaften eignet er sich für das Variantenfahren und für Skitouren, bei denen der Abfahrtsgenuss im Vordergrund steht. Der Freerideski wird in Körperlänge gefahren, besitzt ebenfalls eine Taillierung zwischen 15 und 20 m Radius und eine Breite unter der Skibindung von 70 bis 80 mm. Aufgrund ausgewogener geometrischer und elastischer Eigenschaften ist er ein hervorragender Allroundski für jeden Schnee und für jedes Gelände, mit einem Gewicht von über 1800 g pro Ski allerdings auch deutlich schwerer als der klassische Tourenski.

Freerideski mit einer Breite von über 80 mm unter der Bindung bestechen durch ein überragendes Fahrverhalten im weichen Schnee. Mit diesen »Fat Boys« verlieren sogar problematische Schneearten wie Bruchharsch oder windverblasener Schnee ihre Schrecken. Durch starke Taillierungen (ab 15 m Radius) können diese optisch eher schwerfälligen Ski überaus wendig sein. Nur auf sehr hartem oder eisigem Schnee hat das Vergnügen deutliche Grenzen. Hier fordern die breiten Ski mehr Aufmerksamkeit und Sensibilität.

Tipps zur Skipflege:
- Eine regelmäßige Skipflege hat auf das Fahrverhalten der Ski ebenso viel Einfluss wie die konstruktiven Merkmale. Nur ein gut gepflegter Ski vermittelt optimalen Abfahrtsgenuss.
- Das Kanten-Tuning hat entscheidenden Einfluss auf das Drehverhalten und die Eisgriffigkeit des Ski.
- Ein gut gewachster Ski läuft besser, ist drehfreudiger und widerstandsfähiger gegenüber mechanischer Beanspruchung. Die besten Ergebnisse erzielt man durch Heißwachsen mit einem speziellen Bügeleisen oder durch so genannte Nanowachse.

Skitouren

- Bei größeren Schäden oder wenn das notwendige Werkzeug nicht vorhanden ist, ist ein entsprechender Skiservice beim Sportfachhandel zu empfehlen.

Unterschiedliche Modelle von Tourenbindungen

Tourenbindung

Tourenbindungen sind in den vergangenen Jahren vor allem in Hinblick auf Funktionalität und Gewicht entscheidend weiterentwickelt worden. Folgende elementare Aufgaben muss eine normgerechte Tourenbindung in erster Linie erfüllen:

- Volle Funktionsfähigkeit als Sicherheitsbindung mit schuhsohlenunabhängiger Auslösung für alle auftretenden Dreh- und Frontalstürze in der Abfahrt und im Aufstieg
- Fersenfreiheit von 90° für den Aufstieg
- Möglichst verlustfreie Übertragung der Fahr- und Steuerkräfte vom Skischuh auf den Ski in der Abfahrt

Empfehlungen für den Kauf einer praxisgerechten Tourenbindung:

Während der Abfahrt wirken große Kräfte (vgl. Spalt zwischen Bindung und Ski) auf die Tourenbindung, deshalb sollte man unbedingt ein verwindungssteifes Modell wählen.

- Guter Kompromiss zwischen Gewicht, maximaler Funktion und Robustheit
- Sinnvolles Zubehör wie Skibremse (Stopper), Steighilfe und Harscheisen

- Möglichst großer Einstellbereich des Auslöse- oder Z-Wertes mit ausreichender Obergrenze, auch für schwere bzw. sportliche Fahrer
- Unkomplizierte Einstellung des Auslösewertes und problemlose Längenverstellung der Tourenbindung zur Anpassung

Die Ausrüstung

an unterschiedliche Skischuhlängen
- Einfacher Ein- und Ausstieg
- Perfekter spielfreier Kraftschluss bei der Abfahrt
- Einfaches Umstellen von Aufstiegs- auf Abfahrtsfunktion und umgekehrt mit dem Skistock
- Robustheit und Bruchsicherheit aller Einzelteile auch bei extremer Kälte
- Geringe Anfälligkeit gegenüber Vereisung und Stollenbildung

Moderne Tourenbindung mit Harscheisen und Skistopper

Tourenskischuhe und tourentaugliche Pistenskischuhe

Für das Variantenfahren und kürzere Skitouren eignen sich auch normale Pistenskischuhe. Sobald die Skitour über mehrere Stunden andauert und längere und technisch anspruchsvolle Geh- oder Kletterpassagen zu erwarten sind, sollten spezielle Tourenskischuhe mit Profilgummisohle verwendet werden.

Empfehlungen für den Kauf praxisgerechter Tourenskischuhe:

- Ein funktioneller Tourenskischuh sollte einerseits über eine hohe Schaftsteifigkeit nach hinten und andererseits über eine progressive Härtezunahme nach vorne, die eine angemessene Beugung im Sprunggelenk ermöglicht, verfügen.
- Atmungsaktiver, gut sitzender Innenschuh mit Schnürung, der im Sohlenbereich über eine entsprechende Kälteisolierung verfügt
- Gute Eignung nicht nur in der Abfahrt, sondern auch als Bergschuh mit entsprechenden Geh- und Klettereigenschaften
- Guter Kompromiss zwischen Stabilität und Kraftschluss zu Gewicht

Moderner Tourenskischuh mit herausnehmbarem Innenschuh

Skitouren

Tourenskistöcke

Während für das Variantenfahren und für Skitouren auch problemlos normale Skistöcke verwendet werden können, sind für Skihochtouren und Skidurchquerungen spezielle zwei- oder dreiteilige Tourenskistöcke vorteilhaft. Diese lassen sich bei Bedarf einfach am bzw. im Rucksack verstauen oder beim Bau eines behelfsmäßigen Skischlittens einsetzen. Zudem können sie zum Schieben auf langen Flachstücken auch beliebig verlängert werden.

Empfehlungen für den Kauf praxisgerechter Tourenskistöcke:

Tourenskistock mit optimal geformtem Griff und verstellbarem Schaft

- Anatomisch günstige Formgebung des Griffes, die eine Abrollbewegung beim Diagonalrhythmus im Gehen erlaubt
- Kälteisolierter und rutschfester Gummi- oder Korkgriff
- Verstellbare und trotzdem feststellbare Handschlaufe
- Möglichst geringes Gewicht bei maximaler Schaftstabilität
- Stufenlose und unproblematische Längenverstellung mittels langlebiger Klemmkonusse
- Leicht wechselbare, etwas großflächigere, weiche Teller
- Robuste Hartmetallspitzen, die auch auf Blankeis und Fels sicheren Halt geben
- Verlängerter Griff zum »Umgreifen« bei Hangquerungen

Steigfelle

Die Steigfelle verhindern durch das Aufstellen der Fellhaare gegen die Gehrichtung ein Zurückrutschen der Ski auch im steilen Gelände und bei harter Unterlage. Empfehlenswert sind Klebe-Spann-Felle, die auch als Kombifelle bezeichnet werden. Für eine einwandfreie Funktion bedürfen auch die Steigfelle einer regelmäßigen Pflege mit einer Erneuerung

Die Ausrüstung

des Klebers und dem Einwachsen der Felle bzw. Einsprühen der Fellhaare mit einem Silikonspray.
Empfehlungen für den Kauf praxisgerechter Steigfelle:
- Gute Verarbeitung und langlebige Vernietung des Gummispanners bzw. des Endenhakens
- Die Fellbreite muss mit der Skibreite über die gesamte Länge korrespondieren. Die Skikanten sollten in Skimitte gerade nicht vom Fell überdeckt werden, an Schaufeln und Enden kann der Abstand größer sein.

Aufziehen von Klebe-Spann-Fellen

Harscheisen

Die Harscheisen zählen zum wichtigsten Zubehör einer Tourenbindung und ermöglichen auch bei harten, eisigen Schneeverhältnissen eine sichere und Kraft sparende Gehtechnik.
Empfehlungen für den Kauf praxisgerechter Harscheisen:
- Möglichst große Robustheit auch beim kurzzeitigen Kontakt mit Felsen oder Blankeis
- Einfache und schnelle Montage an der Tourenbindung
- Guter Sitz und wirksame Griffigkeit auch bei Verwendung der Steighilfen
- Ideal sind Harscheisen, die zu Tourenbeginn aufgesteckt werden und je nach Situation ein- und ausgeklappt werden können.

Tourenbindung mit Harscheisen

Skitouren

LVS-Gerät

Geräte verschiedener Hersteller

Das Lawinenverschüttetensuchgerät, kurz LVS-Gerät genannt, bietet derzeit immer noch die schnellste und sicherste Möglichkeit, im Rahmen der Kameradenhilfe Lawinenverschüttete zu orten und zu bergen. Moderne, elektronische LVS-Geräte arbeiten mit einem batteriebetriebenen Sender und Empfänger auf einer Frequenz von 457 kHz. Besonders empfehlenswert sind digitale LVS-Geräte, die mittels Mehr-Antennen-Technik eine einfache Ortung mit Richtungspfeil und Entfernungsangabe ermöglichen.

Anforderungen an normgerechte LVS-Geräte:

- *Reichweite*: Die Mindestreichweite normgerechter LVS-Geräte beträgt bei guter Antennenkoppellage und neuen Batterien ca. 30 m.
- *Robustheit*: Ein normgerechtes LVS-Gerät muss lediglich einen Fall aus 1,50 m Höhe auf Sandboden unbeschadet aushalten. Schwere Stürze beim Skifahren, die harte Stöße auf das LVS-Gerät verursachen, können jedoch zu einer Beschädigung des Gerätes führen, weshalb die einwandfreie Funktion jeden Tag mit der so genannten Gegenseitigkeitsprobe überprüft werden muss.
- *Temperatur-Unempfindlichkeit*: LVS-Geräte müssen einwandfrei in einem Temperaturbereich zwischen −10 °C und +40 °C senden und zwischen −20 °C und +40 °C empfangen.
- *Betriebssicherheit*: Ein unbeabsichtigtes Aus- oder Umschalten auf Empfangsbetrieb muss ausgeschlossen sein. Das Gerät muss über eine Batteriekontrolle verfügen.
- *Betriebsdauer*: Mit frischen Batterien müssen LVS-Geräte mindestens 200 Stunden senden und anschließend mindestens eine Stunde empfangen.

Die Ausrüstung

- *Bedienbarkeit*: Die Bedienung eines LVS-Gerätes muss auch mit Handschuhen und unter Stress einfach und sicher möglich sein.
- *Empfangssignal*: Das empfangene Signal muss möglichst klar und frei von Störgeräuschen sein.

Lawinenschaufel

Um einen Verschütteten nach der Ortung möglichst schnell bergen zu können, muss unbedingt eine funktionelle Lawinenschaufel eingesetzt werden. So benötigt man für das Ausgraben eines komplett verschütteten Lawinenopfers mit den bloßen Händen oder den Ski ca. das Zehnfache der Zeit im Vergleich zu einer Lawinenschaufel. Dies wird jedoch in den meisten Fällen nicht mehr zu einer erfolgreichen Lebendbergung des Verschütteten führen.

Empfehlungen für den Kauf einer praxisgerechten Lawinenschaufel:

- Eine funktionelle Lawinenschaufel muss gleichzeitig möglichst stabil, leicht und klein zusammenlegbar sein.
- Bohrungen am Schaufelblatt erleichtern den Bau eines behelfsmäßigen Skischlittens.
- Schaufelblätter aus Alu oder Metall sind besonders im harten Schnee deutlich robuster als Kunststoffblätter und kaum schwerer.

Geeignete Lawinenschaufel aus Metall

Lawinensonde

Die Lawinensonde unterstützt vor allem die Punktortung mit dem LVS-Gerät und hilft, die genaue Lage des Verschütteten sowie die exakte Verschüttungstiefe festzustellen. Während des Ausgrabens eines Verschütteten bleibt die Sonde als ständige Markierung stecken und zeigt so an, ab welchem Bereich vorsichtig geschaufelt werden muss.

Lawinensonde mit Schnellverschluss und Beutel

Skitouren

Empfehlungen für den Kauf einer praxisgerechten Lawinensonde:
- Eine funktionelle Lawinensonde sollte ebenfalls möglichst stabil, leicht und klein zusammenlegbar sein.
- Markierungen oder Farbabstufungen erleichtern das Ablesen der Maßeinheiten.

Rucksack-Apotheke

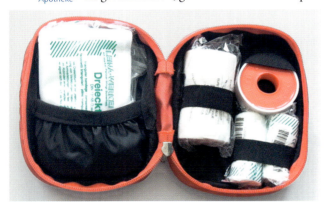
Rucksack-Apotheke

Um eine schnelle Erstversorgung von Verletzten in Notfällen zu gewährleisten, gehört die Rucksack-Apotheke ebenfalls zur Mindestausrüstung. Der Inhalt der Rucksack-Apotheke ist auf die Bedürfnisse der ersten Hilfe bei Berg- und Skiunfällen abgestimmt und auch geeignet, kleinere Verletzungen zu behandeln, wie sie z. B. im Rahmen einer Skitourenwoche auftreten können (Grundausstattung siehe Seite 135).

Orientierungsmittel

Als Orientierungsmittel beim Skibergsteigen und Variantenfahren kommen Karte, Kompass, Höhenmesser, evtl. GPS-Gerät und Fernglas zur Anwendung. Mit diesen Hilfsmitteln und deren praxisgerechtem Einsatz (vgl. Seite 278, 310) ist es möglich, sich auch bei schwierigen Gelände- oder Witterungsverhältnissen zu orientieren.

Folgende Orientierungsmittel sind für den Praxiseinsatz notwendig:

Die Ausrüstung

- Für die Orientierung beim Skibergsteigen und Variantenfahren ist eine gute topografische Karte mit einem Maßstab vor. 1:25000 (z. B. Schweizer Landeskarte oder Alpenvereinskarte) geeignet. Eingezeichnete Skirouten sind von Vorteil.
- Der Höhenmesser ist neben der Karte das wichtigste Orientierungsmittel. Für die Anwendung beim Skibergsteigen eignen sich sowohl mechanisch arbeitende Taschenhöhenmesser, die sehr präzise Ergebnisse liefern, als auch die elektronischen Höhenmesser. Letztere sind in so genannte Höhenmesser-Uhren integriert, die neben der reinen Höhenmessung noch über vielfältige weitere Funktionen verfügen.
- Ein guter Kompass verfügt über eine flüssigkeitsgedämpfte Nadel, eine drehbare Kompassdose und eine einstellbare Missweisung. Im Alpenraum ist die 360°-Einteilung gebräuchlich. Eine gute Visiereinrichtung und ein klappbarer Spiegel erleichtern das Peilen mit dem Kompass erheblich. Ein durchsichtiger Boden der Kompassdose ermöglicht ein genaues Arbeiten auf einer darunter liegenden Karte. Für den praktischen Einsatz beim Skibergsteigen hat sich zudem ein integrierter Neigungsmesser bewährt.

Topografische Karte mit GPS-Empfänger, Bussole, Neigungsmesser und Handgelenkscomputer mit Höhenmesser-, Barometer- und GPS-Funktion

Skitouren

- Besonders auf großen Gletscherflächen (z. B. Haute Route Chamonix–Zermatt) empfiehlt sich die Mitnahme eines GPS-Gerätes. Hier können die wichtigsten Wegpunkte (Hütten, Übergänge) oder ganze Routen (Tracks) eingegeben und bei Bedarf abgerufen werden.
- Ein leichtes und kompaktes Taschenfernglas erlaubt eine vorausschauende Geländebeurteilung und ist deshalb vor allem im verschneiten und weglosen winterlichen Hochgebirge ein effektives Hilfsmittel zur Orientierung. Eine 8- bis 10-fache Vergrößerung ist für die Anwendung beim Skibergsteigen ausreichend.

Biwaksack

Der Biwaksack dient in erster Linie als Kälte- und Nässeschutz beim Biwak. Zudem kann er auch als Schutz vor der Unterkühlung von Verletzten bzw. Lawinenopfern, beim behelfsmäßigen Abtransport Verletzter mit dem Skischlitten oder als Markierung für die Hubschrauber-Rettung eingesetzt werden.

Empfehlungen für den Kauf eines praxisgerechten Biwaksacks:

- Der Zweimann-Biwaksack hat einen universelleren Anwendungsbereich und ist dem Einmann-Biwaksack in jedem Fall vorzuziehen.
- Der Biwaksack sollte möglichst leicht sein und aus strapazierfähigem Material bestehen. Eine eventuelle Atmungsaktivität ist zweitrangig.

Optionale Notfallausrüstung

ABS Lawinen-Airbag-System

Das ABS Lawinen-Airbag-System ist nicht als Alternative zum LVS-Gerät, zur Lawinenschaufel und zur Sonde, sondern als mögliche Ergänzung zu verstehen. Im Unterschied zu diesen soll das ABS Lawinen-Airbag-System eine Verschüttung mit den damit verbundenen Gefahren schon im Ansatz verhindern. Dies wird durch das Aufblasen zweier

Die Ausrüstung

ca. 70–80 l großer Ballone erreicht, die den Skifahrer wie eine Schwimmweste vor dem »Untergehen« in der Lawine bewahren sollen.

Snowpulse Life Bag Ein brandneues Produkt, das nach dem Prinzip des ABS Lawinen-Airbag-Systems funktioniert. Laut Hersteller soll der Träger nicht nur in der Lawine nicht untergehen, sondern sogar in einer aufrechten Lage mit erhöhter Kopfposition gehalten werden. Der Life Bag wird nach Schwimmwestenart am Körper angebracht und soll Kopf, Halswirbelsäule und Brustkorb vor mechanischen Verletzungen schützen.

Avalung Mittels Avalung kann das Ersticken in der Lawine verhindert werden. Die Avalung ermöglicht bei einer Komplettverschüttung eine ausreichende Sauerstoffaufnahme und vermeidet die gefährliche CO_2-Konzentration in der Atemluft.

Lawinenball Der Lawinenball wird im Falle eines Lawinenabgangs ausgeworfen und schwimmt durch sein geringes Eigengewicht an der Schneeoberfläche. Eine mit dem Skifahrer verbundene Leine soll die Suchmannschaft dann umgehend zu dem Verschütteten führen.

Rucksack mit in die Seiten integriertem ABS-System

Avalung

Lawinenball

Skitouren

Skitourenrucksack

Ein guter Skitourenrucksack sollte, ähnlich einem Kletterrucksack, aus der Familie der Körperkontakt-Rucksäcke stammen. In Abhängigkeit vom Einsatzbereich und der zu transportierenden Ausrüstung sollte er als Tagesrucksack zwischen 20 und 35 l Volumen haben, jedoch auch als Mehrtagesrucksack ein maximales Volumen von 45 l nicht überschreiten. Sehr wichtig ist ein funktionelles Belüftungssystem, das den Rücken weniger transpirieren und damit die Rucksacklast angenehmer tragen lässt. Zudem sollte man auf gut gepolsterte Tragegurte und einen funktionellen Hüftgurt achten, der gewährleistet, dass sich der Rucksack bei der Abfahrt nicht unnötig bewegt. Ein zusätzlicher Brustgurt trägt zur weiteren Stabilisierung der Last während des Skifahrens bei. Für Skitouren und Skihochtouren mit Geh- oder Kletterpassagen sind funktionelle Befestigungsschlaufen für die Ski, für den Eispickel und die Steigeisen unerlässlich.

Skitourenrucksack

Weitere Empfehlungen für den Kauf eines praxisgerechten Skitourenrucksacks:
- Möglichst geringes Gewicht
- Keine überflüssigen Bänder, Schnallen und Reißverschlüsse
- Für kurze Variantenabfahrten eignen sich auch gut am Rücken sitzende Daypacks mit relativ geringem Volumen.

Die Ausrüstung

Zubehör

Ein sinnvoll zusammengestelltes Zubehörpaket kann helfen, kleine Defekte an der Skitourenausrüstung sofort zu beheben und die Tour planmäßig beenden zu können. Vor allem bei Skidurchquerungen kann ein durchdachtes Zubehörset als sprichwörtlicher Retter in der Not dienen.

Möglicher Inhalt
eines praxisgerechten Zubehörsets:

- Multifunktionswerkzeug mit integrierter Kombizange, verschiedenen Schraubendrehern, Messer usw.
- Als Ergänzung evtl. Schweizer Messer mit verschiedenen Kleinwerkzeugen
- 3–4 Stücke Draht in unterschiedlichen Stärken
- 8–10 Schlagnieten
- Isolierband oder Tape
- 2–3 m Nylonschnur
- 2–3 lange Prusikschlingen für den behelfsmäßigen Bau eines Skischlittens
- Ersatzteller für die Tourenskistöcke
- Ersatzfell
- Skiwachs
- Fellkleber
- Kleines Schreibset

Steigeisen, Anseilgurt, Karabiner, Prusikschlingen, Eispickel und Seil für Gletschertouren

Erweiterte Ausrüstung für Skihochtouren

Mit der erweiterten alpintechnischen Ausrüstung können notwendige sicherungstechnische Maßnahmen auf Skihochtouren ergriffen werden. Die Zusammenstellung erfolgt je nach Tourencharakter mit den zu erwartenden technischen Anforderungen.

Skitouren

Aufstiegstechnik und -taktik

Aufstiegstechnik und -taktik

Aufstiegstechnik

Mit einer funktionellen Tourenbindung und Steigfellen kann man sich bei unterschiedlichsten Verhältnissen unter ständiger Ausnutzung des Geländes sicher und kraftsparend fortbewegen. Nur in Ausnahmefällen (z. B. sehr steiles Gelände, sehr harter Schnee) ist unter Umständen ein Aufstieg zu Fuß mit den Ski am Rucksack effektiver.

Aufstieg bei wechselnden Schneeverhältnissen im Kühtai (A) mit Steighilfe

Gehen mit Steigfellen Das Gehen mit Steigfellen ist vergleichbar mit einer vereinfachten bzw. verlangsamten Form des Diagonalschritts aus der Skilanglauftechnik. Kennzeichnend ist eine rhythmische, ruhige Bewegungsabfolge mit deutlicher Schwerpunktverlagerung auf das Abdruckbein, die so automatisiert ablaufen muss, dass sich der Skitourengeher voll auf eine ökonomische und sichere Spuranlage hinsichtlich einer optimalen Nutzung des Geländes und der Lawinensituation konzentrieren kann.

Anstieg mit Fellen in idealer Hangneigung

Technikkriterien:

- Hüftbreite Beinstellung zur Stabilisierung des seitlichen Gleichgewichts und zur Verbesserung der Bewegungsfreiheit
- Ausgeprägte Schwerpunktverlagerung auf das jeweilige Abdruckbein
- Gleichmäßiges Belasten des Fußes über die ganze Sohle
- Der unbelastete Ski wird, ohne ihn dabei abzuheben, nach vorne geschoben.
- Bei der Spurarbeit im tiefen Schnee wird der Ski zuerst leicht angehoben und dann nach vorne geschoben.

Linke Seite:
Aufstieg zum Piz Misaun im Engadin

Skitouren

Beim Einsatz von Steighilfen nimmt die Schrittlänge ab.

- Die Schrittlänge wird in Abhängigkeit von der Spurneigung so gewählt, dass ein rhythmisches, Kraft sparendes Gehen möglich ist. Eine flache Spur erlaubt längere Schritte, bei zunehmender Spurneigung sind kürzere Schritte ökonomischer.
- Beim Einsatz von Steighilfen nimmt die Schrittlänge ab.
- Linker und rechter Ski sollten möglichst auf gleicher vertikaler Höhe sein.
- Die Stöcke werden gegengleich zu den Ski eingesetzt und dienen bei flacher Spur dem Erhalt des Gleichgewichts, bei mittelsteiler und steiler Spur vermehrt zur Unterstützung des Abdrucks vom Bein.

Praxistipps:
- Ein gut gepflegtes und evtl. imprägniertes oder gewachstes Steigfell erleichtert den Aufstieg und beugt einer unangenehmen Stollenbildung vor.
- Beim Queren von Wasser führenden Gräben bzw. kleinen Bächen sollte darauf geachtet werden, dass die Steigfelle nicht feucht werden, da sie sonst anschließend unweigerlich stollen.
- Bei einer Rast sollten die Steigfelle nicht der Sonne ausgesetzt werden, da sie sonst beim Weiterweg im kaltem Schnee ebenfalls stollen.
- Bei Verwendung von Klebe- oder Klebe-Spann-Fellen muss beim mehrmaligen Wechsel bei kalten Temperaturen darauf geachtet werden, dass kein Schnee zwischen die Klebeflächen gerät, da die Steigfelle sonst nicht mehr auf der Lauffläche der Ski haften.
- Kurze, harte oder vereiste Passagen, in denen die Steigfelle zurückrutschen, kann man mithilfe des Treppenschritts oder Halbtreppenschritts überwinden.
- Die Steighilfe der Tourenbindung sollte erst ab einer Hangneigung von ca. 25° zum Einsatz kommen. Die Spur sollte jedoch auch bei Verwendung von Steighilfen nicht zu steil gelegt werden.

Aufstiegstechnik und -taktik

Gehen mit Harscheisen

Die Harscheisen sollten in keinem Rucksack fehlen. Bei harten, eisigen Schneebedingungen erleichtern sie spürbar das Gehen mit Steigfellen. Vor allem im steilen Gelände und der damit verbundenen Gefahr des Abrutschens ist es wesentlich sicherer und ökonomischer, rechtzeitig Harscheisen einzusetzen. Harscheisen sind für die meisten Tourenbindungen verfügbar. Ideal sind Harscheisen, die bei Bedarf ein- bzw. ausgeklappt werden können. Diese modernen Harscheisen ermöglichen eine weitsichtige Planung und vermeiden das oft kritische Anlegen von Harscheisen in ungünstigem Gelände.

Am frühen Morgen sind die Firnhänge noch hart gefroren und nur mit Harscheisen zu begehen.

Technikkriterien:
- Die Technikkriterien sind grundsätzlich identisch mit den Kriterien zum Gehen mit Steigfellen.
- Ähnlich der Spurarbeit im tiefen Schnee wird der Ski in der Vorwärtsbewegung jedoch leicht angehoben, um ein Kraft raubendes Schleifen des Harscheisens bzw. ein Hängenbleiben und Stolpern zu vermeiden.
- Die Schrittlänge sollte im Vergleich zum Gehen mit Steigfellen leicht verkürzt werden.

Praxistipps:
- Bei Verwendung der Harscheisen sollte auf den Einsatz der Steighilfen verzichtet werden, um den vollen Griff des Harscheisens im Schnee zu erreichen.
- Um die Harscheisen nicht zu verbiegen, sollten die Ski auch bei kurzen aperen Stellen ausgezogen werden.
- Blankeispassagen am Gletscher können auch mit Harscheisen nicht begangen werden.

Gehen mit Harscheisen im harten Schnee: Bei Einsatz der Steighilfe greift das Harscheisen nicht optimal.

Skitouren

Richtungsänderungen Während des Aufstiegs mit Steigfellen sollte man unter bestmöglicher Ausnutzung des Geländes versuchen, eine gleichbleibende Neigung der Spur beizubehalten. Bei notwendigen Richtungsänderungen sollte so lange wie möglich versucht werden, den Gehrhythmus nicht zu unterbrechen und die Falllinie in Bögen zu überqueren. Spitzkehren oder Kickkehren werden erst eingesetzt, wenn die Geländestruktur dies zwingend erfordert.

Bogengehen Beim Bogengehen wird in der fließenden Schrittbewegung der bogenäußere Ski ausgewinkelt, d. h. das Skiende nach außen gesetzt. Der bogeninnere Ski wird anschließend parallel beigesetzt, bevor der bogenäußere Ski neuerlich ausgewinkelt wird usw. Diese Richtungsänderung hat den Vorteil, dass das Fell bestmöglichen Schneekontakt hat und der Ski nicht auf der Kante zu liegen kommt. Dies würde zu einem unweigerlichen Zurückrutschen führen.
Praxistipp:
- Mit dem Bogengehen wird ein vergleichsweise weiter Bogen beschritten, die Schrittlänge und der Gehrhythmus können jedoch unverändert beibehalten werden.

Bogengehen

Bogentreten Beim Bogentreten wird in der Schrittbewegung der bogeninnere Ski ausgeschert, d. h. die Skispitze nach außen gesetzt. Der bogenäußere Ski wird anschließend parallel beigesetzt, bevor der bogeninnere Ski erneut ausgeschert wird usw. Mit dieser Technik können Richtungsänderungen im flachen bis mittelsteilen Gelände durchgeführt werden. Bei einer zu großen V-Stellung kann der

Aufstiegstechnik und -taktik

Ski auf der (fellfreien) Kante zu liegen kommen, was zu einem Zurückrutschen führen kann.

Praxistipp:
- Mit dem Bogentreten wird ein mittlerer Bogen beschritten, die Schrittlänge und der Gehrhythmus können weitestgehend beibehalten werden.

Bogentreten

Kombination von Bogengehen und Bogentreten Mit einer Kombination von Bogengehen und Bogentreten kann ein relativ enger Bogen beschritten werden, der schnell über die Fallinie führt. Die Schrittlänge muss jedoch verkürzt und der Geh-Rhythmus angepasst werden.

Spitzkehre bergwärts Die Spitzkehre bergwärts wird eingesetzt, wenn das Gelände für Bögen zu steil ist. Sie sollte einwandfrei beherrscht werden, um Richtungsänderungen im steilen Gelände ohne Kraft raubende »Verrenkungen« und ein erhöhtes Sturzrisiko sicher zu bewältigen.

Technikbeschreibung:
- Als Ausgangsstellung muss eine annähernd horizontale, sichere Standposition eingenommen werden.
- Die Stöcke werden seitlich neben dem Körper eingesetzt und stabilisieren das Gleichgewicht.

Spitzkehre bergwärts

Skitouren

- Der bergseitige Ski wird schwunghaft nach oben gebracht und dabei die Skispitze in die neue Richtung gedreht.
- Belastungswechsel auf den in die neue Richtung gedrehten Ski
- Nachsetzen des Talskis

Praxistipp:
- Die Spur vor der Spitzkehre unbedingt verflachen, bis man annähernd horizontal steht. Nur so kann verhindert werden, dass der Belastungswechsel auf den in die neue Richtung gedrehten Ski nicht mit einem großen, Kraft raubenden Schritt verbunden ist bzw. man zurückrutscht und Gefahr läuft, zu stürzen.

Kickkehre Die Kickkehre ermöglicht über ein schnelleres Nachsetzen des Talskis einen noch flüssigeren Bewegungsablauf, verlangt jedoch eine gut koordinierte und zügige Bewegungsausführung.

Technikbeschreibung:
- Bis zum Belastungswechsel auf den in die neue Richtung gedrehten Ski ist der Bewegungsablauf mit der Spitzkehre bergwärts identisch.
- Beim Nachsetzen des Talskis muss dieser mit einem »Kick« zurückgeschwungen werden, sodass das Skiende nach unten kippt. Anschließend kann der Ski leicht um den Unterschenkel in die neue Richtung gedreht werden.

Praxistipp:
- Die Kickkehre bringt v.a. bei der Spurarbeit im tiefen Schnee Vorteile, da der Talski beim Nachsetzen nicht so leicht hängen bleibt.

Kickkehre bergwärts

Aufstiegstechnik und -taktik

Spitzkehre talwärts   Die Spitzkehre talwärts wird eingesetzt, wenn das Drehen des Bergskis in die neue Richtung durch sehr tiefen Neuschnee oder entsprechende Geländesteilheit nahezu unmöglich wird. Sie wird allerdings aufgrund der schwierigen Bewegungsausführung und der vorübergehend labilen Standposition nur in Ausnahmefällen angewendet.

Spitzkehre talwärts

Technikbeschreibung:
- Als Ausgangsstellung muss eine vollkommen horizontale, sichere Standposition eingenommen werden.
- Die Stöcke werden seitlich hinter dem Körper am Hang eingesetzt und stabilisieren das Gleichgewicht.
- Der talseitige Ski wird schwunghaft nach vorne gebracht und dabei die Skispitze in die neue Richtung gedreht.
- Belastungswechsel auf den in die neue Richtung gedrehten Ski
- Nachsetzen des Bergskis

Praxistipp:
- Für die Spitzkehre talwärts muss ein wirklich ebenes »Podest« geschaffen werden, das eine sichere Standposition ermöglicht und verhindert, dass man nach dem Nachsetzen des Bergskis abgleitet.

Hangquerungen   Hangquerungen sind wegen der einseitigen Belastung, verursacht durch die meist unterschiedlich hohe Spur für den linken und rechten Ski, mühsam und Kraft raubend. Durch eine vorausschauende Spuranlage sollten v.a. lange Querungen weitestgehend vermieden werden. Mit einer entsprechenden Gehtechnik können aber auch zwingende Hangquerungen sicher gemeistert werden.

Skitouren

Hangquerung: Der bergseitige Stock kann unterhalb des Griffs gefasst werden.

Technikkriterien:
- Bei weichen Schneeverhältnissen legt man die Spur enger und versucht dadurch, die Spurhöhe für den linken und rechten Ski gleich hoch anzulegen.
- Bei harter Unterlage und mäßiger Hangsteilheit werden nach Möglichkeit die Ski auf der ganzen Lauffläche aufgesetzt.

Praxistipps:
- Hangquerungen bei harten Schneeverhältnissen auf keinen Fall zu steil anlegen
- Ist die Unterlage sehr hart und eisig, wählt man bei Hangquerungen sogar eine leicht fallende Spur, um die Passage zügig und sicher hinter sich zu bringen.
- Bei längeren Hangquerungen auf harter, eisiger Unterlage Harscheisen anlegen

Kurzes Abfahren mit Steigfellen   Für kurze Abfahrtspassagen, die sich im Rahmen eines Aufstieges ergeben können, lohnt es sich in den meisten Fällen nicht, die Steigfelle abzunehmen und anschließend erneut aufzuziehen. Hier ist es zweckmäßiger und schneller, mit den Fellen abzufahren. Eine leichte Rücklageposition verhindert das Vorwärtskippen bei nicht fixierter Ferse in der Tourenbindung.

Aufstiegstaktik

Allgemeine Aufstiegstaktik   Die Aufstiegstaktik kann über Erfolg oder Misserfolg einer Skitour entscheiden. Je besser und detaillierter die Planung, desto eher ist man vor bösen Überraschungen geschützt. Bereits zu Hause sollte bei der Tourenplanung entsprechend des regionalen Filters nach Werner Munter eine möglichst genaue Aufstiegstaktik mit folgenden Punkten festgelegt werden:
- Allgemeiner Routenverlauf mit Tourenziel
- Festlegung eines groben Bereiches für die Aufstiegsspur
- Einteilung von Pausen und Rastplätzen
- Eine grobe Zeiteinteilung

Aufstiegstechnik und -taktik

- Die benötigte Ausrüstung
- Alternative Tourenziele oder Routen

Die Aufstiegstaktik muss selbstverständlich auf das Können und die Kondition der einzelnen Mitglieder abgestimmt sein.

Praxistipps:
Für die Tourenplanung sollte nur optimales Informationsmaterial verwendet werden:

- Topografische Karten mit Maßstab 1:25000 oder 1:50000, evtl. Skitourenkarten mit eingezeichneten Touren
- Skitourenführer oder Anstiegsblätter
- Informationen von Hüttenwirten, Bergführern oder Bekannten, die die geplante Tour bereits begangen haben
- Informationen aus dem Internet (Tourenziel über Suchmaschine eingeben)

Unterwegs zum Elbrus im Kaukasus

Die Spuranlage Eine gute Spur passt sich wie die Gleise einer Eisenbahn dem Gelände an. Sie vermeidet abrupte Anstiege und Richtungswechsel und führt möglichst ökonomisch zum Gipfel. Durch die Komplexität und Unübersichtlichkeit der zahlreichen Geländeformen im Gebirge ist das Anlegen einer guten Spur ein kleines Kunstwerk.

Basis für eine gute Spuranlage ist eine allgemeine Geländebeurteilung im lokalen Filter nach Werner Munter nach folgenden Punkten:

- Grober Überblick über betroffene Geländeformen der geplanten Aufstiegsroute
- Überblick über Exposition und Steilheit des geplanten Aufstiegsbereiches
- Erfassen von günstigen und weniger günstigen Hängen oder Hangpartien in Abhängigkeit von der Lawinensituation und anderen möglichen Gefahren
- Erfassen der aktuellen Verhältnisse (Schnee, Wetter ...)

Nachdem entsprechend Werner Munters 3x3-Filtersystem die Begehbarkeit des Hanges (Absturzgefahr, Lawinengefahr,

Skitouren

Im Berner Oberland: Gleichmäßig führt die Spur über den flachen Gletscher.

Wettersituation) im zonalen Filter für günstig eingeschätzt wurde, sollten bei der Spuranlage im Einzelhang folgende Kriterien berücksichtigt werden:

- Nutzung der optimal geneigten Hänge für den Aufstieg (ca. 25° Neigung)
- Nutzung entsprechender Geländeformen (je nach Verhältnissen z. B. Rippen und Grate für eine sichere Spur, weite Mulden für eine bequeme Spur)
- Gleichmäßige Steilheit der Spur für ein Kraft sparendes Gehen
- Weitläufige Umgehung von Gefahrenstellen, Engpassagen usw.
- Wahl von geeigneten Geländeabschnitten für Richtungsänderungen (Verflachungen, Buckel ...)
- Meiden von gefährdeten Hangbereichen bei tageszeitlich bedingter Lawinengefahr
- Vermeidung von überflüssigen Spitzkehren

Besondere Vorsicht gilt im Aufstieg an möglichen Gefahrenstellen:

- Wechten in kammnahen Bereichen
- Steinschlag in Moränenzonen (zu erkennen am frischen Steinschlag auf der Schneeoberfläche)
- Bei schlechter Sicht ist immer Vorsicht angezeigt.
- Einzugsbereiche von Hängegletschern

Das Gehtempo   Aufgrund des höheren Ausrüstungsgewichtes und der teilweise höheren Anforderungen (Spurarbeit) fordern Skitouren eine höhere körperliche Leistungsfähigkeit als das Sommerbergsteigen. Entsprechend der zusätzlichen Belastung muss auch das Gehtempo angepasst werden.

Praxistipps:

- Langsam losgehen, bis der Körper »auf Touren« kommt
- Tempo wählen, das für die ganze Tour beibehalten werden kann – im Zweifelsfall so schnell, dass man sich noch problemlos unterhalten kann
- Regelmäßige Pausen machen, die erste ca. 15–20 Minuten nach dem Start als »Ausziehpause« (s. S. 293)

Aufstiegstechnik und -taktik

- Hitzestau und Unterkühlung vermeiden; Kleidung entsprechend öffnen oder schließen, sodass der Körper immer optimal klimatisiert bleibt. Starkes Schwitzen und somit ein hoher Energieverlust kann auf Skitour durch die Wahl der entsprechenden Bekleidung oft vermieden oder deutlich verringert werden.
- Tempo dem Schwächsten in der Gruppe anpassen
- Sich nicht verausgaben und immer genügend Energiereserven für die Abfahrt und unvorhergesehene Ereignisse zurückhalten

Pausen Pausen sollten bereits in der Tourenplanung zu Hause eingeplant werden. Pausen sind zur Regeneration und Erholung notwendig und sinnvoll. Meist wird die bei einer sinnvollen Pause benötigte Zeit im Verlauf der Skitour durch die höhere Leistungsfähigkeit bei weitem wieder aufgeholt.

Pause auf dem Pazzolastock (CH) und Vorfreude auf eine herrliche Abfahrt

- Ausziehpause nach ca. 15–20 Minuten Aufstieg
- Jede Stunde Trinkpause
- Spätestens nach 2 bis 3 Stunden eine Pause von ca. 30 Minuten Dauer
- Entsprechende Gipfelrast
- Sichere und komfortable Rastplätze auswählen (keine Wechten, kein Steinschlag, flach, windgeschützt, Aussicht, genügend Platz für alle Teilnehmer)
- Orientieren, weiteren Routenverlauf begutachten und planen
- Keinen Müll zurücklassen

Allgemeine Praxistipps für Gruppen:
- Keine zu großen Gruppen (über 8 Teilnehmer mehrere kleine Gruppen bilden)
- Letzten Mann einteilen (am besten den Zweiterfahrensten nach dem Führenden)
- Tempo nach dem in der Gruppe Schwächsten ausrichten
- Schwächere Teilnehmer gehen hinter dem Führer
- Klare Ansagen über Rastplätze, Pausendauer und zu erwartende Schwierigkeiten

Skitouren

Abfahrtstechnik und -taktik

Abfahrtstechnik und -taktik

Abfahrtstechnik

Um eine Abfahrt wirklich genießen zu können, bedarf es neben einer zeitgemäßen und funktionellen Skiausrüstung eines entsprechenden Repertoires an verschiedenen Abfahrtstechniken, um alle auftretenden Schnee- und Geländesituationen sicher beherrschen zu können.

Grundvoraussetzungen der Skitechnik Jede Abfahrtstechnik wird von positionellen und regulativen Grundvoraussetzungen bestimmt, die unabhängig von den aktuellen Schnee- und Geländebedingungen bzw. sonstigen Rahmenbedingungen (Wetter, Sicht, momentane körperliche Verfassung) immer erfüllt werden sollten, um alle notwendigen Aktionen innerhalb der verschiedenen Abfahrtstechniken ausführen zu können. Erst besonders schwierige Anforderungen (z. B. sehr eisige Schneeverhältnisse) erfordern auch eine Anpassung in den Grundvoraussetzungen (z. B. mehr Außenskibelastung).

Neutrale Körperposition Eine über den gesamten Kurvenverlauf neutrale Körperposition als wesentliche Grundvoraussetzung erlaubt es dem Skifahrer, alle notwendigen **Aktionen** (z. B. Vertikalbewegungen, Kippbewegungen, Drehbewegungen) zur Erfüllung der beim Skifahren wichtigen **Grundfunktionen** Belasten, Kanten und Drehen ausführen zu können. Das Ziel ist, entsprechend der jeweiligen Situation (z. B. steiles Gelände) immer eine neutrale Körperposition auf dem Ski einzunehmen und diese ständig zu regulieren, d. h. im Gleichgewicht zu halten.
Dabei spielen zunächst die Beugungswinkel im Sprung-, Knie- und Hüftgelenk eine entscheidende Rolle. Eine **leichte Beugestellung** in diesen Gelenken schafft ideale Voraussetzungen, um Aktionen in alle Bewegungsrichtungen (z. B. Beugen und Strecken der Beine) vollführen zu können und dabei die Belastung der anteiligen Muskulatur ökonomisch zu gestalten.
Das nächste Augenmerk liegt auf einer **neutralen Körperlage**, d. h. das frontale Gleichgewicht wird so eingestellt, dass

Linke Seite:
Tiefschneeabfahrt
im Val Gressoney

Skitouren

Neutrale Körperposition

der Körper weder zu stark nach vorne neigt noch zu weit nach hinten absinkt. Ziel ist eine gleichmäßige Belastung der ganzen Fußsohle in der wichtigen Phase der Kurvensteuerung. Das seitliche Gleichgewicht ist ebenfalls neutral, d. h. beide Ski werden gleichmäßig belastet, was zu einer ausgewogenen Belastung zwischen Innen- und Außenbein führt und somit z. B. im Tiefschnee ein schwer kontrollierbares Einsinken des Innen- oder Außenskis verhindert.

Schließlich wird noch die **Hüftposition** so reguliert, dass die Hüfte über den gesamten Kurvenverlauf quer zur Fahrtrichtung steht, d. h. weder zu stark mitgedreht noch übertrieben in einer taloffenen Position blockiert wird.

Skistellung   Durch eine **parallel offene Skistellung** vergrößert sich der Bewegungsspielraum der Beine, wodurch die Ski besser gedreht und gekantet werden können. Die Beine können im Kurvenverlauf unabhängig voneinander bewegt werden. Das seitliche Gleichgewicht und damit die Fahrstabilität wird erhöht und die Gefahr eines Überkreuzens der Ski verringert sich. Wichtig ist, dass nicht nur die Ski-, sondern auch die Beinstellung parallel offen ist, d. h. die Beine

Parallel offene Skistellung

sich ebenfalls offen und synchron bewegen, was einen gleichen Kantwinkel beider Ski ermöglicht.
Mit einer **Winkelstellung** bergwärts kann man den Winkel, der im Kurvenverlauf über die Falllinie führt, verkürzen, d. h. leichter, schneller und sicherer über die Falllinie fahren. Dies ist auch mit geringem Fahrtempo und ohne bzw. nur mit einer geringen Vertikalbewegung möglich.

Abfahrtstechnik und -taktik

Arm- und Stockführung Die Arm- und Stockführung ist ebenfalls über den gesamten Kurvenverlauf ruhig und regulativ, d. h. mit der Arm- und Stockführung wird versucht, das Gleichgewicht zu stabilisieren und keine unnötigen und fehlerhaften Mitbewegungen auf die Schulter und den Rumpf zu übertragen. Dazu werden die Arme leicht seitlich vor dem Körper geführt, die Stöcke werden entspannt gehalten.

Regulative Arm- und Stockführung

Zum Stockeinsatz erfolgt die Bewegung lediglich aus dem Unterarm und Handgelenk. Der Stockeinsatz kann unterschiedliche Funktionen erfüllen, z. B. eine **Rhythmusfunktion** bei kurzen Radien, eine **unterstützende Funktion** bei der Vertikalbewegung oder auch eine **begleitende Funktion** zur Stabilisierung des Gleichgewichts.

Grundfunktionen

Wie die oben beschriebenen Grundvoraussetzungen stellen die Grundfunktionen Belasten, Kanten und Drehen keine festgelegten Bewegungsmuster dar, die genau beschrieben werden können, vielmehr handelt es sich bei den Grundfunktionen um übergeordnete Fähigkeiten, die notwendig sind, um alle beim Skifahren erdenklichen Schnee- und Geländebedingungen bzw. sonstigen Rahmenbedingungen erfolgreich meistern zu können.

Belasten Über das funktionelle Belasten der Ski wird der Druck verteilt, der durch die Gewichtskraft des Skifahrers und die äußeren Kräfte (u.a. Brems- und Beschleunigungskräfte) über die Beine auf die Ski wirkt.
Während bei der **Kurveneinleitung** die Belastung mehr auf die Fußballen verlagert wird, um bei der Einfahrt in die Falllinie (= Versteilung der Spur) eine neutrale Körperposition beizubehalten, wird bei der anschließenden **Kurvensteuerung** (= Verflachung der Spur) die Belastung ausgewogen zwischen Ballen und Ferse reguliert. Die Belastungsverteilung zwischen

Skitouren

Innen- und Außenbein orientiert sich an den Schnee- und Geländebedingungen, d. h. bei harten Schneeverhältnissen und steilem Gelände wird die Belastung primär auf das Außenbein verlagert, während bei weicheren Schneeverhältnissen und flachem bis mittelsteilem Gelände die Belastung ausgewogen zwischen Innen- und Außenbein eingestellt wird. Der Belastungswechsel kann ebenfalls situationsabhängig von weich und fließend bis schnell und abrupt erfolgen.

Kanten   Kanten bedeutet, die Kanten der Ski so einzusetzen, dass eine **gezielte Kraftübertragung** auf den Untergrund zustande kommt. Mit einem der jeweilgen Schnee- und Geländesituation angemessenen Kanten kann der Skifahrer je nach Zielvorstellung, d. h. ob er beschleunigen, bremsen (stoppen) oder das Tempo im Kurvenverlauf gleichmäßig halten möchte, seine Spur entsprechend wählen und das Tempo regulieren.

Drehen   Das Drehen als Grundfunktion heißt, die Ski aus der gegebenen Längsrichtung in eine andere Richtung, d. h. die Richtung des geplanten Kurvenverlaufs in Abhängigkeit vom gewünschten **Kurvenradius** zu bewegen. Angemessenes Drehen bedeutet also, die Richtung der Ski so zu verändern, dass sie der jeweiligen Schnee- und Geländesituation und der Zielvorstellung des Skifahrers (kurzer, mittlerer oder großer Kurvenradius) entspricht.

Zusammenhang zwischen Funktionen, Aktionen und Bewegungsspielräumen
Über Aktionen, d. h. konkrete Bewegungen, die auf dem Ski ausgeführt werden können, und über Bewegungsspielräume, mithilfe derer die Aktionen exakt an die gegebene Situation angepasst werden können, werden die Grundfunktionen realisiert, d. h. jede erdenkliche skifahrerische Situation kann gemeistert werden.

Aktionen   Über folgende Aktionen werden die Grundfunktionen realisiert:
- **Belasten – Vertikal- und Horizontalbewegungen:** Aktionen zur Realisation der Funktion Belasten sind das Beugen

Abfahrtstechnik und -taktik

und Strecken der Beine sowie das Verlagern von Oberkörper, Armen und Knien.
- **Kanten – Kippbewegungen:** Aktionen zur Realisation der Funktion Kanten sind das Fuß-, Knie- und Ganzkörperkippen.
- **Drehen – Drehbewegungen:** Aktionen zur Realisation der Funktion Drehen sind das Beinedrehen und Ganzkörperdrehen.

Kanten durch Fuß- und Kniekippen

Bewegungsspielräume Mit folgenden Bewegungsspielräumen können die Aktionen an die gegebene Situation noch exakter angepasst werden:
- **Richtung:** Die Bewegungsrichtung einer Aktion kann entweder nach vorne/hinten oder nach rechts/links führen.
- **Timing:** Das Bewegungstiming einer Aktion kann entweder langsam bis schnell oder umgekehrt erfolgen.
- **Dynamik:** Die Bewegungsdynamik einer Aktion kann von kraftvoll (explosiv) bis entspannt (ruhig) reichen.
- **Umfang:** Der Bewegungsumfang einer Aktion kann sich von viel (großer Bewegungsumfang) bis wenig (kleiner Bewegungsumfang) erstrecken.

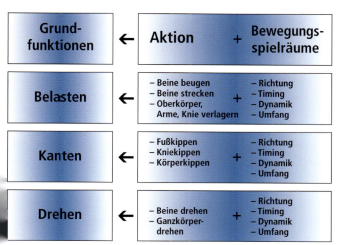

Zusammenhang zwischen Funktionen, Aktionen und Bewegungsspielräumen

Skitouren

Fahren im Tiefschnee Das Fahren im Tiefschnee zählt für viele Skibergsteiger und Variantenfahrer zu den schönsten Abfahrtserlebnissen abseits gesicherter Pisten. Das nahezu mühelose Schweben im staubenden Pulverschnee stellt sich jedoch erst in Verbindung mit der entsprechenden Technik ein, die mit unzähligen Abfahrtsmetern stabilisiert werden muss.

Die grundlegende Technik im Tiefschnee ist eine Form des parallelen Schwingens, die durch die rhythmische Aneinanderreihung kurzer bis mittellanger Kurvenradien charakterisiert ist. Die parallele Skistellung ist dabei im Vergleich zum Fahren bei harten Verhältnissen enger, wobei manche Skifahrer auch eine geschlossene Skistellung bevorzugen. Die besonderen Anforderungen des Tiefschneefahrens begründen sich in der laufenden Regulation des frontalen und seitlichen Gleichgewichts und in der Schwierigkeit, das Fahrtempo und die dabei entstehenden äußeren Kräfte ökonomisch für das Schwingen zu nützen.

Technikbeschreibung:

- Aus der Anfahrt bzw. der Kurvensteuerung Verlagerung des Gewichts zur Ferse. Dabei »schwimmen die Ski auf« und erleichtern so das folgende Andrehen.
- Dem Druck, der beim »Aufschwimmen« der Ski durch die Verdichtung des Schnees unter den Laufflächen entsteht, nachgeben und die Beine passiv nach oben schieben lassen. Der verdichtete Schnee verursacht einen »Schanzeneffekt«, der zu einer spürbaren Entlastung führt.
- Den Talarm zum begleitenden Stockeinsatz nach vorne führen
- Gleichzeitig den Oberkörper andrehen und kurveneinwärts neigen
- Wenn die Ski aus dem Schnee herausgetragen werden, die Beine wieder strecken und gleichzeitig drehen. Dabei muss versucht werden, eine ausgewogene Ballen- und Fersenbelastung einzustellen.
- Die angedrehten Ski im folgenden Beugen weiterdrehen und je nach gewähltem Kurvenradius zunehmend Aufkanten, bis diese wiederum »Aufschwimmen«

Abfahrtstechnik und -taktik

Praxistipps:
- Beim Tiefschneefahren muss unbedingt versucht werden, einen gleichbleibenden Rhythmus einzuhalten, d. h. die Schwünge rhythmisch aneinander zu reihen. Nur so ist auch im Tiefschnee eine ökonomische Fahrweise möglich, die durch den rhythmischen Wechsel zwischen Belastung und Entlastung gekennzeichnet ist.
- Die Schwünge müssen ohne Schrägfahrten miteinander verbunden werden, d. h. die Kurvensteuerung des vorhergehenden Schwunges muss direkt und ohne Unterbrechung in die Einleitung des nächsten Schwunges übergeführt werden. Erst dann können sich Eleganz und Leichtigkeit beim Schwingen einstellen.
- Im Tiefschnee ist ein gewisses Fahrtempo erforderlich, ohne das die oben beschriebene Technik nicht möglich ist. Eine zu zaghafte, langsame Fahrweise verursacht Schwierigkeiten in der Kurveneinleitung und kostet unnötig Kraft. Dennoch sollte das Fahrtempo immer den aktuellen Geländeverhältnissen angepasst werden.

Grundtechnik
Tiefschneefahren

Skitouren

Befahren von steilem Gelände Nicht selten passiert es, dass auch auf vermeintlich »leichten« Skitouren wegen einer kleinen Unachtsamkeit in der vorausschauenden Geländebeurteilung ein Steilhang befahren werden muss, will man vermeiden, dass man den Orientierungsfehler mit einem zusätzlichen Aufstieg bezahlt. Bei langen Skihochtouren und Skidurchquerungen bzw. rassigen Variantenabfahrten sind Steilhänge bis zu einer Neigung von ca. 40° ohnehin an der Tagesordnung. Eine sichere Fahrtechnik, die eine angstfreie und kontrollierte Fahrweise ermöglicht, kann das Befahren von steilem Gelände bei entsprechenden Schneebedingungen dagegen zum Genuss werden lassen.

Die Technik für das Befahren von steilen Hängen wird durch ein konsequentes Steuern über dem Außenski gekennzeichnet, das eine optimale Tempokontrolle ermöglicht. Die Skistellung wird mit zunehmender Steilheit offener. Kurze Kurvenradien sind zu bevorzugen.

Technikbeschreibung:

- Aus der Anfahrt bzw. der Kurvensteuerung erfolgt ein dynamisches Beugen in Sprung-, Knie- und Hüftgelenk. Dabei werden die Ski vollständig aus der Falllinie gedreht und das Fahrtempo kontrolliert.
- Der talseitige Stock wird unterstützend eingesetzt.
- Mit einem explosiven Strecken der Beine, bei dem man sich am Stock abstützt, wird der Schwung eingeleitet. In der Vertikalbewegung bewegt man sich nach vorne-talwärts. Die Ski werden schnell über die Falllinie gedreht.

Freeriding im extrem steilen Gelände

- Mit Beginn der Kurvensteuerung erfolgt ein deutliches Belasten des Außenskis. Das Außenbein wird dabei anhaltend und dynamisch gedreht.
- Der Außenarm bereitet früh den nächsten Stockeinsatz vor. Um eine fehlerhafte Bewegungsübertragung und ein Mitdrehen des Rumpfes zu vermeiden, werden Unterarm und Stockhand leicht talwärts geöffnet.

Abfahrtstechnik und -taktik

Praxistipps:
- Zunächst langsam und kontrolliert in jeden Steilhang einfahren und sich auf die herrschenden Schneeverhältnisse einstellen
- Unbedingt Rücklage vermeiden, denn dies bedeutet im steilen Gelände höchste Sturzgefahr
- Im sehr steilen Gelände ab ca. 40° kann so explosiv gestreckt werden, dass die Ski ohne Schneekontakt über die Falllinie gedreht werden können. Dies kann auch mit einem Anhocken der Beine verbunden werden.

Fahren bei harten, eisigen Schneeverhältnissen

Auch abseits der präparierten Pisten herrschen oft harte und eisige Bedingungen, die einen sicheren und versierten Skifahrer verlangen. Gerade im Frühjahr, wenn die erhoffte Sonne ausbleibt und die oberflächliche Schmelzharschschicht nicht in den erhofften Firn übergeht, kann die Fahrtechnik für harte, eisige Schneeverhältnisse vermehrt angewendet werden.

Bei dieser Fahrtechnik steht vor allem ein betontes und aggressives Kanten im Vordergrund. Wie beim Befahren von steilem Gelände müssen die Kurven zudem konsequent mit überwiegender Außenskibelastung gesteuert werden.

Technikbeschreibung:
- Mit einer zügigen Tiefbewegung und einem sehr dynamischen Drehen beider Beine wird die Kurve eingeleitet. Das Beinedrehen und Kanten erfolgt betont aggressiv.
- Die Ski werden nahezu quer zur Falllinie gedreht, extrem aufgekantet und belastet. Dabei wird zugleich der talseitige Stock eingesetzt.
- Aus dieser Position und dem damit verbundenen Kantendruck wird der Skifahrer förmlich »weggeprellt«. Dabei werden die Ski kräftig in Drehung versetzt, die beim Aufsetzen der Ski weitergeführt wird.
- Über den gesamten Kurvenverlauf muss versucht werden, eine ausgewogene Ballen- und Fersenbelastung sowie eine betont offene Skistellung einzuhalten.

Skitouren

Aggressives Kanten bei harten, eisigen Schneeverhältnissen

Praxistipps:
- Kurze Radien mit aggressivem Kanteneinsatz für harte, eisige Verhältnisse erfordern eine entschlossene und aktive Fahrweise, bei der jedoch die Sicherheit und die Minimierung des Sturzrisikos im Vordergrund steht.
- Voraussetzung für sicheres und gutes Kanten sind gut sitzende, fest geschlossene Skischuhe bzw. Skitourenschuhe sowie gut präparierte Ski mit geschliffenen Kanten.
- Selbst mit dieser Fahrtechnik und absolut scharfen Kanten kann kein Blankeis befahren werden.

Fahren im Firn und Sulzschnee   Neben dem Fahren im Tiefschnee zählt das Befahren von planen, aufgefirnten Hängen zu den genussreichsten Abfahrtserlebnissen auf Skitouren. Spielerisch und ohne nennenswerten Kraftaufwand können Firnhänge befahren werden, die nur wenige Zentimeter aufgefirnt sind und damit ideale Voraussetzungen bieten.

Die Technik für den idealen Firn wird durch eine in Umfang und Dynamik mittlere Vertikalbewegung in der Kurveneinleitung gekennzeichnet, bei der ein fließender Belastungswechsel erfolgt. Der Stock wird begleitend eingesetzt. Das Kanten und Drehen passt sich den Verhältnissen an, d. h. je weicher die Verhältnisse werden, desto mehr tritt das Kanten zugunsten des Drehens in den Hintergrund.

Viel schwieriger wird es jedoch, wenn die Altschneedecke temperaturbedingt ungenügend verfestigt ist oder man bei der Frühjahrsskitour zu spät dran ist. Im tiefen, schwer schwingbaren Firn und Sulzschnee, der die Drehung der Ski deutlich erschwert, ist eine besondere Fahrtechnik erforderlich.

Diese ist charakterisiert durch ein explosives Aufrichten und ein Vorausdrehen der Körperaußenseite in der Kurveneinleitung. Mittlere bis lange Kurvenradien werden bevorzugt, die parallel offene Skistellung ist eher eng.

Abfahrtstechnik und -taktik

Technikbeschreibung:
- Aus der Anfahrt bzw. der Kurvensteuerung mit gebeugten Beinen den Körper mit deutlicher Stockunterstützung so explosiv vor-talwärts aufrichten, dass die Ski vollständig entlastet werden. Durch das gleichzeitige Vorausdrehen der Körperaußenseite wird die Skidrehung unterstützt.
- Mit dem Einsetzen der Entlastung werden die Ski unter dem Körper nach außen gedreht.
- Nach Überfahren der Falllinie wird das Vorausdrehen der Körperaußenseite und Arme wieder abgefangen.
- In der Kurvensteuerung werden beide Ski gleichmäßig belastet.

Praxistipps:
- Das Befahren von tiefem Firn und allen Schneearten mit hohem Drehwiderstand erfordert ein zügiges, aber kontrolliertes Fahrtempo. Eine zu langsame, verhaltene Fahrweise kostet Kraft und erschwert vor allem die Kurveneinleitung.
- Eine engere parallele Skistellung und das gleichmäßige Belasten von Außen- und Innenski verhindert ein einseitiges Einsinken bzw. »Graben« der Ski.

Technik für das Fahren im tiefen Firn und Sulzschnee

Skitouren

- Alternativ kann das explosive Aufrichten auch mit einer leichten Rücklage verbunden werden, wodurch die Schaufeln der Ski entlastet werden und das anschließende Drehen um die Skienden erfolgt. Bei dieser Technik muss jedoch spätestens beim Überfahren der Falllinie die neutrale Körperposition wieder eingenommen werden.

Befahren von Bruchharsch Das Fahren im Bruchharsch ist der Albtraum vieler Skibergsteiger und Variantenfahrer, doch lässt es sich auch bei sorgfältiger Tourenplanung nicht immer vermeiden. Ob durch Windeinwirkung oder Schmelzumwandlung entstanden, der berüchtigte »Deckel« kann mit einer entsprechenden Fahrtechnik und den notwendigen konditionellen Voraussetzungen sicher und problemlos bewältigt werden.

Dabei werden die Ski ohne Schneekontakt angedreht, was eine sehr dynamische Beinarbeit erfordert. Der Stock wird unterstützend eingesetzt. Kurze Kurvenradien sind vorteilhaft.

Technikbeschreibung:

- Aus der Anfahrt werden die Beine stark gebeugt, um Vorspannung für das folgende explosive Aufrichten zu erzeugen.
- Unterarm und Stockhand sind talwärts geöffnet, der Stock wird unterstützend eingesetzt.
- Nach einem explosiven Abstoßen mit beiden Beinen, bei dem auf dem Stock abgestützt wird, werden die Oberschenkel hochgerissen bzw. die Beine angehockt.
- Während die Ski ohne Schneekontakt über die Falllinie gedreht werden, erfolgt ein Strecken des Körpers. Dabei wird bereits der nächste Stockeinsatz vorbereitet.
- Bei der Landung werden die Beine wiederum stark gebeugt, der Stock wird erneut unterstützend eingesetzt.

Fahren im Bruchharsch mit hohem Tempo

Abfahrtstechnik und -taktik

Praxistipps:
- Kurze Kurvenradien sind im Bruchharsch zwar äußerst anstrengend, führen aber zu einer sichereren Fahrweise als lange Radien.
- Kontrolliert, aber nicht zu langsam fahren. Entschlossen Schwung an Schwung reihen.
- Mit schwerem Rucksack oder bei starker Ermüdung kann diese Technik nicht angewendet werden. In diesem Fall empfiehlt es sich, zwischen den einzelnen Schwüngen lange Schrägfahrten einzubauen. Im Extremfall kann es auch notwendig werden, dass zwischen den einzelnen Schrägfahrten die Falllinie mit Spitzkehren überwunden wird.

Fahren unter erschwerten Bedingungen

Unter erschwerten Bedingungen bei der Abfahrt werden folgende Situationen verstanden:
- Fahren am Gletscher
- Abfahrt am Seil
- Fahren in der Spur
- Befahren von absturzgefährdetem Gelände
- Fahren bei schlechter Sicht
- Fahren bei starker Ermüdung

Obwohl diese Situationen bei so genannten »leichten« Skitouren eher selten sind, ist der Skibergsteiger auf Skihochtouren oder Skidurchquerungen des Öfteren mit diesen erschwerten Bedingungen konfrontiert. Aus diesem Grund wird eine Fahrtechnik dargestellt, mit der man die oben beschriebenen Situationen sicher und kontrolliert fahrend bewältigen kann.

Dafür bietet sich die so genannte Bergstemme an, die durch eine Winkelstellung bergwärts gekennzeichnet ist. Mit diesem Winkel kann man auch bei geringem Fahrtempo zielgenau und leicht die Falllinie überqueren. Die Bergstemme kann zudem problemlos bei fast allen Schnee- und Geländeverhältnissen eingesetzt werden.

Technikbeschreibung:
- Am Ende der Schrägfahrt bzw. der Kurvensteuerung winkelt man den Bergski unbelastet aus und setzt ihn auf

Skitouren

Bergstemme für das Fahren unter erschwerten Bedingungen

die Innenkante. Gleichzeitig wird der Stockeinsatz vorbereitet.
- Zu einem begleitenden bis stützenden Stockeinsatz erfolgt ein Strecken des Körpers, es wird auf den ausgewinkelten Bergski umgestiegen.
- Mit dem folgenden Beugen des Körpers wird das Außenbein gedreht.
- Je nach Geländesituation schließt sich zunächst eine Schrägfahrt oder sofort die nächste Kurveneinleitung an.

Praxistipps:
- Die Bergstemme kann je nach Situation mit sehr langen bis sehr kurzen Radien gefahren werden. Es können entweder Schrägfahrten eingebaut oder Schwung an Schwung gereiht werden.
- Wenn es nötig ist, langsam zu fahren, kann mit einer Vergrößerung der Winkelstellung dennoch leicht und schnell die Falllinie überquert werden.
- Wenn es wegen starker Ermüdung oder schlechter Sicht ungünstig ist, eine Vertikalbewegung auszuführen, kann der Schwung mit einer größeren Winkelstellung ebenfalls sicher eingeleitet werden.

Abfahrtstechnik und -taktik

Abfahrtstaktik

Trotz vieler Trends beim Skitourengehen ist die Abfahrt nach wie vor einer der Höhepunkte einer jeden Skitour – vorausgesetzt die Tourenplanung und Vorbereitung sowie die konditionellen und technischen Voraussetzungen des Tourengehers entsprechen den aktuell vorherrschenden Verhältnissen.

Abfahrt im frischen Tiefschnee

Allgemeine Geländebeurteilung in Abhängigkeit von der Lawinensituation

Die aktuelle Lawinenbeurteilung nach Formel 3x3 und Reduktionsmethode ist absolute Voraussetzung für eine mögliche Hangbefahrung. Erst wenn das Risiko als vertretbar eingestuft wird, kann man weitere Überlegungen über die beste Schneequalität und die beste Abfahrtslinie vornehmen. Generell sollte man bedenken, dass eine Abfahrt in unbekanntes Gelände (z. B. bei einer Durchquerung) besonders hohe Anforderungen an Tourenplanung und Orientierung stellt. Auch hier gilt: Im Zweifelsfall wieder entlang der Aufstiegsspur abfahren!

Ausnutzen der guten Schneeverhältnisse im windgeschützten rechten Teil des (NW-)Hanges: Man erkennt deutlich den in Hangmitte windverblasenen Schnee.

Skitouren

Praxistipp:
- Oft finden sich in ein und demselben Hang durch unterschiedliche Expositionen und Hangneigungen auch unterschiedliche Verhältnisse in Bezug auf Lawinengefahr und Schneequalität. So kann sich die Lawinengefahr auf die (selbstverständlich dann zu meidenden) Steilpassagen, die gute Schneequalität auf die mehr (Firn) oder weniger stark (Pulverschnee) der Sonne ausgesetzten Hangbereiche beschränken.

Wahl des Abfahrtsbereiches: Die grobe Abfahrtsroute muss bereits in der Tourenplanung unter Berücksichtigung der Lawinensituation festgelegt werden. Bereits beim Kartenstudium lassen sich Neigung und Exposition der einzelnen Hänge und vor allem zu erwartende Schlüsselpassagen genau einschätzen. Auch können bereits mögliche Rastpunkte oder Varianten aus der Karte ersehen werden. Während der Abfahrt (lokaler Filter) sollte man die geplante Route ständig mit den vorgefundenen Gegebenheiten vergleichen. Bei Unklarheiten oder schlechter Sicht sollten die zur Verfügung stehen Orientierungsmittel (Karte und Höhenmesser, evtl. GPS) eingesetzt werden.

Abfahrtsbereich bei Lawinenstufe 2 und einer Hangneigung von unter 30° in den Mulden mit lockerem Pulverschnee

In der Planung (regionaler Filter nach Werner Munter, vgl. S. 340) sollte festgelegt werden:
- Die grobe Abfahrtsroute
- Die Rastplätze
- Eine grobe Zeiteinteilung unter Berücksichtigung der Veränderung der Schneequalität besonders im Frühjahr
- Weitläufige Umfahrung gefährdeter Bereiche

Praxistipp:
- Besonders im Frühjahr bei Firnabfahrten sollte der Zeitplan auf das optimale Zeitfenster für die Abfahrt abgestimmt werden. Denn nur während weniger Stunden

Abfahrtstechnik und -taktik

herrschen in den Hängen die gewünschten idealen Firnverhältnisse. Hier hilft Erfahrung mit ähnlichen Touren oder die Auskunft von Hüttenwarten oder Bergführern.

Spurwahl Für die genaue Abfahrtsroute, für seine »Linie« oder individuelle Spurwahl entscheidet sich der Tourengeher/Variantenfahrer vor Ort (entsprechend dem zonalen Filter von Werner Munter, vgl. S. 340). Sonneneinstrahlung und Windeinfluss können die Schneequalität innerhalb weniger Meter stark verändern. Auch unterschiedliche Geländeformen auf kleinstem Raum sollten bei der Spurwahl berücksichtigt werden. Kuppen und Kanten eignen sich besonders für die Schwungeinleitung, enge Mulden werden am besten ohne Richtungsänderung durchfahren.

Hang N, 35 – 40°, Lawinenlage 2, Spurwahl in der Falllinie der Rippe, Einzelfahren

Praxistipps:
- Während der Abfahrt ständig die Schneequalität in Abhängigkeit von der Hangexposition kontrollieren und entsprechend seine Spur legen
- Während der Abfahrt die Schneeoberfläche auf Veränderungen beobachten und entsprechend agieren. So kann eine glatte Schneeoberfläche auf Bruchharsch hinweisen, die unebene Oberfläche in unmittelbarer Nähe auf leicht zu schwingenden Pulverschnee.
- Den Fahrstil der Hangneigung anpassen; in steiler werdende Hangpartien mit gedrosseltem und kontrolliertem Tempo einfahren
- Radien und Tempo variieren und den sich verändernden Gelände- und Schneeverhältnissen anpassen.
- Eine Hangsteilheit von um die 30° gilt als ideal zum Skifahren.

Die Abfahrtsroute sollte sich nach reiflicher Überlegung und ohne Ausnahme in einem Hangbereich mit vertretbarem Risiko befinden! Im Hinblick auf ein mögliches Lawinenrisiko gelten für Aufstieg und Abfahrt dieselben Voraussetzungen und Regeln!

Skitouren

- Der vermeintliche Vorteil der Abfahrt, dass man sich mit höherem Tempo schneller durch einen Gefahrenbereich bewegen kann, wird durch die größere Hangbelastung beim Schwingen (im Vergleich zum gleichmäßigen Aufsteigen) wettgemacht.
- Im Aufstieg bleibt mehr Zeit für Entscheidungen, und eine Umkehr ist einfacher und mit weniger psychischem und gruppendynamischem Druck zu bewerkstelligen als bei der Abfahrt. Während einer Abfahrt einen Hang als zu gefährlich einzustufen, verlangt eine starke Entschlusskraft, da die Konsequenzen sehr weitreichend (und durch den meist notwendigen Wiederaufstieg mit zusätzlicher Anstrengung verbunden) sind.

Weitere alpine Gefahren Sie gelten für die Abfahrt genauso wie für den Aufstieg. Durch die höhere Geschwindigkeit beim Abfahren kann in einigen Situationen das Risiko minimiert werden, z. B. bei der Durchfahrt unter einem Serac. Ein besonderes Risiko stellt in der Abfahrt das Stürzen mit entsprechenden Folgen und besonders in schneearmen Wintern oder bei hartem Schnee der Absturz dar (vgl. Skitouren im Hochgebirge, Seite 314).

Besondere Vorsicht gilt in folgenden Situationen:

Abfahrt durch einen Gletscherbruch mit schwer einzuschätzenden Seracs

- Begehen bzw. Befahren von Bachbetten oder Rinnen. Die Tragfähigkeit von Schneebrücken kann kaum eingeschätzt werden, das Einstürzen kann aber fatale Folgen haben. Am sichersten sind sie in den frühen Morgenstunden, wenn der Schnee noch gefroren ist.
- Vorsicht an überwechteten Graten. Besonders bei diffusem Licht lässt sich der sichere vom

Abfahrtstechnik und -taktik

gefährlichen Gratbereich kaum unterscheiden. Im Zweifelsfall sollte man immer einige Meter unter der Gratschneide bleiben. Alte oder neue Spuren sind keine Garantie für einen sicheren Bereich!

Besonderheit: Fahren in der Gruppe Für Gruppen auf Skitour oder auf Variantenabfahrten ist die Einhaltung einfacher Organisationsregeln vorteilhaft und empfehlenswert. Denn nur so können führungstaktische und risikominimierende Maßnahmen angewendet werden. Auch kann der Abfahrtsgenuss für die einzelnen Gruppenmitglieder deutlich gesteigert werden, wenn z. B. mit Abständen (und somit ohne Kollisionsgefahr) abgefahren wird.

Fahren in der Gruppe mit entsprechendem Sicherheitsabstand

- Der Führer und Gruppenorganisator darf nicht überholt werden.
- Einteilung eines Schlussmannes (in der Regel ein guter Skifahrer, der andere Teilnehmer unterstützen kann); die Position des Schlussmannes kann während einer Abfahrt durchgewechselt werden.
- Generell Fahren mit Sicherheitsabständen (Kollisionsvermeidung, günstigere Hangbelastung)
- Option des Einzelfahrens auf Stockzeichen bei engen, schwierigen oder kritischen Passagen
- Option des Spurfahrens in unübersichtlichen Passagen oder bei schlechter Sicht
- Ankündigung des nächsten Sammelpunktes (an einer »sicheren« Stelle im Hang) durch den Führer
- Abstimmung der notwendigen Pausen auf die Schwächsten in der Gruppe

Skitouren im Hochgebirge

Skitouren im Hochgebirge

Bedingt durch die große Abgeschiedenheit mit oft schwierigen Rückzugsmöglichkeiten und anspruchsvoller Orientierung sowie durch zahlreiche andere Faktoren wie z. B. das hohe Rucksackgewicht (Seil, Anseilkombination, Eispickel, Steigeisen ...) darf das winterliche Hochgebirge nicht unterschätzt werden. So sollten alle Touren im winterlichen Hochgebirge mit ausreichenden Reserven in den Bereichen Technik, Kondition, Verhältnisse, Ausrüstung und Zeitbedarf geplant und durchgeführt werden. Folgende **Zusatzausrüstung** ist notwendig: Seil, Anseilkombination, Eispickel, Steigeisen.

Abfahrt vom Schwarztor (CH) nach Zermatt: Auf dem spaltenreichen Gletscher ist große Vorsicht und kontrolliertes Fahren geboten!

Verhalten im vergletscherten Gelände

Im vergletscherten Gelände besteht besonders im Winter eine hohe Spaltensturzgefahr. Denn die Schneebrücken sind oft noch nicht verfestigt und wenig belastbar. Auch können Konturen auf einem winterlichen Gletscher oft schlechter wahrgenommen (und somit als versteckte Spalten erkannt) werden als bei sommerlichen Bedingungen.

Immer wenn Spaltensturzgefahr besteht, muss angeseilt werden. Im Aufstieg wird eine Gruppe durch das Gehen am Seil kaum beeinträchtigt. Die Sicherheitsmaßnahme »Anseilen« sollte deshalb schon bei geringsten Zweifeln gewählt werden.

Praxistipps:

- Eine bestehende Spur ist kein zusätzliches Sicherheitsmerkmal (denn es kann nicht nachvollzogen werden, wann und von wem sie bei welchen Verhältnissen gelegt wurde).
- Auf jedem Gletscher gibt es spaltenarme und spaltenreiche Zonen. Wenig Spalten sind in Mulden und Senken zu erwarten, Spaltenzonen an Kanten und Buckeln. Eine gute Spur wird sich an die spaltenarmen Zonen halten.
- Besonders bei schlechter Sicht und diffusem Licht sind Spalten kaum zu erkennen, in diesem Fall äußerst vorsichtig vorgehen und unbedingt anseilen!

Linke Seite:
Im Aufstieg zum Elbrus, dem höchsten Berg Europas

Skitouren

Abfahrt am Grenzgletscher mit großen Abständen

Wer im winterlichen Hochgebirge auf Gletschern unterwegs ist, muss nicht nur die entsprechende Sicherheitsausrüstung mitführen, sondern auch die unterschiedlichen Maßnahmen der behelfsmäßigen Bergrettung beherrschen. Weitere Informationen zum Gehen am Gletscher und zur Spaltenbergung in der weiterführenden Literatur (S. 355).

Abfahrtstaktik im vergletscherten Gelände

Anders als im Aufstieg stellt Abfahren am Seil eine große Behinderung für die einzelnen Seilschaftsmitglieder dar. Ohne Übung kann Abfahren am Seil zu Stürzen und unkontrollierter Fahrweise führen. Besonders an den Mittelmann (in der Dreierseilschaft oder entsprechend an mehrere Mittelmänner bei größeren Seilschaften) werden große skifahrerische Anforderungen gestellt, da er die Seilbewegungen nach vorne und hinten ausgleichen bzw. handeln muss.

Wegen des deutlich verminderten Abfahrtsgenusses wird auf Gletschern meistens ohne Seil abgefahren, obwohl für die Spaltensturzgefahr in der Abfahrt dieselben Regeln und Wahrscheinlichkeiten gelten wie beim Aufstieg.

Abfahrt am Gornergletscher im spaltenreichen Gelände

Praxistipps beim Abfahren ohne Seil auf Gletschern:

- Immer Anseilgurt anlegen (ohne Anseilgurt ist im Notfall eine Spaltenbergung kaum durchzuführen, außerdem ist das Seil an heiklen Passagen schnell anzulegen)

- Sicherheitsabstände von ca. 20 m einhalten (keine größere Belastung der teilweise unsichtbaren und somit besonders gefährlichen Schneebrücken als notwendig)
- Defensive und vorausschauende Fahrweise, besonders an Kanten und steiler werdendem Gelände (schlecht einzusehen und außerdem höhere Spaltengefahr)

Skitouren im Hochgebirge

- Spurfahren mit Sicherheitsabstand in Spaltenzonen (der Führer oder Erfahrenste der Gruppe legt eine möglichst sichere Spur, der alle anderen mit entsprechenden Abständen folgen)
- Sammelpunkte bevorzugt in spaltenarmen Bereichen (Mulden und Senken) wählen, auch beim Sammeln Sicherheitsabstände beibehalten

Abfahrtstechnik im Absturzgelände

Bei einer Skiabfahrt besteht Absturzgefahr, wenn das Gefälle besonders steil oder wenn die Schneedecke vereist oder verharscht ist.

Achtung: Ein vermeintlich harmloser, kaum 35° geneigter Hang kann bei einer harten Schneedecke wesentlich gefährlicher sein als ein 45° steiler Hang bei weichem und griffigem Schnee. Deshalb ist es besonders wichtig, die Gesamtsituation von Beginn an richtig einzuschätzen und im Zweifel folgende Maßnahmen zu ergreifen:

- Defensive Fahrweise (kontrolliertes Schwingen, kontrolliertes Tempo)
- Ausnutzen der Geländeform (flachste Hangpassagen ausnutzen, enge Rinnen und Kanten meiden)
- Kontrolliertes Schrägrutschen oder sogar Abstieg im Treppenschritt an besonders steilen oder eisigen Stellen
- Einzeln fahren, dabei Sammelpunkte wählen, an denen ein Mitreißen der anderen Gruppenmitglieder durch Sturz unmöglich ist
- Alle Gruppenmitglieder auf die Absturzgefahr hinweisen
- Im Falle eines Sturzes nach Verlust der Ski sofortiges Bremsen in Liegestütztechnik (vgl. Seite 56)
- Im Zweifelsfall alternative Abfahrtsroute auswählen oder evtl. zu Fuß (u.U. mit Steigeisen, Gesicht zum Berg) absteigen

Kontrolliertes Abfahren im steilen, felsdurchsetzten Absturzgelände

Skitouren

Lawinenkunde

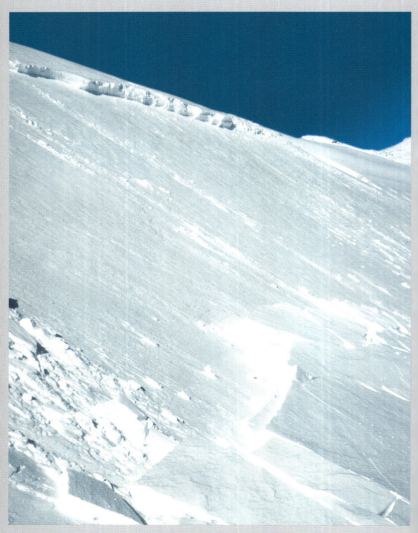

Lawinenkunde

Praktische Lawinenkunde

Ist ein Skibergsteiger oder Variantenfahrer von einem Lawinenabgang betroffen, so ist dies immer das Ergebnis vieler unterschiedlicher Faktoren. Dementsprechend ist das Zusammenwirken der Einflussfaktoren »Schneedecke«, »Wetter«, »Gelände« und »Mensch« äußerst komplex und die Beurteilung der aktuellen Lawinensituation eine sehr interessante, aber auch schwierige Aufgabe.

Lawinenarten Grundsätzlich unterscheidet man zwischen zwei Arten von Lawinen, der Lockerschneelawine und der Schneebrettlawine. Beide Lawinenarten können sowohl aus kaltem, trockenem Schnee wie auch aus Nassschnee bestehen und als Oberlawine (eine oder mehrere oberflächennahe Schneeschichten umfassend) oder als Grundlawine (die gesamte Schneedecke umfassend, meist Nassschnee) abgleiten. Staublawinen entwickeln sich bei entsprechender Länge und Steilheit der Sturzbahn und erreichen Geschwindigkeiten bis zu 300 km/h.

Lockerschnee-, Schneebrettlawine

Skitouren

Lockerschneelawine Lockerschneelawinen haben einen punktförmigen Anriss. Die anfangs geringe Schneemenge reißt immer mehr Schnee mit sich, wodurch eine birnenförmige Sturzbahn entsteht. Die zur Auslösung benötigte Hangsteilheit beträgt mindestens 35°, Selbstauslösungen sind ab 40° möglich. Lockerschneelawinen treten am häufigsten bei Tauwetter oder Sonneneinstrahlung auf, wenn der Schnee durch die Temperatureinwirkung an Bindung verliert, sowie nach Neuschneefällen in Hängen mit geringer Windeinwirkung bei lockerem, ungebundenem Neuschnee.

Schneebrettlawine Skitourengeher oder Variantenfahrer werden fast ausschließlich von Schneebrettlawinen erfasst, die sie in der Regel auch selbst ausgelöst haben. Die Schneebrettlawine gilt deshalb als **die** Skifahrerlawine. Bei der Auslösung des Schneebrettes gleitet der gesamte instabile Hangbereich flächig als Schneetafel bzw. Schneeschild ab, wobei sich der Skifahrer bei der Auslösung meist inmitten des abgleitenden Bereiches befindet. Charakteristisch für die Schneebrettlawine ist der linienförmige Anriss sowie die flächige Sturzbahn.

Voraussetzungen zur Schneebrettbildung

Für die Schneebrettauslösung müssen drei Voraussetzungen erfüllt sein:
- Gebundene Schneeschicht
- Vorhandener Gleithorizont
- Ausreichende Steilheit

Gebundene Schneeschicht Die schneebrettbildende Schneeschicht (auch mehrere Schichten sind möglich) muss in sich gebunden sein, d. h. die Schneekristalle müssen ausreichende Verbindung untereinander haben, um entstehende Spannungen großflächig zu übertragen und so als zusammenhängende Schneetafel abgleiten zu können.

Gleithorizont Die schneebrettbildende Schicht muss eine mehr oder weniger schlechte Bindung zur darunter liegenden älteren Schicht (Gleithorizont) haben. Übersteigt die Be-

Lawinenkunde

lastung der Schneedecke durch das Eigengewicht oder aber durch eine Zusatzbelastung, z. B. den Schwung, Sprung oder Sturz eines Skifahrers, die Festigkeit dieser Verbindung, kommt es zum Abgleiten des Schneebrettes. Häufige Gleithorizonte bilden die Altschneedecke, Harsch- oder Eislamellen und schwache Zwischenschichten wie Schwimmschnee, Oberflächenreif und Graupelschichten.

Steilheit Zum Auslösen und Abgleiten von Schneebrettlawinen ist eine Hangsteilheit von mindestens 30° (steilste Stelle im Hang) erforderlich.

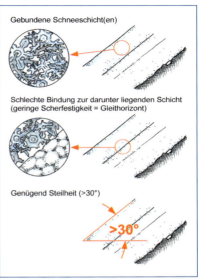

Voraussetzungen zur Schneebrettbildung

Schneebrettauslösung

Festigkeiten Die Stabilität der Schneedecke ist das Verhältnis aus ihrer Festigkeit (= Belastbarkeit) und den auftretenden Belastungen (Gewicht der Schneeschichten, Hangabtriebskräfte, Zusatzbelastungen wie z. B. stürzender Skifahrer). Man unterscheidet zwischen primärer Festigkeit und sekundärer Festigkeit.

Die **primäre Festigkeit** (= Basisfestigkeit) ist die Haftreibung zwischen den Schichten. Sie ist die entscheidende Größe bei der Festigkeit der Schneedecke und damit auch bei der Schneebrettauslösung. Je schlechter die Verbindung zwischen den Schichten, umso geringere Zusatzbelastungen sind notwendig, um einen Scherriss zu erzeugen und damit das Schneebrett auszulösen. Die Basisfestigkeit ist unabhängig von der Härte der Schneeschichten.

Die **sekundäre Festigkeit** (= Randfestigkeit) setzt sich aus Zug- und Druckfestigkeit sowie seitlicher Scherfestigkeit zusammen. Die Randfestigkeiten sind abhängig von der Härte der Schneeschicht: Harte Schichten haben eine hohe, weiche

Skitouren

Schichten geringe Randfestigkeit. Aufgrund des geringen Flächenanteils im Vergleich zur Basisfläche eines Schneebrettes ist die Randfestigkeit nur von untergeordneter Bedeutung.

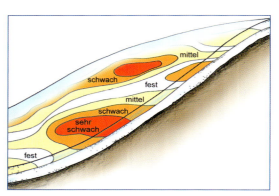

Beispielhaftes Festigkeitsmuster

Stabilitätsunterschiede in der Basisfestigkeit
Der Einfluss des Wetters (Wind, Sonne, Niederschlag) auf die Schneedecke kann abhängig vom Gelände (Hangneigung, -form und Exposition) sehr unterschiedlich sein und damit eine kleinräumig strukturierte Schneeoberfläche bewirken. Wird diese eingeschneit, können sich daraus große Stabilitätsunterschiede in der Basisfestigkeit von »sehr fest« bis »sehr schwach« (= Hotspot) innerhalb eines Hanges ergeben. Diese Unterschiede machen eine Einschätzung der Festigkeit mittels punktueller Schneedeckentests unmöglich.

Belastung der Schneedecke Der Druck durch Zusatzbelastungen nimmt in der Schneedecke grundsätzlich mit der Tiefe ab, was bedeutet, dass dünne Schneeschichten leichter auslösbar sind als dicke.
Darüber hinaus beeinflusst die Härte der Schneeschichten die Einwirkung von Zusatzbelastungen (z. B. Skifahrer) auf schwache Zwischenschichten und somit die Auslösewahrscheinlichkeit. Weicher Schnee bündelt den Druck, d. h. auch in tieferen Schichten treten noch relativ hohe punktuelle Belastungen auf. Damit ist die Wahrscheinlichkeit groß, dass auch tiefer liegende labile Schichten überbelastet werden. Harte Schichten verteilen den Druck wesentlich besser, woraus sich eine abgeschwächte Belastung in der Tiefe ergibt. Somit sind sie durch Skifahrer schwerer und bei Schichtstärken über einem Meter nur in sehr seltenen Fällen auszulösen.

Lawinenkunde

Belastung durch Skifahrer bei Aufstieg und Abfahrt

Neben der Druckverteilung in der Schneedecke entscheidet auch die Größe der Zusatzbelastung über die Auslösewahrscheinlichkeit. Mehrere Skifahrer auf engem Raum belasten die Schneedecke mehr als ein einzelner Skifahrer. Ebenso spielt es eine Rolle, ob sich der Skifahrer im Aufstieg (mit oder ohne Ski) befindet, ob er langsam abfährt (z. B. bei schlechter Sicht), in kurzen Radien abfährt oder stürzt.

Auslösevorgang   Man unterscheidet zwei Arten der Schneebrettauslösung:
Die **Selbstauslösung**, z. B. bei Überlastung der Schneedecke durch stetige Gewichtszunahme (z. B. durch Schneefall, Wind, Regen), und die **Fremdauslösung** (Nah- oder Fernauslösung) durch provozierte Zusatzbelastung wie Skifahrer oder Sprengung.
Durch die Zusatzbelastung wird an einer Stelle im Hang die Verbindung zwischen zwei Schichten gestört. Es bildet sich ein so genannter **primärer Scherriss** innerhalb der Schneedecke, der sich entlang der gestörten Schichtgrenzen nach allen Seiten ausbreitet und so die Ablösung der Schneeschicht von der darunter liegenden Schicht bewirkt. Dieser abgelöste Teil der Schneedecke wird nun anfangs noch vom umgebenden Schnee gehalten, erzeugt jedoch Spannungen nach allen Richtungen (Zug-, Druck- und seitliche Scherspannungen). Ist die Verbindung an den Schichtgrenzen schwach und/oder das Gewicht der abgelösten Schneeschicht und damit die

Skitouren

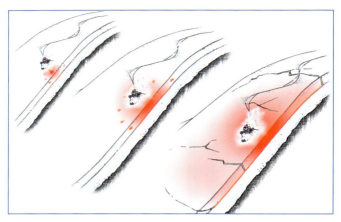

Schneebrettauslösung mit Scherrissfortpflanzung

Spannungen groß genug, kommt es zur Bruchfortpflanzung, bis sich die Schneeschicht im gesamten labilen Hangbereich von der Unterlage löst und als Schneebrett abgeht. Der jetzt sichtbare Zugriss ist der **Sekundärriss**.

Bei der Fernauslösung wird durch eine Zusatzlast oder eine abgehende Lawine ein entferntes Schneebrett ausgelöst. Hierzu ist eine lockere Zwischenschicht (z. B. Schwimmschnee) notwendig, die durch den Druck der Zusatzlast zusammenbricht (= Druckbruch). Der so erzeugte Bruch kann sich auch in ebenen Flächen ausbreiten und so Schneebrettabgänge in entfernten Hängen erzeugen.

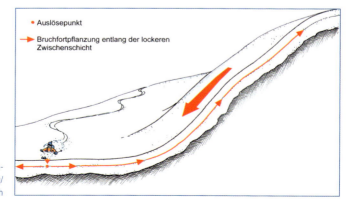

Fernauslösung/ Druckbruch

Lawinenkunde

Alarmzeichen   Alarmzeichen sind Hinweise auf erhöhte Schneebrettgefahr.
Eindeutige Alarmzeichen sind:
- Spontane Schneebrettauslösungen
- Fernauslösungen
- Risse in der Schneedecke, Vibrationen und/oder Wumm-Geräusche/Zischen beim Begehen/Befahren. Diese Anzeichen deuten auf einen Scherbruch in der Schneedecke hin, wobei jedoch mangelnde Steilheit den Schneebrettabgang verhindert hat.

Ist eines oder mehrere dieser Alarmzeichen vorhanden, muss unbedingt auf das Befahren/Begehen von Steilhängen (> 30°) und deren Einzugsgebiet verzichtet werden.

Grundlegende Schneekunde   Um die Vorgänge der Lawinenbildung besser zu verstehen und den Aufbau der Schneedecke beurteilen zu können, ist ein Grundwissen über die Umwandlungsvorgänge in der Schneedecke unerlässlich. Die Wettereinflüsse Wind, Temperatur und Strahlung bedingen eine unterschiedliche Umwandlung der Schneekristalle bereits während des Schneefalls und auch in der Schneedecke. So wandelt sich die Schneedecke im Laufe des Winters ständig und auf vielfältige Weise um. Es entstehen Schichten mit unterschiedlichen Eigenschaften (Kornform, Korngröße, Festigkeit, Verformbarkeit), die im ungünstigen Fall störanfällige Gleitschichten bilden und so eine der Voraussetzungen zur Schneebrettentstehung schaffen.

Umwandlungsformen in der Schneedecke

Innerhalb der Schneedecke finden je nach Temperatur und Witterungsverlauf drei verschiedene Umwandlungsvorgänge statt. Diese können, abhängig von der Ausgangssituation, die Schneedecke stabilisieren, aber auch schwächen.

Abbauende Umwandlung   Die abbauende Umwandlung beginnt unmittelbar mit der Ablagerung des Neuschnees. Aus den anfangs komplizierten und stark verästelten Neuschneekristallen werden mit der Zeit kleine, rundliche Alt-

schneekristalle. Dadurch rücken die einzelnen Schneekristalle zusammen, die Schneedecke setzt und stabilisiert sich.
Die abbauende Umwandlung wird begünstigt durch:
- Geringe Temperaturdifferenz in der Schneedecke
- Temperaturen nahe 0 °C
- Druck durch große Neuschneemengen

Zu beachten ist, dass die Bindung zur Altschneedecke, die eine andere Kristallstruktur als der Neuschnee aufweist, langsamer abläuft als jene in der Neuschneedecke selbst. Dadurch ergibt sich z. B. die Möglichkeit der Schneebrettbildung durch abbauende Umwandlung einer ursprünglichen Lockerschneeschicht auf einem eingeschneiten Gleithorizont!

Aufbauende Umwandlung Bei der aufbauenden Umwandlung bilden sich neue Kristallformen in der Schneedecke, unabhängig von der ursprünglichen Kristall- oder Umwandlungsform. Es entstehen anfangs kantige Kristalle, die mit fortschreitender Umwandlung zu Becherkristallen werden, die man auch als **Schwimmschnee** bezeichnet. Diese großen Kristalle (bis 5 mm und mehr) haben nur wenige Kontaktpunkte und daher kaum Bindung untereinander (= Kugellagereffekt!). Es bildet sich eine besonders störanfällige Schicht, die besonders häufig in Bodennähe zu finden ist und einen idealen Gleithorizont für darüber liegende Schichten darstellt. Schwimmschnee kann über mehrere Wochen, aber auch den ganzen Winter über erhalten bleiben. Eine Stabilisierung tritt erst nach Durchfeuchtung der Schwimmschneeschichten ein.

Die Schwimmschneebildung durch aufbauende Umwandlung wird begünstigt durch:
- Großes Temperaturgefälle in der Schneedecke, d. h. sehr tiefe Außentemperaturen (z. B. –20 °C) gegenüber den im Verlauf des Winters relativ konstanten Bodentemperaturen (ca. 0 °C)
- Lockeren, luftdurchlässigen Schnee, Kleinsträucher
- Geringe Schneehöhe
- Große, lang anhaltende Kälte
- Schattenhänge

Lawinenkunde

Schmelzumwandlung Steigen die Temperaturen in der Schneedecke über 0 °C an, beginnen die Schneekristalle zu schmelzen. Der sich anfangs auf den Schneekristallen bildende Wasserfilm bewirkt zuerst eine leichte Verfestigung. Mit weiterer Durchfeuchtung beginnt das frei werdende Wasser zwischen den Kristallen abzulaufen und sorgt für allgemeine Entfestigung der Schneedecke. Die Lawinengefahr nimmt zu! Gefriert die durchfeuchtete Schneedecke, bildet sich ein Harschdeckel, der bei genügender Mächtigkeit stabilisierend wirkt. Durch mehrmaliges Schmelzen und Wiedergefrieren tritt weitere Verfestigung ein und es entstehen große, rundliche Kristalle, die den beliebten Firnschnee bilden.

Die Schmelzumwandlung wird begünstigt durch:
- Wärmezufuhr (Warmluft, Föhn, Sonneneinstrahlung)
- Feuchtigkeitszufuhr (Regen, Nassschnee)
- Anschließend klare, kalte Nächte

Windumwandlung Durch Windeinfluss während des Schneefalls werden die stark verästelten Neuschneekristalle bereits in der Atmosphäre zerkleinert und in Windschattenbereichen sehr dicht abgelagert, was eine starke Bindung der Kristalle in der windverfrachteten Schneeschicht zur Folge hat. Es entstehen also umfangreiche und feste Schneeschichten, die großflächig Spannungen übertragen können und noch wenig Bindung zur Altschneeoberfläche haben.
Unter Windeinfluss abgelagerter Schnee ist immer in sich gebunden und erfüllt damit eine wichtige Voraussetzung zur Schneebrettbildung!

Oberflächenreif Oberflächenreif bildet sich am Boden oder an der Schneeoberfläche in klaren, kalten Nächten. Durch Energieabstrahlung kühlt die Schneeoberfläche stark aus, was wiederum ein Absinken der Lufttemperatur über der Schneedecke zur Folge hat. Der nun frei werdende Wasserdampf kondensiert an

Entstehung von Oberflächenreif

der kalten Schneeoberfläche zu Eiskristallen. Es entstehen blattförmige Kristallgebilde, die bei anhaltendem Strahlungswetter in besonders schattigen Lagen Größen von über 5 cm erreichen können. Wird Oberflächenreif eingeschneit, bilden die dann lose aufeinander liegenden Reifblätter eine sehr störanfällige Gleitschicht, die über lange Zeit erhalten bleiben kann. Eine Stabilisierung kann erst mit Durchfeuchtung der Oberflächenreifschichten eintreten.

Wetter   Der Witterungsverlauf während des Winters ist entscheidend für die Entwicklung der Schneedecke und damit auch der Lawinensituation. Parallel zum Wettergeschehen muss zugleich aber immer die jeweilige Geländesituation berücksichtigt werden. Dies wird schnell deutlich, wenn man bedenkt, welch unterschiedliche Auswirkungen ein Schönwettertag mit strahlendem Sonnenschein auf die Schneedecke in einem Nord- und einem Südhang hat. Die Faktoren Wetter und Gelände müssen also immer in ihrem Zusammenhang gesehen werden.

Wind   *Der Wind ist der Baumeister der Schneebrettlawinen!* Dieser alte Grundsatz verdeutlicht die Eigenschaft von windverfrachtetem Schnee, der immer in sich gebunden ist. Er besitzt eine große Fähigkeit zur Spannungsübertragung und kann daher bei vorhandenem Gleithorizont und entsprechender Steilheit als Schneebrett abgleiten.
Auch ist zu bedenken, dass Wind durch Auffüllen von Mulden, Rinnen und Gefällsbrüchen sowie Abblasen von Rücken die ursprünglichen Geländestrukturen verdecken (Hangausgleich) und so die Geländeverhältnisse (Steilheit, Hangform) verändern kann. Ebenso bewirkt er Veränderungen der Schneeoberfläche wie z. B. Strukturierung durch Windgangeln (rau) oder Freilegen von Harschschichten (glatt) und beeinflusst so die Festigkeitsverteilung in der Schneedecke nach Einschneien dieser vom Wind strukturierten Schneeoberfläche.
Windrichtung und Windstärke   Man unterscheidet zwischen Höhenströmung und Bodenwinden. Die Höhenströmung ist die Hauptwindrichtung der jeweiligen Wetterlage

Lawinenkunde

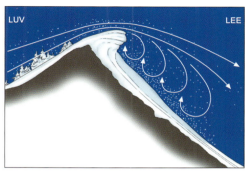

wie z. B. die für Niederschlagswetter typische NW-Strömung. Die Richtung der Bodenwinde ist abhängig von der Hauptwindrichtung, der Windstärke und dem Geländerelief. Sie kann im Extremfall bis zu 180° von der Hauptwindrichtung abweichen, also dieser entgegengesetzt sein.
Je stärker der Wind, desto größer sind die Ablenkungen, desto mehr Hangrichtungen sind von Windablagerungen betroffen und desto umfangreicher die Verfrachtungen. Starke Winde lassen immer kritische Lawinensituationen entstehen, windabgelagerter Schnee findet sich dann meist in allen Expositionen. Zu beachten ist, dass dies auch bei

Wechtenbildung im Kammbereich

Windrichtung und -ablenkung am Geländerelief

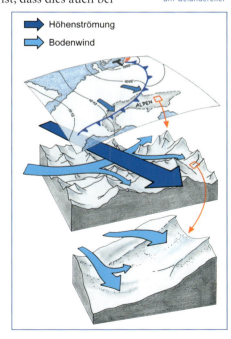

Schönwetter mit Starkwind (z. B. Föhnlage) der Fall ist, wenn die Altschneedecke aus halbwegs weichem, verfrachtbarem Schnee besteht. Aktuelle Schneeverfrachtungen bei Schönwetter sind an den Schneefahnen an Kämmen und Graten weithin sichtbar zu erkennen. Richtung und Ausmaß dieser Schneefahnen weisen auf Lage und Umfang der Ablagerungen hin.

Windablagerungen Windablagerungen sind immer abhängig von Geländestruktur und -exposition. Man findet sie hauptsächlich in Windschattenbereichen **im Lee** und hinter Kämmen, Rücken und Graten. In diesen exponierten Geländebe-

Skitouren

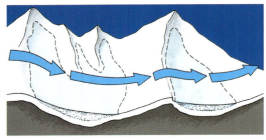

Windablagerungen durch hangparallele Winde

reichen sind die Verfrachtungen durch den Düseneffekt am umfangreichsten.
Aber auch in weniger kammnahen, tieferen Lagen finden sich Windablagerungen unter Gefällsbrüchen, also im Sinne der Abfahrt immer dort, wo das Gelände deutlich steiler wird.

Generell sind Rinnen und Mulden kritisch zu betrachten, da diese Geländeformen meist unabhängig von der Windrichtung Windschattenbereiche bieten und darüber hinaus bevorzugt durch hangparallele Winde mit windverfrachtetem Schnee verfüllt werden.

Obwohl die windzugewandten Hänge **im Luv** eher schneearm und exponierte Bereiche häufig freigeblasen sind, gibt es auch hier Geländebereiche, an denen sich windverfrachteter Schnee anlagern kann. Dies ist bevorzugt in Mulden und Rinnen sowie am Fuß von Steilstufen der Fall.

Windzeichen Windzeichen sind Schneegebilde und Strukturen auf der Schneeoberfläche, die wertvolle Hinweise auf Umfang und Lage (Windstärke, Windrichtung) sowie den Zeitpunkt der Schneeablagerungen geben können.

Wechtenbildung

Die wichtigsten Windzeichen sind:

- **Wechten:** Wechten wachsen mit dem Wind, zeigen also Richtung Lee. Da Wechten für ihre Entstehung mehrere Schneefallperioden mit Windeinfluss benötigen, zeigen sie meist die Hauptwindrichtung an. Im Windschattenhang unterhalb von Wechten ist mit großen Triebschneeansammlungen zu rechnen.

Lawinenkunde

Windgangeln

- **Windgangeln:** Sie zeigen mit der »Stirn«, also mit der steilen Seite zum Wind und zeigen die Windrichtung der letzten Zeit (bis zu wenigen Stunden) an, da sie sich mit Wechsel der Windrichtung sehr schnell ändern. Je kleiner die Formen, desto kürzer der Zeitraum und auch frischer die Verfrachtungen.
- **Dünen und Dünenkämme:** Dünen haben eine flache, windzugewandte und eine steilere, windabgewandte Seite und verlaufen in Wellenform quer zur Windrichtung. Dünenkämme sind noch ausgeprägter (wechtenähnlich) als Dünen und entstehen hinter Rücken und Kanten. Deutlich ausgeformte Dünen und Dünenkämme weisen auf umfangreiche Schneeverfrachtungen hin.
- **Kometenschweife und Windkolke:** Sie entstehen an Hindernissen wie Felsen oder Bäumen. Der Kometenschweif, eine lang gezogene, schiffsbugartige Schneerippe, verläuft hinter dem Hindernis entlang der Windrichtung. Der Windkolk, eine Aushöhlung um das Hindernis herum, entsteht vor dem Hindernis, also auf seiner windzugewandten Seite.

Windzeichen können durch Schneefall bei Windstille eingeschneit sein. In diesem Fall fehlen Hinweise auf Windeinwirkung und frische Triebschneeablagerungen, der oberflächliche Lockerschnee täuscht sichere Verhältnisse vor.

Skitouren

Niederschlag   Der Niederschlag beeinflusst die Lawinensituation in Verbindung mit Wind, Temperatur und Altschneedecke je nach Niederschlagsart (trockener, kalter Schnee, Nassschnee oder Regen) und Niederschlagsmenge. Da Niederschläge temperaturabhängig sind, bestehen, je nach Höhenlage, beträchtliche Unterschiede in den Auswirkungen.

Kritische Neuschneemenge   Die kritische Neuschneemenge ist abhängig von den Wetterverhältnissen während des Schneefalls und der Beschaffenheit der Altschneedecke. Diese Bedingungen können »günstig«, »mittelmäßig« oder auch »ungünstig« sein.

Die kritische Neuschneemenge ist erreicht, wenn
10–20 cm bei ungünstigen Bedingungen,
20–30 cm bei mittleren Bedingungen,
30–50 cm bei günstigen Bedingungen
in 1–3 Tagen fallen.

Ungünstige Bedingungen:
- Starker Wind (um 50 km/h)
- Tiefe Temperaturen (unter −8 °C)
- Schmelzharsch, Oberflächenreif oder sehr alte Schichten als Altschneeoberfläche
- Hang selten befahren

Günstige Bedingungen:
- Kein oder wenig Wind
- Temperaturen wenig unter 0 °C, vor allem zu Beginn des Schneefalls
- Regen in Schnee übergehend
- Hang regelmäßig und viel befahren

Temperatur/Strahlung   Temperatur und Strahlung beeinflussen die Umwandlungsvorgänge in der Schneedecke, die Bildung kritischer Zwischenschichten wie Oberflächenreif oder Schwimmschnee und somit Schichtaufbau und Stabilität der Schneedecke. Strahlung wirkt im Gegensatz zur Lufttemperatur in Abhängigkeit von der Hangexposition auf die Schneedecke.

Lawinenkunde

Wärmeeinfluss Wärmeeinflussfaktoren sind Lufttemperatur, Regen und Sonneneinstrahlung. Massiver Wärmeeinfluss wirkt entfestigend und führt zu sehr kritischen Situationen, ist aber in seinen Auswirkungen gut einzuschätzen. Langsame, maßvolle Wärmeeinwirkung wirkt stabilisierend, da sie die Setzung der Schneedecke und damit die Bindung zwischen den Schichten fördert. Erwärmung bei Tag und Abkühlung mit Minusgraden in der Nacht bewirken eine ideale Verfestigung der Schneedecke.

Kälteeinfluss Kälteeinflussfaktoren sind die Lufttemperatur, Schattenlage und Wind (Wind unterkühlt die Schneeoberfläche). Kälte verzögert die Setzung und Verbindung zwischen den Schichten und konserviert somit bestehende Gefahren. Große Kälte bewirkt eine Gefahrenverschärfung, da sie die Setzung verhindert und neue Gefahren (Schwimmschnee, Oberflächenreif) bildet.

Gelände

Das Gelände spielt eine entscheidende Rolle bei der Auslösung von Lawinen. Steilheit, Hangform und Exposition beeinflussen in Verbindung mit dem Wettergeschehen maßgeblich den Schneedeckenaufbau und damit die Lawinensituation.

Hangneigung Die Hangsteilheit ist **der** entscheidende Geländefaktor bei der Schneebrettbildung. Zur Schneebrettauslösung durch Skifahrer sind mindestens 30° Steilheit (steilster Hangbereich im abgleitenden Hang) notwendig. Je steiler der Hang, umso leichter ist er auszulösen, da die Hangabtriebskräfte und damit auch die auftretenden Spannungen in der Schneedecke größer werden.
Neben dem Faktor »Schneebrettauslösung« hat die Hangsteilheit auch Auswirkungen auf den Schneedeckenaufbau, da Wind- und Sonneneinwirkung je nach Steilheit unterschiedlich sind. Die Steilheit ist der einzige Faktor bei der Schneebrettbildung, der relativ exakt gemessen oder geschätzt werden kann.
Bestimmen der Hangneigung Entscheidend ist die maximale Hangneigung, also die steilste Stelle im Hang, die ab ei-

ner Größe von 10 x 10 m berücksichtigt wird. Die Hangsteilheit kann folgendermaßen gemessen werden:

- Zur Tourenvorbereitung in der Karte anhand der Höhenlinien mittels Böschungsmaßstab. Kleinräumige, aber durchaus relevante Versteilungen zwischen den Höhenlinien (Abstand 20 Höhenmeter) sind in der Karte kaum erkennbar.
- Im Gelände mittels Neigungsmesser am Ski oder Skistock angelegt, durch Peilen mit speziellen Neigungsmessern oder mit der Skistock-Pendelmethode

Da im Hang nicht immer an der steilsten Stelle gemessen werden kann, muss die tatsächliche Steilheit oft zusätzlich abgeschätzt werden.

Hangexposition   Die Hangexposition wirkt sich maßgeblich auf den Schneedeckenaufbau, die Schneebeschaffenheit und damit auf die Lawinensituation aus. Sonne und Schatten, Luv und Lee bewirken unterschiedliche Umwandlungs- und Ablagerungsvorgänge in und auf der Schneedecke, wodurch die verschiedenen Hangrichtungen je nach Witterungsverlauf ungünstige oder günstige Verhältnisse aufweisen. Darüber hinaus wirkt sich gerade die oberflächliche Schneebeschaffenheit auch auf die Routenwahl aus, wenn sich die Frage stellt: »Bruchharsch im Südhang oder Pulverschnee im Nordhang?« Es ist nicht einfach, auf einen Pulverschneehang zu verzichten, wenn in den anderen Hängen die Lawinensituation zwar sicher, die Schneeverhältnisse jedoch schlecht sind.
Günstige und ungünstige Hangrichtung   Es gibt keine grundsätzlich günstigen oder ungünstigen Hangrichtungen, da je nach Witterungsverlauf jede Hangrichtung ungünstige Bedingungen (z. B. starke Triebschneeablagerungen auf Altschneedecke in Westhängen durch Ostwind-Lage, Neuschnee auf Schmelzharsch in Südhängen) aufweisen kann. Häufig ungünstig sind jedoch Schattenhänge (reiner Nordsektor NW-NO und nördliche Hälfte WNW-O), da hier der Schneedeckenaufbau durch langsamere Setzung sowie die Bildung von labilen Zwischenschichten (Schwimmschnee, Oberflächenreif) in der Regel schlechter ist.

Lawinenkunde

Dagegen haben Sonnenhänge bedingt durch Wärme bzw. Sonneneinstrahlung meist einen günstigeren Schneedeckenaufbau (schnellere Setzung, Abbau labiler Zwischenschichten, kaum Oberflächenreif-Situationen).
Bestimmen der Hangexposition Die Hangexposition lässt sich zur Tourenplanung in der Karte anhand des Höhenlinienverlaufs feststellen. Im Gelände wird die Hangrichtung am genauesten durch Peilen mittels Kompass (Bussole) festgestellt. Anhand von Sonnenstand und Uhrzeit lässt sich ebenso auf die Exposition schließen.

Hangform Kleinräumiger als die Hangexposition wirkt sich die Hangform auf den Schneedeckenaufbau und die Schneebeschaffenheit aus. So hat zum Beispiel eine ostexponierte Rinne an ihrer orografisch linken Flanke eine höhere Sonneneinstrahlung als an ihrer rechten, was wiederum unterschiedliche Oberflächenbedingungen schafft. Zusätzlich können bestimmte Hangformen die Schneedecke stützen und somit gefahrenmindernd wirken.
Das Hauptaugenmerk ist jedoch auf die Auswirkungen der Hangformen auf Windablagerungen (Triebschnee, Pressschnee) zu richten.
Günstige und ungünstige Hangform Ungünstige Hangformen sind Rinnen, Mulden und Gefällsbrüche, da sich in ihren Windschattenbereichen bevorzugt Triebschnee ablagert.
Auf Rücken, Rippen und Graten bilden sich kaum Triebschneeansammlungen, da sie meist windexponiert und daher mehr oder weniger stark abge-

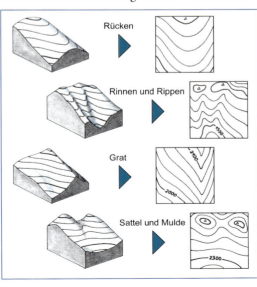

Höhenlinien und Geländeformen

blasen sind. Allerdings sind sie deshalb auch häufig nicht befahrbar, da kein oder nur wenig Schnee liegt. Kleinräumig strukturiertes Gelände stützt die Schneedecke und vermindert das Ausmaß möglicher Schneebrettabgänge. Zur Minimierung des Risikos gilt es, bei der Wahl der Abfahrtsroute die Geländeformen optimal auszunutzen und gegebenenfalls steiles Gelände sowie Rinnen und Mulden zu umfahren.
Bestimmen der Hangform Für die Routenplanung sind Vorinformationen zur Gelände-/Hangform aus der Karte anhand des Höhenlinienverlaufs und anhand von Fotos (Führerliteratur) ersichtlich.

Mensch Da der Mensch als Skitourengeher oder Variantenfahrer »seine« Schneebrettlawine in der Regel selbst auslöst, sind seine Entscheidungen und sein Verhalten auf Variantenabfahrten die ausschlaggebenden Faktoren bei der Vermeidung von Lawinenunfällen. Tourenauswahl und -planung sowie das Verhalten während der Tour sind stark von der Persönlichkeit des Einzelnen abhängig. Emotionale und soziale Faktoren beeinflussen darüber hinaus Erkennen, Verhalten und Entscheiden in kritischen Situationen. Der »Angsthase« wird sicher mehr Informationen vor und während der Tour zur jeweiligen Gefahrensituation sammeln als der »Draufgänger«, für den in erster Linie der Spaß und das Erlebnis zählen.
Eine sichere Tourendurchführung verlangt neben den körperlichen Voraussetzungen vielfältige geistige Fähigkeiten: Alpine Erfahrung, Fachwissen, selbstständiges, eigenverantwortliches Denken, Kombinationsgabe sowie vor allem eine kritische Selbsteinschätzung.

Beurteilung der Lawinensituation

Bis in die 90er-Jahre des vergangenen Jahrhunderts galt unter Fachleuten die Meinung, dass Fachwissen gepaart mit Erfahrung sowie eingehende punktuelle Untersuchungen der Schneedecke ausreichen würden, um die Lawinensituation vor Ort sicher einzuschätzen. Dieser analytische Ansatz in der La-

Lawinenkunde

winenkunde wurde jedoch durch zahlreiche Studien (u.a. Salm und Conway) und Unfallanalysen grundlegend widerlegt, da diese zu dem Schluss kamen, dass die Basisfestigkeit in ein und demselben Hang sehr stark gestreut ist und damit Ergebnisse aus punktuellen Stabilitätsmessungen nicht oder nur sehr eingeschränkt auf benachbarte Hangbereiche und Hangsysteme, wie sie schnell wechselnd im Verlauf einer Aufstiegs- oder Abfahrtsroute angetroffen werden, übertragen werden können. Der Schweizer Lawinenexperte Werner Munter erkannte als Erster die Schwächen der analytischen Lawinenkunde und revolutionierte 1997 mit seiner flächendeckenden Entscheidungsstrategie »**3x3-Filtermethode**« und der auf repräsentativen Statistiken aufbauenden »**Reduktionsmethode**«, einem zuverlässigen Planungs- und Kontrollinstrument, die Lawinenkunde. Seine Verfahren wurden seither immer weiter verfeinert und bilden heute die Basis eines modernen Risikomanagements für alle Skitourengeher und Variantenfahrer.

Lawinenlagebericht (LLB)   Die Lawinenwarndienste der Alpenländer erstellen während der Wintermonate regelmäßig, d. h. jeden Tag aufs Neue, detaillierte LLBs mit dem Ziel, Skitourengeher und Variantenfahrer, aber auch die Kommunen (Verkehrssicherungspflicht für öffentliche Straßen und Wege) über die aktuelle Lawinensituation zu informieren. Trotz der Verarbeitung aller notwendigen Daten zur Erstellung der unterschiedlichen LLBs und der Aufteilung der Lawinenwarndienste in überschaubare Regionen (der LLB in Österreich wird z. B. auf die einzelnen gebirgsrelevanten Bundesländer aufgeteilt) kann der einzelne LLB nur eine sehr allgemeine Beschreibung der Situation bieten, die lokalen Gegebenheiten müssen vor Ort beurteilt werden.
Als Grundlage für die Tourenplanung und die Entscheidungsstrategien ist der LLB unerlässlich. Er muss deshalb vor jedem Tourentag eingeholt werden.

Die LLBs der einzelnen Alpenländer sind telefonisch, per Faxabruf, auf Teletext, im Internet oder über WAP-Handy abrufbar. In Bayern und Österreich ab 7.30 Uhr des aktuellen Tages, in der Schweiz ab 17.00 Uhr des Vortages.

Skitouren

Europäische Gefahrenskala

Gefahrenstufe	Schneestabilität	Auslösewahrscheinlichkeit
1 Gering Potential 2	Die Schneedecke ist allgemein gut verfestigt und stabil. **5% schwach**	Auslösung ist allgemein nur bei großer Zusatzbelastung an sehr wenigen, extremen Steilhängen möglich. Spontan sind nur kleine Lawinen (so genannte Rutsche) zu erwarten.
2 Mäßig Potential 4	Die Schneedecke ist an einigen Steilhängen nur mäßig verfestigt, ansonsten allgemein gut verfestigt. **10% schwach**	Auslösung ist insbesondere bei großer Zusatzbelastung vor allem an den angegebenen Steilhängen möglich. Größere spontane Lawinen sind nicht zu erwarten.
3 Erheblich Potential 8	Die Schneedecke ist an vielen Steilhängen mäßig bis schwach verfestigt. **20% schwach**	Auslösung ist bei geringer Zusatzbelastung vor allem an den angegebenen Steilhängen möglich. Fallweise sind spontan einige mittlere, vereinzelt aber auch große Lawinen möglich.
4 Groß Potential 16	Die Schneedecke ist an den meisten Steilhängen schwach verfestigt. **40% schwach**	Auslösung ist bereits bei geringer Zusatzbelastung an den meisten Steilhängen wahrscheinlich. Fallweise sind spontan viele mittlere, mehrfach auch große Lawinen zu erwarten.
5 Sehr groß Potential x	Die Schneedecke ist allgemein schwach verfestigt und weitgehend instabil. **äußerst schwach**	Spontan sind zahlreiche große Lawinen, auch in mäßig steilem Gelände, zu erwarten.

Europäische Gefahrenskala Seit 1993 gilt in den Alpenländern die gemeinsame europäische Lawinengefahrenskala mit fünf Gefahrenstufen. Sie gibt allgemeine Hinweise zur Schneedeckenstabilität und zur Auslösewahrscheinlichkeit in Bezug zur Gefahrenstufe. Dadurch ist auch ohne spezielle Kenntnis der Landessprache eine Grundinformation möglich.

Inhalte des Lawinenlageberichts Der LLB enthält als Grundinformation die aktuelle Gefahrenstufe auf Basis der europäischen Gefahrenskala. Der qualitative Wert des LLB liegt aber in seinen Zusatzinformationen:

- Vergangene und aktuelle Wettersituation (z. B. Wind, Neuschnee) sowie deren Auswirkung auf die Schneedecke (z. B. Triebschneeansammlungen)
- Schneedeckenaufbau (z. B. Setzungszustand, schwache Zwischenschichten) und dessen Störanfälligkeit
- Beschreibung wahrscheinlicher Gefahrenbereiche (z. B. Höhenlage, Exposition)

Lawinenkunde

- Art der zu erwartenden Lawinen und die Auslösewahrscheinlichkeit durch Selbstauslösung, geringe (z. B. einzelner Skifahrer) oder hohe Zusatzbelastung (z. B. Skifahrergruppe)
- Wetterentwicklung und ihre Auswirkungen auf die weitere Entwicklung der Lawinengefahr

Diese Zusatzinformationen müssen vor Ort im Tourengebiet genau überprüft und hinterfragt werden, um die Gefahrenstufe des LLB zu verifizieren oder ggf. auch zu korrigieren. Dabei ist jedoch vor einem möglichen juristischen Hintergrund eine Korrektur der Gefahrenstufe nach unten (= Entwarnung) nur erfahrenen Skitourengehern oder Variantenfahrern (z. B. Bergführern) bei eindeutigen Anzeichen zu empfehlen, während eine Korrektur der Gefahrenstufe nach oben (= Verschärfung) jederzeit möglich ist.

Entscheidungsstrategien Derzeit werden in den alpin ausbildenden Verbänden (u.a. Alpenvereine und Bergführerverbände) in den verschiedenen Alpenländern folgende Entscheidungsstrategien ausgebildet und angewendet:
- 3x3-Filter- und Reduktionsmethode
- SnowCard und Faktorencheck
- Stopp or Go
- Risiko-Check
- NivoTest

Von diesen Entscheidungsstrategien liefert die gemeinsam angewandte 3x3-Filter- und Reduktionsmethode die besten Ergebnisse in der Praxis der Lawinenbeurteilung und Entscheidungsfindung, verknüpft sie doch die qualitativ flächendeckende Strategie der 3x3-Filtermethode mit dem quantitativ nachvollziehbaren Planungs- und Kontrollinstrument der Reduktionsmethode. Mit der konsequenten Anwendung dieser beiden Verfahren ist ein wirksames Risikomanagement für Skitourengeher und Variantenfahrer möglich. Alternativ zur Reduktionsmethode kann auch die SnowCard des Deutschen Alpenvereins angewendet werden, baut sie doch auf denselben statistischen Grundlagen wie Werner Munters Reduktionsmethode auf.

Skitouren

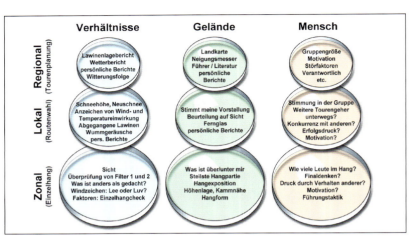

3x3-Filtermethode

3x3-Filtermethode Die 3x3-Filtermethode von Werner Munter ist die Basis des Lawinen-Risikomanagements. Sie bildet das Grundschema zu einer systematischen Informationssammlung beginnend bei der Tourenplanung über die Situationserfassung im Tourengebiet bis hin zur Einzelhangbeurteilung. Dabei werden jeweils die Faktoren Verhältnisse (Schnee und Wetter), Gelände und Mensch hinterfragt, wobei die Sichtweise von der relativ groben Situationseinschätzung zu Hause (Tourenplanung) bis zur Betrachtung des Einzelhanges schrittweise differenzierter wird.

Informationssammlung und Verhaltensplanung Auf Basis der 3x3-Filtermethode wird versucht, alle benötigten Informationen bezüglich der einzelnen Faktoren einzuholen. Dabei dürfen nur Informationen einfließen, die auch definitiv belegbar sind, unklare Annahmen sind unbrauchbar. Ebenso dürfen Informationen nie zugunsten einer geplanten Tour uminterpretiert werden (»So viel Neuschnee ist es ja auch wieder nicht«). Fehlen Informationen zu wichtigen Punkten, müssen diese immer als ungünstig interpretiert werden. Besonders wichtig ist es, sich im Voraus ein Bild über die zu erwartenden Situationen zu machen und entsprechende Handlungsstrategien und auch Ausweichziele festzulegen. Darüber hinaus sind schon bei der Tourenplanung (Karte) Checkpunkte vor kriti-

Lawinenkunde

schen Bereichen festzulegen. Im Ernstfall ist es so leichter, kritische Situationen zu erkennen, die richtige Entscheidung zu treffen und gegebenenfalls eine andere Route zu wählen.

Die Reduktionsfaktoren

Nr. 1 oder	steilste Hangpartie 35° - 39°	RF 2	erst-klassig
Nr. 2	steilste Hangpartie 30° - 34°	RF 4	
Nr. 3 oder	Verzicht auf Sektor NORD: NW (inkl.) - N - NO (inkl.)	RF 2	zweit-klassig
Nr. 4 oder	Verzicht auf nördliche Hälfte WNW (inkl.) - N - ONO (inkl.)	RF 3	
Nr. 5	Verzicht auf die im Lawinenlagebericht genannten kritischen Hang- und Höhenlagen	RF 4	
Nr. 6	ständig befahrene Hänge (gilt nicht bei nassem Schnee)	RF 2	dritt-klassig
Nr. 7	große Gruppe mit Entlastungsabständen	RF 2	
Nr. 8 oder	kleine Gruppe (2 - 4 Personen)	RF 2	
Nr. 9	kleine Gruppe mit Entlastungsabständen	RF 3	

* Bei "ERHEBLICH" muss ein erstklassiger Reduktionsfaktor gewählt werden
* Die zweitklassigen Reduktionsfaktoren sind ungültig bei nassem Schnee
* Wenn es in allen Expositionen gefährlich ist, sind die Reduktionsfaktoren Nr. 3 - Nr. 5 natürlich ungültig (häufig der Fall, wenn kritische Neuschneemenge weit überschritten ist)
* Bei "GROSS" Beschränkung auf mäßig steiles Gelände (unter 30°)

Reduktionsmethode

Die Reduktionsmethode ist ein wirksames Kontrollinstrument zur Vermeidung von Planungsfehlern. Das Restrisiko wird dabei aus dem Verhältnis von Gefahrenpotenzial, das sich aus der Gefahrenstufe des LLB ergibt, zu den Faktoren Steilheit, Exposition und Verhalten ermittelt. Durch den Verzicht auf besonders gefährdete Bereiche (Steilheit und Exposition) sowie durch ein abgestimmtes Verhalten kann dabei das Restrisiko auf ein akzeptables Maß reduziert werden.

Gefahrenpotenzial Das Gefahrenpotenzial ergibt sich aus der Tatsache, dass sich der Anteil an schwachen Hangbereichen im Gelände mit der Gefahrenstufe verdoppelt:

- LLB Gefahrenstufe »gering« entspricht Gefahrenpotenzial 2 (ca. 5% schwache Hangbereiche).
- LLB Gefahrenstufe »mäßig« entspricht Gefahrenpotenzial 4 (ca. 10% schwache Hangbereiche).
- LLB Gefahrenstufe »erheblich« entspricht Gefahrenpotenzial 8 (ca. 20% schwache Hangbereiche).

Baut auf der Tatsache auf, dass sich die Anzahl der schwachen Hangbereiche (Gefahrenpotenzial) von Gefahrenstufe zu Gefahrenstufe verdoppelt

GERING | MÄSSIG | ERHEBLICH | GROSS
1   2   3   4   6   8   12 Gefahrenpotenzial

Anwendung der Reduktionsmethode

Gefahrenstufe des Lawinenlagebericht > Gefahrenpotenzial
Hangsteilheit / Hangexposition / Verhalten > Reduktionsfaktoren

$$\text{Restrisiko} = \frac{\text{Gefahrenpotenzial}}{\text{Red.-Faktor} \times \text{Red.-Faktor}} \leq 1$$

Es können bis zu vier Reduktionsfaktoren verwendet werden, die sich dann jeweils multiplizieren

Skitouren

- LLB Gefahrenstufe »groß« entspricht Gefahrenpotenzial 16 (ca. 40% schwache Hangbereiche).

Somit steigt auch die Gefahr der Schneebrettauslösung und damit das Risiko. Zur differenzierten Anwendung der Reduktionsmethode sind auch Zwischenwerte möglich und sinnvoll (z. B. mehr als »mäßig«, aber weniger als »erheblich« = Gefahrenpotenzial 6).

Goldene Regel

Die „GOLDENE REGEL"
(Risiko-Schnellcheck ohne Rechnen)

- Bei GERING einen beliebigen Reduktionsfaktor wählen
- Bei MÄSSIG zwei beliebige Reduktionsfaktoren wählen
- Bei ERHEBLICH je einen erst-, zweit- und drittklassigen Reduktionsfaktor wählen

Sind bei ERHEBLICH keine zweitklassigen RF verfügbar, (z.B. nasser Schnee oder Sektor Nord ohne Spuren) unter 35° bleiben und Entlastungsabstände einhalten!

> Drei Fragen bei ERHEBLICH:
1. Unter 40°?
2. Außerhalb des Sektors Nord oder ist dieser verspurt?
3. Entlastungsabstände?

3 x JA = OK!

Goldene Regel Die goldene Regel, die ebenfalls von Werner Munter entwickelt wurde, stellt einen einfach anzuwendenden Risiko-Check für Anfänger auf der Basis der Reduktionsmethode dar.

Untersuchungen der Schneedecke Es gibt verschiedene praktische, mit mehr oder weniger großem Zeitaufwand verbundene Testverfahren zur Beurteilung der Schneedecke. Dabei handelt es sich jedoch um ausschließlich punktuelle Messungen, weshalb diese Tests nur den Charakter von Entscheidungshilfen haben und deshalb nur von erfahrenen Skitourengehern oder Variantenfahrern (z. B. Bergführern) angewendet werden sollen.

- Schneeschichtprofil
- Schaufeltest
- Norwegertest
- Rutschblock
- Tests am Wegesrand
- Böschungstest
- Stocktest

Kameradenhilfe

Kameradenhilfe bedeutet, dass die Verschütteten von anderen Gruppenmitgliedern sofort nach dem Lawinenabgang geortet und geborgen werden.
Die Rettung von Verschütteten ist ein Wettlauf gegen die Zeit!

Lawinenkunde

Während in der ersten Viertelstunde nach einem Lawinenabgang noch die meisten Verschütteten lebend geborgen werden können, nimmt die Überlebenschance danach rasch ab.
Deshalb stellt die Kameradenhilfe die größte Überlebenschance eines Verschütteten dar.

Verhalten während des Lawinenabgangs
Als Betroffener:
- Fluchtfahrt seitlich
- Ski und Stöcke weg wegen der Ankerwirkung
- Versuchen, an der Oberfläche zu bleiben
- Mund schließen, Arme vor das Gesicht für freie Atemwege beim Stillstand der Lawine

Als Beobachter:
- Verschwindepunkt und Fließrichtung der Lawine beobachten
- Primären Suchstreifen festlegen (siehe Primäre Suchphase, S. 348 u.)

Sicherheitsausrüstung (siehe Ausrüstung, S. 274ff.)
Persönliche Sicherheitsausrüstung:
- LVS-Gerät
- Lawinenschaufel
- Lawinensonde
- Mobiltelefon (Empfang?) oder Funkgerät

Zusätzliche Sicherheitsausrüstung in der Gruppe:
- Erste-Hilfe-Set
- Biwaksack

Optionale Sicherheitsausrüstung:
- ABS-Ballon bzw. ABS-Rucksack, Snowpulse Life Bag
- Avalung
- Avalanche-Ball

Lawinenschaufel, LVS-Gerät und Sonde, die unverzichtbaren Begleiter auf jeder Skitour

Bergen und erste Hilfe
Bergen Die punktgenaue Ortung eines Verschütteten ist mittels LVS nicht möglich. Die Verschüttungstiefe und die genaue Lage des zu Bergenden können jedoch mit der Lawinensonde bestimmt werden. Dabei soll rechtwinklig zur

Skitouren

Schneeoberfläche sondiert werden. Planen Sie einen großzügigen Sektor zum Schaufeln ein.
Bei mehreren Verschütteten sollte das LVS-Gerät des Geborgenen so rasch als möglich ausgeschaltet werden.

Erste Hilfe Der Patientenbeurteilung folgen die lebensrettenden und lebenserhaltenden Sofortmaßnahmen. Der Geborgene ist vor Auskühlung gut zu schützen. Lawinenverschüttete sollten möglichst schonend transportiert werden. (Wenn möglich mit dem Helikopter.)
Alarmierung und Unfallmeldung Im Rahmen dieser Anleitung ist es nicht möglich, eine komplette Liste aller Berg- und Flugrettungsdienste zu veröffentlichen.
Bitte erkundigen Sie sich vor der Tour vor Ort über die zuständigen Rettungsdienste und die zur Alarmierung nötigen Telefonnummern und Funkfrequenzen. Im Zweifelsfall kann über die Nummer 112 Hilfe organisiert werden.

Meldung (Die 6 Ws):
Wer ist der Anrufende?
Was ist geschehen?
Wo ist der Unfallort?
Wann ist der Unfall geschehen?
Wie viele Verletzte (Verletzungsart), Retter?
Wetter im Unfallgebiet

Umgang mit dem LVS-Gerät Bei der Entwicklung der LVS-Geräte wurde konsequent auf eine robuste und zuverlässige Bauweise geachtet. Alle LVS-Geräte enthalten jedoch schlagempfindliche Ferrit-Antennen. Dieses lebensrettende Gerät sollten Sie deshalb in Ihrem eigenen Interesse mit großer Sorgfalt behandeln! Lassen Sie Ihr LVS-Gerät nie zu Boden fallen, transportieren Sie das Gerät sorgfältig und vermeiden Sie mechanische Schläge. Bewahren Sie das Gerät an einem trockenen, vor extremer Kälte und Wärme und direkter Sonnen-

Regelmäßiges Üben hilft im Notfall!

Lawinenkunde

einstrahlung geschützten Ort auf. Es wird dringend empfohlen, die Funktionstüchtigkeit periodisch überprüfen zu lassen. Vermeiden Sie grundsätzlich, dass sich in unmittelbarer Umgebung des eingeschalteten LVS-Gerätes elektronische Geräte (z. B. Mobiltelefone) oder Metallteile (z. B. Taschenmesser) befinden.

Tragen von LVS-Geräten Zur Befestigung des LVS-Gerätes am Körper gibt es je nach Hersteller entsprechende Tragsysteme. Das Tragsystem muss vor Beginn der Tour immer auf die unterste Bekleidungsschicht angezogen und während der gesamten Dauer der Tour am Körper (nicht im Rucksack!) getragen werden.

Das LVS soll immer von einer Bekleidungsschicht überdeckt bleiben.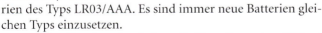

Falls Sie das LVS-Gerät in der Hosen- oder Jackentasche tragen, muss der Reißverschluss während der ganzen Tour verschlossen bleiben. Aufgenähte Taschen sind ungeeignet. In jeder Tragart wird das LVS immer mit der Anzeige gegen den Körper getragen!

Stomversorgung: Verwenden Sie ausschließlich die vom Hersteller empfohlenen Batterien. Beim Barryvox sind das z. B. Batterien des Typs LR03/AAA. Es sind immer neue Batterien gleichen Typs einzusetzen.

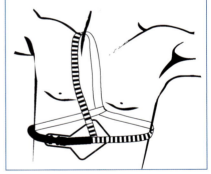

Tragsystem

Verwenden Sie niemals wiederaufladbare Batterien (Akkus) und ersetzen Sie immer alle Batterien gleichzeitig.

Praxistipps:
Beachten Sie beim Einsetzen der Batterien folgende Punkte:
- Gerät und Batterien trockenhalten (Feuchtigkeit im Batteriefach kann Korrosion der Kontakte verursachen)
- Kontakte nicht berühren
- Batteriefach periodisch prüfen bzw. reinigen/trocknen

Skitouren

- Bei Lagerung oder Nichtgebrauch (Sommer!) während längerer Zeit Batterien aus dem Gerät nehmen und den Batteriefachdeckel zur Lüftung offen lassen.

Arbeiten mit dem LVS-Gerät Das LVS-Gerät wird über den Ein-/Ausschalter in Betrieb genommen. In der Stellung Off ist das LVS-Gerät komplett ausgeschaltet, in der Stellung ON eingeschaltet und normalerweise automatisch im Sendemodus. Bei allen LVS-Geräten wird durch die Konstruktion des Schalters ein versehentliches Ein- bzw. Ausschalten des Gerätes verhindert.
Nach dem Einschalten führen moderne, digitale LVS-Geräte einen Selbsttest durch.
Sämtliche elektronische Schaltkreise, die Antennen und die Anzeige werden überprüft.

Achtung!
Bei sehr tiefer Batteriespannung ist die Ausführung des Selbsttests nicht mehr möglich.

Ist der Selbsttest erfolgreich abgeschlossen, wird dies durch eine akustische Anzeige (in der Regel mehrere Pieptöne) bestätigt. Anschließend wird für einen kurzen Zeitraum die verbleibende Batteriekapazität in Prozent angezeigt. Prüfen Sie Ihr LVS-Gerät bereits zu Hause vor der Tour auf seine volle Funktionsfähigkeit, um böse Überraschungen zu vermeiden.

Display des Barryvox mit Richtungsanzeigen oben, unten von links Batteriezustand, Entfernung und Symbol für Mehrfachverschüttung

Praxistipps:

- Führen Sie trotz der modernen Technik mit Selbsttest die Gegenseitigkeitskontrolle in der Gruppe durch (siehe S. 347).
- Beobachten Sie den Ladezustand Ihrer Batterien und wechseln Sie die Batterien frühzeitig.
- Bedenken Sie, dass besonders bei Suchübungen und zusätzlich bei tiefen Temperaturen die Leistungsfähigkeit der Batterien schnell abnehmen kann.
- Lassen Sie Ihr LVS-Gerät während der ganzen Tour (auch während längerer Pausen) eingeschaltet, schalten Sie Ihr LVS-Gerät erst nach Beendigung der Tour aus.

Lawinenkunde

- Scheitert der Selbsttest, wird bei den meisten LVS-Geräten während eines bestimmten Zeitraums ein Fehlercode angezeigt und/oder Sie werden durch einen akustischen Alarm gewarnt.

Batteriezustandsanzeige: In der folgenden Tabelle finden Sie grobe Richtwerte der Batteriezustandsanzeige. Tiefe Temperaturen, Alter und Hersteller können die Lebensdauer der Batterien negativ beeinflussen.

99%	mindestens 200 h Sendemodus oder 15 h Suchmodus
20% oder Batteriesymbol in der Anzeige	Notreserve mit 20 h Sendemodus und 1 h Suchmodus, die Batterien müssen so rasch wie möglich ersetzt werden!
weniger als 20%	Sie werden beim Einschalten des LVS-Geräts durch einen akustischen Alarm gewarnt

LVS-Gerät-Kontrolle (CHECK) Bevor eine Gruppe zu einer Skitour aufbricht, müssen die LVS-Geräte aller Mitglieder der Gruppe überprüft werden.
Gegenseitigkeitskontrolle: Nach dem Aktivieren der LVS-Geräte werden alle LVS-Geräte bis auf das des Führers bzw. Gruppenleiters auf Empfang/Search gestellt. Nun müssen alle LVS-Geräte das einzige sendende Gerät lokalisieren und anzeigen können. Ist dies der Fall, werden die LVS-Geräte wieder auf den Sendemodus umgeschaltet. Abschließend überprüft der Führer bzw. Gruppenleiter nun mit seinem LVS-Gerät (im Empfang-/Search-Modus), ob alle anderen Geräte einwandfrei senden.

Praxistipps:
- Die dargestellte Reihenfolge ist unbedingt einzuhalten, da nur so gewährleistet ist, dass alle Geräte der Gruppenmitglieder nach dem Check auf Senden geschaltet sind.
- Besteht ein LVS-Gerät den Check nicht, muss sofort reagiert werden. Aus diesem Grund empfiehlt sich für Gruppen im Idealfall ein Ersatzgerät, auf jeden Fall aber Reservebatterien mitzuführen.
- Unbedingt darauf achten, dass immer alle Gruppenmitglieder ohne Ausnahme kontrolliert werden!

Skitouren

Sendemodus (SEND)   LVS-Geräte befinden sich nach dem Einschalten und nach dem Selbsttest automatisch im Sendemodus. Bei modernen Geräten wird jeder gesendete Signalimpuls geprüft. Wenn die Prüfung positiv verläuft, blinkt die rote SEND-Kontrollleuchte auf.
Der Sendemodus ist die normale Betriebsart im freien Gelände oder in allen anderen Situationen, in denen ein Lawinenrisiko besteht.

Suchmodus (SEARCH)   Je nach LVS-Typ gelangen Sie durch ein- oder mehrmaliges Drücken einer Taste in den Suchmodus. Beim Barryvox z. B. muss die Mode-Taste innerhalb drei Sekunden 3-mal kurz gedrückt werden. Diese Maßnahme verhindert, dass man unbeabsichtigt in den Suchmodus gelangt. Zurück zum Sendemodus gelangen Sie, indem Sie die Taste MODE mindestens zwei Sekunden gedrückt halten.
Praxistipp:
- Es wird dringend empfohlen, bei der Suche **Mobiltelefone auszuschalten!**

Automatische Sendeumschaltung   Ohne Benutzereingriff wechselt das Gerät nach einer definierten, bei einigen Geräten auch einstellbaren Zeit (ca. 10 Minuten) automatisch in den Sendemodus. Der Benutzer wird vor der Umschaltung selbstverständlich durch einen Alarm gewarnt. Sie haben dann noch 20 Sekunden Zeit, um durch Drücken einer beliebigen Taste das Umschalten zu verhindern.
Diese Funktion ermöglicht, dass ein LVS-Gerät, das aus Unachtsamkeit nicht wieder auf SEND umgeschaltet worden ist (z. B. nach einer Suchaktion, Suchübung usw.), automatisch in diesen Zustand versetzt wird. Auch im Falle einer Nachlawine mit Verschüttung von Rettern ermöglicht diese Funktion deren Auffinden mittels LVS-Gerät.

Die Verschüttetensuche
Primäre Suchphase   Von Beginn der Suche bis zum Empfang des ersten, deutlich hör- oder sichtbaren Signals befin-

Lawinenkunde

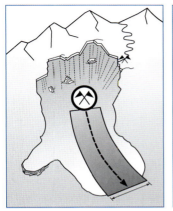
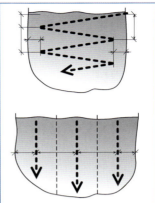

Links:
Verschwindepunkt bekannt

Rechts:
Verschwindepunkt unbekannt

den Sie sich in der primären Suchphase. Unabhängig von der gewählten Betriebsart gelten dabei folgende Suchstrategien:
Suchstrategie Verschwindepunkt bekannt: Primärer Suchstreifen **ab** Verschwindepunkt in Fließrichtung der Lawine
Suchstrategie Verschwindepunkt unbekannt: Abgehen des Lawinenfeldes in Suchstreifen mit je nach Leistungsstärke bzw. Reichweite des LVS-Gerätes Abständen von 20–40 m Entfernung. Einzelpersonen suchen im Zickzack, Gruppen in parallelen Linien mit dem genannten Abstand.

Praxistipps:
- Im Zweifelsfall kleinere Suchstreifen verwenden. (Bei Suchstreifen von z. B. 40 m muss das LVS-Gerät eine Mindestreichweite auch bei ungünstiger Antennenlage von 20 m haben, dies wird aber nur von den leistungsstärksten digitalen LVS-Geräten am Markt erreicht!)
- LVS-Gerät zur Optimierung der Reichweite um alle Achsen drehen. **Wird ein Signal empfangen, Geräteposition halten und weiterlaufen, bis Signal deutlich hörbar/sichtbar ist. Damit ist die primäre Suchphase beendet.**

Sekundäre Suchphase mit digitalen Geräten bzw. in der digitalen Betriebsart
Die digitale Betriebsart bietet dem Retter eine optische Benutzerführung.

Skitouren

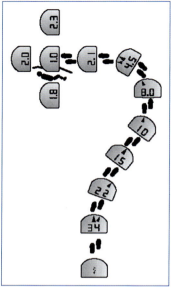

Grafik sekundäre Suchphase

Ab einer gewissen Distanz beim Barryvox (ab ca. 40 m) oder von Beginn an zeigt das LVS-Gerät Distanz und die Richtung zum Verschütteten an. Die Empfindlichkeit des Empfängers wird vom Gerät automatisch gesteuert, um eine optimale Verarbeitung des empfangenen Signals zu erreichen. (Ein manuelles Umschalten wie bei analogen Geräten entfällt.) Diese Technik bzw. Betriebsart erfordert weniger Training und erleichtert das Eingrenzen des Verschütteten. Wegen der physikalischen Gesetze kann die Entfernung nie ganz genau ermittelt werden. Die angegebenen Zahlen sind nur als eine relative Entfernung zu interpretieren. Es geht also primär um die Tendenz abnehmend oder zunehmend und nicht um die absoluten Werte. Aufgrund der wechselnden Gestalt der elektromagnetischen Feldlinien in der näheren Umgebung eines Verschütteten wird die Richtung bei einer Distanz unter 3 m nicht mehr angezeigt. Die **Feinortung** erfolgt **nur** noch über die **Distanzanzeige.** Die digitale Betriebsart erfordert weniger Training und erleichtert das Eingrenzen des Verschütteten.

Feldlinienverfahren

Praxistipps: für die Suche mit digitalen LVS-Geräten:
- Gerät in horizontaler Lage vor sich halten

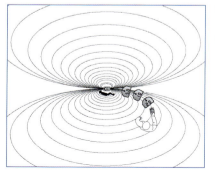

- Distanz- und Richtungsinformationen auf der Anzeige beachten
- Bewegen Sie sich in die vom Pfeil angezeigte Richtung. Nimmt die angezeigte Distanz ab, so nähern Sie sich dem Verschütteten. Nimmt die angezeigte Distanz zu, so entfernen Sie sich vom Verschütteten. Führen Sie die Suche in der entgegengesetzten Richtung fort.

Lawinenkunde

- Je mehr Sie sich dem Verschütteten nähern, desto langsamer (um dem Prozessor Zeit zu geben, die empfangenen Daten zu verarbeiten) und konzentrierter sollten Sie sich fortbewegen!
- Normalerweise nähern Sie sich dem Verschütteten nicht in direkter, sondern in einer bogenförmigen Linie. Sie folgen somit dem Verlauf der elektromagnetischen Feldlinien.
- Elektrische Leitungen und große metallene Gegenstände (z. B. Hochspannungsleitungen oder Skiliftkabel) können die Verschüttetensuche in der digitalen Betriebsart stören. Sie können zu Fehlanzeigen bei der Richtungs- und Distanzangabe führen.

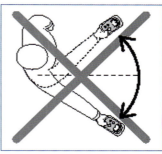

Ruhiges und konzentriertes Arbeiten

Feinortung Je nach Verschüttungstiefe beginnt die Feinortung früher oder später, üblicherweise etwa bei einer Distanzanzeige von 3 m und weniger. Halten Sie das LVS-Gerät in dieser Phase direkt auf die Schneeoberfläche! Suchen Sie nun den Punkt mit der kleinsten Distanzangabe. Dieser Wert entspricht der ungefähren Verschüttungstiefe. **Verwenden Sie nun die Sonde zur punktgenauen Ortung des Verschütteten.** Beim Barryvox stellt der Wert 0.3 systembedingt die kleinstmögliche Anzeige dar. Dabei werden gleichzeitig alle Richtungspfeile angezeigt.

Mehrfachverschüttung Mehrfachverschüttungen sollten bei entsprechend vorsichtigem Taktieren (Einzelngehen bzw. -fahren in Gefahrenbereichen) nicht vorkommen. Diese besondere Art der Verschüttung erschwert die Suche mit LVS-Geräten erheblich. Bei ungünstiger Lage kann eine Mehrfachverschüttung Laien oder wenig Geübte vor große Probleme stellen. Auch gibt es bei den LVS-Geräten große Unterschiede, was die Möglichkeiten für die Sucherleichterung bei einer Mehrfachverschüttung betrifft. In der Folge wird das Prinzip der Mehrfachverschüttung mit einem Barryvox LVS-Gerät beschrieben:

Skitouren

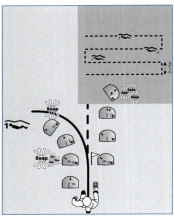

Mehrfachverschüttung bei weit auseinander liegenden Verschütteten

In der digitalen Betriebsart werden vom Gerät erkannte Mehrfachverschüttungen durch ein Doppelkopfsymbol auf dem Display angezeigt. Zudem werden nun die Analogtöne wiedergegeben. Diese helfen Ihnen zusätzlich, verschiedene Sender akustisch zu trennen. **Das Gerät favorisiert nun den am nächsten gelegenen Verschütteten.** Mehrere Verschüttete werden im Normalfall innerhalb der Suchstreifenbreite erkannt, wobei die Erkennungsdistanz je nach Lage und Entfernung der Verschütteten zum Retter beträchtlich variieren kann.

Praxistipps:
- **Schalten Sie die LVS-Geräte der bereits geborgenen Personen aus, um die weitere Suche zu erleichtern.**
- Ist Ihnen die Anzahl der Verschütteten nicht sicher bekannt, müssen Sie die **gesamte Lawine** nach den im Kapitel »Primäre Suchphase« beschriebenen Suchmustern absuchen!

Vorgehen auf dem Lawinenfeld
Suchtaktik bei mehreren, weit auseinander liegenden Verschütteten   Markieren Sie auf der Lawine denjenigen Punkt, an dem das Multimodezeichen auf dem Display erscheint oder Sie das Suchmuster der primären Suchphase verlassen haben. Suchen Sie nun mithilfe der Informationen auf der Anzeige und der Analogtöne den ersten Verschütteten. Ist dieser geortet, so ist er durch Sie oder andere Helfer sofort zu bergen. Führen Sie nun die Suche nach den weiteren Verschütteten fort, indem Sie an den vorher markierten Punkt zurückkehren. Halten Sie sich nun strikt an das primäre Suchmuster und schreiten Sie die Lawine weiter ab, bis Sie zum nächsten Verschütteten geführt werden. Anfänglich führt Sie das Gerät noch zum bereits georteten Verschütteten, weil dieser am nächsten bei Ihnen liegt. Diese Anzeigen sind zu ignorieren, bis Sie bemerken, dass das Gerät ein neues Ziel verfolgt.

Lawinenkunde

Suchtaktik bei mehreren, nahe beieinander liegenden Verschütteten (Mikrosuchstreifen)   In dieser Situation wird die Interpretation der akustischen Signale äußerst wichtig. Diese müssen in Verbindung mit der Distanzanzeige interpretiert werden. Beispiel: Sie hören einen Dreifachton und die Distanzanzeige schwankt zwischen 3,5 und 4,8 m. Im Umkreis von ca. 5 m sind drei Verschüttete zu erwarten. Lösen Sie die Situation, indem Sie die in Betracht zu ziehende Fläche mit Mikrosuchstreifen absuchen. Je mehr Verschüttete vorhanden sind und je näher diese zusammenliegen, desto engmaschiger sollten die Mikrosuchstreifen über die potenzielle Fläche gelegt werden. Halten Sie das Gerät in dieser Phase immer in derselben Richtung auf die Schneeoberfläche und konzentrieren Sie sich gut auf die Zu- bzw. Abnahme der Distanzanzeige bzw. der Lautstärke der Pieptöne. Im Weiteren kann die Lawinensonde zum schnellen Auffinden von nahe zusammenliegenden Verschütteten verwendet werden.

Praxistipp:
- Die Mikrosuchstreifenmethode erfordert eine konsequente Vorgehensweise, führt dann aber auch bei komplizierten Situationen zum Ziel.

Suchtaktik bei mehreren, nahe beieinander liegenden Verschütteten (Dreikreismethode)   Als Alternative zur oben beschriebenen Mikrosuchstreifenmethode bietet sich die Dreikreismethode an. Dabei wird der erste und am nächsten liegende Verschüttete durch konsequentes Verfolgen des stärksten Signals geortet. Anschließend geht man auf einer Kreisbahn mit ca. 3 m Radius um den eben Georteten und sucht nach neuen stärker werdenden Signalen, von denen man das stärkste wiederum verfolgt. Sind immer noch Verschüttete in der Lawine oder war auf dem ersten Kreis kein Erfolg beschieden, so wird dasselbe System auf zwei weiteren Kreisen mit jeweils 6 m und dann 9 m Radius um den zuerst georteten fortgesetzt.

Praxistipp:
- Die Dreikreismethode ist einfach anzuwenden, ist aber ungenauer und hat eine schlechtere Trefferquote als die Mikrosuchstreifenmethode.

Anhang

Infos, Notruf, Verhalten

Im Hinblick auf Tourenziele kann man über eine der gängigen Suchmaschinen per Internet recht wertvolle Informationen eruieren, doch braucht es Erfahrung, um die wirklich präzisen herauszufiltern. Sehr zuverlässig sind die Tourentipps über **www.bergsteigen.at**. Dort kann man in der Regel anspruchsvollere bis schwere Hoch-, Ski-, Klettersteig- und Klettertouren finden. Recht brauchbar sind auch die Seiten von **www.tourentipp.de** sowie **www.planetoutdoor.de** mit Touren aus den Bruckmann-Publikationen.

ALPINE AUSKUNFTSTELLEN

Deutscher Alpenverein
 +49/(0)89/294940
Österreichischer Alpenverein
 +43/(0)512/587828
Alpenverein Südtirol
 +39/0471/999955
OHM (Chamonix)
 +33/(0)450/532208

ALPINE WETTERBERICHTE

Alpenvereinswetterbericht für die gesamten Alpen
 +49/(0)89/295070
Alpenwetterbericht in Österreich, persönliche Beratung (Montag bis Samstag 13 bis 18 Uhr)
 +43/(0)512/291600
Wetterbericht in der Schweiz
 +41/(0)848/800162
Wetterbericht in Frankreich
 +33/(0)450/532208

WETTERSEITEN

A: www.alpenverein.at (die beste)
D: www.alpenverein.de (identisch)
CH: www.meteoschweiz.ch
F: www.meteo.fr
I: www.alpenwetter.com

LAWINENLAGEBERICHTE

Bayern +49/(0)89/92141210
– Beratung +49/(0)89/92141555
Kärnten +43/(0)463/1588
– Beratung +43/(0)463/5362897
Oberösterr. +43/(0)732/1588
– Berat. +43/(0)732/77202485
Salzburg +43/(0)662/1588
– Berat. +43/(0)662/80422170
Steiermark +43/(0)316/1588
– Beratung +43/(0)316/242200
Tirol +43/(0)512/1588
– Beratung +43/(0)512/581839
Vorarlberg +43/(0)5522/1588
Südtirol +39/0471/271177
– Beratung +39/0471/414740
Schweiz +41/(0)848/800187
– Beratung +41/(0)814/170111
Frankreich +33/(0)836/681020
Slowenien +386/(0)661/312083

NOTRUFNUMMER IN DEN ALPEN

Europäische Notrufnummer **112**
In Deutschland auch an Festtelefonen, außerhalb Deutschlands nur über Mobiltelefon erreichbar, wird auf die landesüblichen Notrufnummern weitergeleitet.

ALPINES NOTSIGNAL

• Innerhalb einer Minute wird sechsmal in regelmäßigen Abständen ein hörbares (akustisches) Zeichen (rufen, pfeifen) oder ein sichtbares (optisches) Signal (Blinken mit Taschen- oder Stirnlampe) abgegeben. Dies wird so lange wiederholt, bis Antwort erfolgt.
• Die Rettungsmannschaft antwortet mit dreimaliger Zeichengebung in der Minute.

UNFALLMELDUNG

Um einen raschen Rettungseinsatz zu gewährleisten, müssen die Angaben kurz und präzise sein. Das sogenannte »5-W-Schema« hat sich durchgesetzt:
• **Was** ist geschehen? (Art des Unfalls, Anzahl der Verletzten)
• Wann war das Unglück?
• Wo passierte der Unfall, wo befinden sich der/die Verletzte(n)?
• Wer ist verletzt, wer macht die Meldung (Personalien)
• Wetter im Unfallgebiet (Sichtweite)?

RETTUNG MIT HUBSCHRAUBER

Der Einsatz von Rettungshubschraubern ist von den Sicht- und Witterungsverhältnissen abhängig. Für eine Landung ist zu beachten:
• Hindernisse im Radius von 100 m dürfen nicht vorhanden sein.
• Zur Landung ist eine horizontale Fläche von etwa 25 x 25 m und darin eine ebene Fläche für die Kufen von 4 x 4 m erforderlich. Mulden sind für eine Landung ungeeignet.
• Gegenstände, die durch den Luftwirbel des Hubschraubers umherfliegen können, sind vom Landeplatz zu entfernen.
• Der anfliegende Hubschrauber wird mit dem Rücken zum Wind von einer Person in »Yes-Stellung« (siehe Zeichnung; »No-Stellung« bedeutet: nein, wir brauchen nichts) eingewiesen.
• Dem gelandeten Hubschrauber darf man sich nur von vorne und erst auf Zeichen des Piloten nähern.

Anhang

Weiterführende Literatur

Alpin-Lehrpläne 1, 2, 3, 5, 6 (Bergwandern und Trekking, Felsklettern – Sportklettern, Hochtouren – Eisklettern, Sicherheit am Berg, Wetter und Orientierung), hrsg. vom DAV, BLV München

Benker: GPS auf Outdoortouren, Bruckmann, München

Hüsler: Klettersteiggehen, Lehrbuch und Ratgeber für alle Formen des Klettersteiggehens, Bruckmann, München

Keidel: Bergwetter, Das Handbuch für Wanderer und Bergsteiger, Bruckmann, München

Munter: 3x3 Lawinen, Risikomanagement im Wintersport, Garmisch-Partenkirchen 2003

Perwitschky: Bergwandern – Bergsteigen, Rother, Ottobrunn 2008

Ritschel/Schneeweiß: Skitouren, Das Praxisbuch für Skitourengeher, Bruckmann, München

Sojer/Geyer/Pohl: Freeriding, Das Nachschlagewerk für alle technischen und inhaltlichen Fragen rund um das Thema Freeriden – kompetent und reich bebildert, Bruckmann, München

Sojer/Pohl: Seil- und Sicherungstechnik, Das Praxisbuch für Einsteiger und Fortgeschrittene. Bruckmann, München

Schubert: Klettersteiggehen – Ausrüstung, Technik, Sicherheit, Rother, Ottobrunn 2008

Schubert, Sicherheit und Risiko in Fels und Eis, Bände 1, 2 und 3, Rother, Ottobrunn 2005, 2007, 2008

Stückl/Sojer, Bergsteigen, Lehrbuch und Ratgeber für alle Formen des Bergsteigens, Bruckmann, München 2006

Treibel, Erste Hilfe und Gesundheit am Berg und auf Reisen, Rother, Ottobrunn 2008

Anhang

Register

Abfahren, Kurzes mit Steigfellen 290
Abfahrtstechnik und -taktik (bei Skitouren) 294 ff.
Abklettern 228
Ablederung 117
ABS Lawinen-Airbag-System 278
Abseilen, Das 255
Absteigen 53
Alpine Notsignal, Das 90
Alpine Stufe, Die 75
Anforderungen, Die objektiven (auf Klettersteigen) 198 ff.
Anseilen 245
Anseilgurte (Klettersteig-) 162
Atmung, nicht vorhanden 96, 98
Atmung, vorhanden 94
Aufstiegstaktik, Allgemeine (bei Skitouren) 290
Aufstiegstechnik und -taktik (bei Skitouren) 282 ff.
Ausrüstung (fürs Wandern mit Kindern) 71 f.
Ausrüstung benutzen (auf Klettersteigen) 171
Ausrüstung, Die (für Skitouren) 266 ff.
Ausrüstung, Die richtige (für Klettersteige) 158 ff.
Ausrüstung, Falsche 82
Ausrüstung, Notwendige 35
Ausrüstung, Technische (Checkliste für Fels- und Hochtouren) 258
Ausrüstungsmängel (auf Klettersteigen) 209
Avalung 279

Bahn, Anreise mit 64
Baumregion, Die 74
Beatmung, Mund-zu-Mund 97
Beatmung, Mund-zu-Nase 96

Bedingungen, Fahren unter erschwerten 307 f.
Bekleidung, Passende 27
Bergen (nach Lawinenunfall)
Berghose 29
Bergwanderausrüstung, Checkliste 49
Bergwanderns, Formen des 12 ff.
Bindenverbände 121
Bisswunden 118
Biwak, Das 91
Blitz 206
Blockwerk 177
Blutstillung 100, 113 f.
Blutungen (bei Brüchen) 130
Bogengehen 286
Bogentreten 286
Bruchharsch, Befahren von 306
Brücken 156
Bus, Anreise mit 64

Donner 206
Drahtseile 151 f.
Drahtseilsicherung, Klettern mit 187
Dreieckstuchverbände 122
Dunkelheit 86

Eis, Fixpunkte im 260 ff.
Eis, Gehen im 235 ff.
Eisgrate 241 ff.
Eisklettern, Klassisches 238
Eisschlag 90
Entscheidungsstrategien (hinsichtlich Lawinengefahr) 339 ff.
Erfrierungen 120
Ernährung, Falsche 82
Essen, Unterwegs 69

Fehlverhalten (an Klettersteigen) 209
Fels, Klettertechnik im 218 ff.
Fels, Sicherungstechnik im 245 ff.

Fels, Steigen in sehr steilem bis senkrechtem (an Klettersteigen) 189
Felsbändern, Gehen auf (an Klettersteigen) 185
Felsgelände, Leichtes (an Klettersteigen) 178
Felsgelände, Steigen im gestuften (an Klettersteigen) 187
Fernwanderweg, Unterwegs auf dem 19
Firn, Abfahren im 58
Firn, Fahren im 304
Firn, Fixpunkte im 258
Firnfeld, Stürzen im 56 ff.
Firnfelder 55 f.
Firnfelder (an Klettersteigen) 179
Fraktur, Basismaßnahmen bei einer 131
Fraktur, Feststellen einer 131
Fraktur, Ruhigstellung der 131
Freerideski 269
Fußtechnik (beim Felsklettern) 221

Gebirgssteigen, Gehen auf unbefestigten 51
Gefahren (an Klettersteigen) 204 ff.
Gefahren, Weitere alpine (bei Skitouren)
Gegendrucktechnik 225
Gehtechniken (beim Bergsteigen) 214 ff.
Gehtempo 58
Gehtempo, Das (bei Skitouren) 292
Gelände (hinsichtlich Lawinenauslösung) 333 ff.
Gelände, Befahren von steilem 302
Geländebeurteilung, Allgemeine (in Abhängigkeit von der Lawinensituation) 309 ff.
Geröll 176

Anhang

Geröllfelder 54
Gesteinsarten 230 f.
Gewitter 34
Gipfelsieg 17
Gleithorizont 320
Gletscher 232 ff.
GPS 43
Grashänge (an Klettersteigen) 184
Griffe, Künstliche 154
Grifftechnik 222
Grundfunktionen (der Abfahrtstechnik) 297
Gruppe, Besonderheiten beim Fahren in der 313
Gruppe, In der 14

Handschuhe (Klettersteig-) 163
Handy 91
Hängebrücken 191
Hangquerungen (bei Skitouren) 289 f.
Harscheisen, Gehen mit 285
Hautverätzungen 120
Helm 162
Hilfe, Erste 92 ff.
Hilfe, Erste (nach Lawinenunfall) 344
Hochgebirge, Skitouren im 314 ff.
Hochgebirgsschuhe 32
Hochwasser 86
Höhenangst 47 f.
Höhenmesser 42
Hüsler-Schwierigkeitsskala, Die (für Klettersteige) 200 ff.
Hütte zu Hütte, Wandern von 17

Infektionsvorbeugung 103
Informationen (über Klettersteige) 170

Jahreszeiten, Im Wandel der 21

Kälte 84
Kälte, Schutz vor 30
Kamera, Die richtige 78
Karabiner (Klettersteig-) 161
Karte 41
Ketten 153
Kickkehre 288
Klettern (im Fels) 215
Klettern, Technisches 217
Klettersteig, der „richtige" 167
Klettersteig, Gehen am 166 ff.
Klettersteig, Was ist ein 140 ff.
Klettersteigausrüstung, Checkliste 164
Klettersteige 145 ff.
Klettersteige heute 141 ff.
Klettersteiggehen, Zeittafel 210
Klettersteigler, Zehn Regeln für 193
Kompass 42
Kondition 47
Krafteinteilung (am Klettersteig) 169
Kraxe, unterwegs mit der 73

Lampe 38
Lawinen (beim Bergwandern/Bergsteigen) 88
Lawinenabgangs, Verhalten während des 343
Lawinenarten 319 f.
Lawinenball 279
Lawinenkunde 318 ff.
Lawinenlagebericht (LLB) 337 ff.
Leitern 155
Leitern, Steigen auf 188
Lockerschneelawine 320
Luftrettung 111
LVS-Gerät, Umgang mit dem 344 ff.

Markierten Wegen, Wandern auf 65
Marschblasen 120
Mehrtagestour 20
Muren 86

Nässe 84
Notfallapotheke (für Bergsteiger) 135
Notfallausrüstung 91
Notfallpatienten, Auffinden eines 93
Notruf, akustischer 105
Notruf, optischer 105
Notruf, per Handy 104
Notruf, per Satellitennotrufgerät 104
Notsignal, Das alpine 90

Orientierungshilfen (für Klettersteiggeher) 174

Partnersicherung (an Klettersteigen) 190
Patellaluxation 129
Pausen (bei Skitouren) 293
Piazen 225
Platzwunden 119
Prellungen 119
Puls, nicht vorhanden 98
Puls, vorhanden 94, 96

Quergang 228
Quetschwunden 119

Reiseapotheke 134 ff.
Reiseapotheke (Standard-) 135 f.
Rettungsgriffe 106
Richtungsänderungen (bei Skitouren) 286 ff.
Rinnen (an Klettersteigen) 184
Risklettern 226
Routen, Alpine 147
Rucksack, Der 35 ff.

Schienung 102
Schluchten (an Klettersteigen) 184
Schneebrettauslösung 321 ff.
Schneebrettbildung, Voraussetzungen zur 320
Schneebrettlawine 320
Schneedecke, Umwandlungsformen in der 325 ff.
Schneefelder 55 f.
Schneefelder (auf Klettersteigen) 179
Schneegrate 241 ff.
Schneekunde, Grundlegende 325
Schneeschicht, Gebundene 320
Schneeverhältnissen, Fahren bei harten, eisigen 303
Schnittwunden 117

357

Anhang

Schock 101
Schocklage 101
Schrofen 178
Schürfwunden 116
Schusswunden 118
Schutt 176
Schwerpunktverlagerung 53
Schwierigkeiten unterwegs 80 ff.
Schwierigkeitsbewertung (für Klettersteige) 196 ff.
Schwierigkeitsbewertung (für Eis) 238 f.
Schwierigkeitsbewertung (für Fels) 216
Schwierigkeitsskalen, Weitere (für Klettersteige) 203
Schwindelfrei, Bin nicht (an Klettersteigen) 167
Seil (Klettersteig-) 163
Seil, Gehen am 234
Seilbremse 160
Seilbrücken 192
Seilkommandos 253 f.
Seilquergang 256
Seilrolle 163
Seitenlage, Überführung in stabile 95
Selbstüberschätzung 81
Selbstüberschätzung (an Klettersteigen) 168
Sicherheitsausrüstung (für Skitouren) 343
Sicherheits-Check (an Klettersteig-Sicherungen) 183
Sicherungen, Beschädigte 207
Sicherungstechnik 244 ff.
Sicherungstheorie 249
Ski, Eigenschaften der 267
Skistellung 296
Skitechnik, Grundvoraussetzungen der 295
Snowpulse Life Bag 279
Spitzkehre, bergwärts 287
Spitzkehre, talwärts 289
Sportklettern 217
Sportklettersteige 148
Spreizen 224

Spuranlage, Die (bei Skitouren) 291
Standplatz, Der 247
Steige, Gesicherte 144
Steigfellen, Gehen mit 283 f.
Steilheit (von Skitourenhängen) 321
Steinschlag 86, 205
Stemmen 224
Stichwunden 117
Sturm 84
Sturzenergieabsorber, Der 160
Sulzschnee, Fahren im 304 ff.

Tagestour 20
Taktik, Die richtige 61
Talnähe, Wandern in 19
Tiefschnee, Fahren im 300 f.
Tiefschneeski 269
Tiere 75 ff.
Tour, Auf 50 ff.
Tourenplanung (fürs Wandern mit Kindern) 70
Tourenplanung, Checkliste 39
Tourenski, Klassischer 268
Tragemethoden (fürs Bergen Verletzter) 108
Tragetechniken (für mehrere Personen) 108
Trekkingschuhe 32
Trekkingstöcke 36 f.
Trekkingstöcken, Gehen mit 59 f.
Treppen 155
Trinken, Viel 67 f.
Tritte, Künstliche 154

Überhänge (an Klettersteigen) 191
Umweltschutz, Aktiver 66 f.
Unterwäsche 28
Unterwegs, Selbstständig 13

Vegetationszonen, Die 74
Verankerungen (von Klettersteigsicherungen) 154

Verbände 103
Verbrennungen 120
Verfassung, Körperliche 81
Verhaltensregeln, Ein paar (an Klettersteigen) 182
Verletzungen (des Bewegungsapparates) 124 ff.
Verschüttetensuche, Die 348 ff.
Verteilung, geografische (von Klettersteigen) 141
Vorbereitung 26 ff.

Wanderschuhe, Hochwertige 32 f.
Wanderschuhe, Leichte 32
Wärme 83
Wartung (von Klettersteigen) 157
Wege (zu und für den Abstieg von Klettersteigen) 173
Weglosen Gelände, Gehen im (an Klettersteigrouten) 176
Weglosen Gelände, Gehen im 51 ff.
Wetter (hinsichtlich Schneedeckenaufbau) 328 ff.
Wetter, Das 83
Wetter, gutes 179 f.
Wetterbeobachtung 62 f.
Wetterberichte, Tabelle 45
Wetterlage, Erkundung der 44
Wetterlagen, Typische in den Alpen 98
Wetterphänomene, Einige 181
Wiederbelebung, Herz-Lungen- 98
Wiesen, Blühende 74 f.
Wind 84
Wunden (und ihre Versorgung) 112 ff.
Wundpflaster 123

Zeitberechnung 40
Zeitdruck 82
Zwischensicherungen 250 ff.

Die Autoren

Horst Höfler, 1948 in München geboren, lebt mit Gerlince Witt im bayerischen Voralpenland und gehört zu den bekanntesten Autoren im Alpinjournalismus. Als Allroundbergsteiger kennt er viele klassische Routen in Fels und Eis sowie hochalpine Skitouren. Neben Landschaftsmonografien und Tourenführern verfasste er eine Reihe von Werken über die Geschichte des Alpinismus, die er auch in Vorträgen lebendig werden lässt. Seit über 30 Jahren ist er Autor für die Zeitschrift „Bergsteiger".

Eugen E. Hüsler, geb. 1944 in Zürich, veröffentlichte schon über 50 Reiseführer, Wander- und Klettersteigführer sowie Bildbände. Seit 25 Jahren ist er in den Alpen unterwegs, vor allem wandernd, gerne auch mit dem Seil, ohne ein Extremer zu sein. Der Schweizer lebt seit 1983 in Bayern.

Asisa Madian, Medizinerin und Journalistin, ist seit zwei Jahrzehnten als Reiseleiterin unterwegs.

Kai Matthießen, ist Dozent für Medizin und Reiseleiter aus Leidenschaft.

Wolfgang Pohl, Jahrgang 1961, Diplomsportlehrer und staatl. gepr. Berg- und Skiführer, ist Leiter der Berg- und Skischule VIVALPIN, außerdem Mitglied im Bergführer-Bundeslehrteam, der Ausbildungskommission des Verbandes Deutscher Berg- und Skiführer und des Deutschen Alpenvereins für die Bergführerausbildung, im Ausbilderteam für Berufsskilehrer des Deutschen Skilehrerverbandes, verantwortlicher Koordinator des Ausbilderteams Variantenfahren im Deutschen Skilehrerverband und Mitglied im Gutachterkreis des Bayerischen Innenministeriums für Alpinunfälle.

Michael Reimer, Jahrgang 1962, war mehr als acht Jahre lang Vertriebsleiter von SAZsport+bike. 1997 machte er sich selbstständig. Seitdem arbeitet er als Reisejournalist, Fotograf und Lektor und schreibt für Reise-, Wander- und Radführer sowie für Fachjournale. Sein bevorzugtes Thema ist die aktive Erholung in gesunder Umwelt.

Christof Schellhammer, Jahrgang 1961, staatl. gepr. Berg- und Skiführer, ist Leiter der Berg- und Skischule VIVALPIN, seit 1989 Mitglied im Bundeslehrteam für die Berg- und Skiführerausbildung und seit 1989 Mitglied in der Prüfungskommission der TU München für die staatl. Berg- und Skiführerprüfungen. Er hat als Autor zahlreiche Fachbücher und Artikel in verschiedenen Bergsportmagazinen und Tageszeitungen verfasst.

Georg Sojer, Jahrgang 1960, ist staatl. gepr. Berg- und Skiführer sowie Mitglied im Ausbilderteam Variantenfahren des Deutschen Skilehrerverbandes. Seit 1984 ist er Bergführer mit Vorliebe für Felsklettern und Skitouren. Als Lehrbuchautor, Grafiker und Cartoonist hat er zahlreiche alpine Lehrschriften und Publikationen verfasst und illustriert.

Pepi Stückl, Jahrgang 1944, ist staatlich geprüfter Berg- und Skiführer und war Mitglied im Bundeslehrteam für die Berg- und Skiführerausbildung. Seit 1974 ist er bereits Berufsführer mit Führungen im gesamten Alpenraum und in den Gebirgen der Welt. Er hat mehrere alpine Lehrbücher und zahlreiche Publikationen zum Thema Bergsteigen verfasst.

Wolfgang Taschner ist seit über 15 Jahren freier Fachjournalist und Herausgeber mehrerer Buchreihen. Er ist häufig als Reisebuch-Autor und Fotograf im In- und Ausland unterwegs. Sein Spezialgebiet ist das naturnahe, sportlich-aktive Reisen.

Impressum

Unser komplettes Programm:
www.bruckmann.de

Lektorat: Horst Höfler
Layout: Verlagsservice Peter Schneider
Repro: Cromika, Verona
Umschlaggestaltung: Thomas Fischer
Printed in Slovenia by MKT Print, Ljubljana

Alle Angaben dieses Werkes wurden von Herausgeber und Autoren sorgfältig recherchiert, auf den aktuellen Stand gebracht sowie vom Verlag geprüft. Für die Richtigkeit der Angaben kann jedoch keine Haftung übernommen werden. Für Hinweise und Anregungen sind wir jederzeit dankbar. Bitte richten Sie diese an:
Bruckmann Verlag
Lektorat
Postfach 40 02 09
80702 München
E-Mail: lektorat@bruckmann.de

Bildnachweis:
Die Umschlagbilder stammen von:
Vorderseite: Harald Benker, Bernd Ritschel, Andreas Strauß, Mark Zahel
Rückseite: Eugen E. Hüsler
Alle weiteren Abbildungen stammen von den jeweiligen Autoren der vier Hauptkapitel sowie den auf Seite 9 angegebenen Verfassern mit folgenden Ausnahmen:
Harald Benker S. 43; Klaus Fengler S. 294; Henssler S. 312, 315; Peter Haff S. 182; Archiv Horst Höfler S. 261; H. Höfler S. 6 bis 11, 87, 137 bis 139, 211 bis 213, 263 bis 265; Manfred Kostner S. 189; Mammut S. 345, 346, 349 bis 352; Bernd Ritschel S. 163, 192.
Die Grafiken im Kapitel „Bergsteigen" sowie auf den S. 53, 56, 57, 161, 319, 321 bis 324, 327, 329, 330 o., 335, 340 bis 342 stammen von Georg Sojer.

Die deutsche Nationalbibliothek – CIP-Einheitsaufnahme
Ein Titeldatensatz für diese Publikation ist bei der
Deutschen Nationalbibliothek erhältlich.

© 2009 Bruckmann Verlag GmbH, München

ISBN 978-3-7654-5251-2